W0184224
Barra del Colorado
Tortuguero
Puerto Viejo de Sarapiquí
Guápiles
Karibikküste
Seiten 212–225
Karibisches Meer
Siquirres
Matina
Puerto Limón
San José
Seiten 102–125
Turrialba
Cartago
Zentrales Hochland
Seiten 126–153
Puerto Viejo de Talamanca
Santa María de Dota
San Isidro de El General
Almirante
Dominical
Buenos Aires
Potrero Grande
Palmar
Süden
Seiten 226–245
San Vito
PANAMA
Golfito
Puerto Jiménez
La Concepción
David
0 Kilometer 40
N

INSPIRIEREN / PLANEN / ENTDECKEN / ERLEBEN

COSTA RICA

DK Vis-à-Vis

COSTA RICA

INHALT

COSTA RICA ENTDECKEN **6**

WILDES COSTA RICA **54**

COSTA RICA ERLEBEN **100**

REISE-INFOS **246**

Links: *Rotaugenlaubfrosch auf einem nassen Blatt* (siehe S. 86)
Vorhergehende Seite: *Volcán Arenal, ein aktiver Vulkan im Norden Costa Ricas* (siehe S. 202)
Umschlag: *Tukane bereichern die bunte Vogelwelt* (siehe S. 91)

COSTA RICA
ENTDECKEN

Malerische Buchten im Parque Nacional Manuel Antonio

WILLKOMMEN IN COSTA RICA

Costa Rica (»reiche Küste«) ist voller hoher Bergketten, Vulkane und grüner Wälder, durchzogen von fruchtbaren Tälern und eingerahmt von traumhaften Stränden am Pazifischen Ozean und am Karibischen Meer. Obwohl dies ein kleines Land ist, zählt es unter den Hotspots der Artenvielfalt zu den ganz Großen. Mit seiner unglaublich reichen Natur, seinem angenehmen Klima, seinen freundlichen *ticos* und *ticas* – so werden die Einwohner genannt – und seiner lebendigen Kulturszene bietet es ein ideales Reiseziel. Egal, was Sie in Costa Rica erleben wollen, dieser Reiseführer ist Ihr idealer Begleiter.

1

2

3

4

1 *Knallbunter Tukan*

2 *Mitten im Regenwald führt eine Holztreppe zu einem Wasserfall*

3 *Nur für Mutige: Raften in den Stromschnellen des Río Sarapiquí*

4 *Beliebter Sandstrand bei Manuel Antonio*

Costa Ricas Hauptattraktion ist die fantastische Natur. Das kleine Land begeistert seine Besucher mit ökotouristischen Angeboten. Wer dem Ruf der Wildnis folgen will, kann u. a. auf nächtlichen Urwaldtouren Jaguare erspähen, Schildkrötenbabys auf dem Weg ins Meer beschützen oder den sich wie in Zeitlupe bewegenden Faultieren in die Bäume zurückhelfen.

Auch die Städte und Dörfer sind sehenswert, etwa die hippe Hauptstadt San José mit weltbekannten Museen, Craftbeer-Brauereien und reger Foodszene oder weiter westlich das entspannte Liberia, das Tor zur Kultur der *sabaneros*, der Cowboys Costa Ricas. Dem Lebensmotto der *ticos*, *pura vida* (»pures Leben«), folgen die Yoga-Retreats an der Küste der Halbinsel Nicoya, im Süden verspricht das Surfermekka Pavones Spaß pur. An der ländlichen Karibikküste, jenseits der Kaffeeplantagen des Zentralen Hochlands, liegen weiße Strände am türkisblauen Meer. Die Region ist für ihre Küche bekannt.

Die große Vielfalt Costa Ricas ist überwältigend, daher haben wir das Land für Sie in einzelne farblich markierte Regionen aufgeteilt, die auf den folgenden Seiten detailliert beschrieben werden, sodass Sie sich leicht zurechtfinden und ganz nach Ihrem Geschmack planen können. *¡Pura vida!*

LIEBENSWERTES COSTA RICA

Die Landschaft ist spektakulär, die Tierwelt fantastisch. Das Land ist friedlich und leicht zu bereisen. Jeder Costa-Ricaner, ob *tico* oder *tica*, liebt sein Land aus anderen Gründen. Einige unserer Lieblinge stellen wir Ihnen hier vor.

1 *Pura Vida*, das »pure Leben«

Pura vida ist keine Phrase, sondern eine entspannte Lebensphilosophie – und ein Hauptgrund, warum die *ticos* zu den zufriedensten Menschen weltweit zählen.

Leben am Strand 2

An den Palmenstränden beider Küsten kann man sich perfekt erholen. Einige der schönsten befinden sich südlich von Puerto Viejo de Talamanca *(siehe S. 223)*.

3 Schutz der Meeresschildkröten

Der Anblick einer *arribada* (»Massenankunft«) von Meeresschildkröten an den Stränden Costa Ricas ist fantastisch. In Tortuguero *(siehe S. 218f)* und Nosara *(siehe S. 188f)* kann man Brutplätze bewachen und den Jungtieren auf dem Weg ins Meer helfen.

Artenreiche Tierwelt 4

Bedächtige Faultiere, laute Große Soldatenaras, springende Buckelwale, starre Leguane – Costa Ricas Tierwelt ist legendär *(siehe S. 54 – 99)*.

Im Schlauchboot durch wildes Wasser 5

Fantastische Stromschnellen in traumhafter Landschaft – Costa Rica ist ein Rafting-Mekka. Auf dem Río Sarapiquí *(siehe S. 206f)* und dem Río Pacuaré kann man sein Können testen. Angebote reichen vom Halbtagestrip bis zur mehrtägigen Tour.

Grano de oro, die »goldene Bohne« 6

Mit frisch gebrühtem Kaffee aus Costa Rica gelingt ein perfekter Start in den Tag. Im Zentralen Hochland genießt man das volle Geschmackserlebnis von der Bohne bis zum fertigen Kaffee.

Unter der Meeresoberfläche 7

Die Küstengewässer sind voll Leben und Wracks. Beste Tauchspots sind Gandoca-Manzanillo *(siehe S. 222)* und Isla del Coco *(siehe S. 236f)*.

Traumhaft schöne Natur 8

Ob Volcán Arenal *(siehe S. 202)*, Nebelwald von Monteverde *(siehe S. 172–176)* oder Regenwald von Corcovado *(siehe S. 234f)* – Costa Ricas Landschaften sind herrlich.

9 Indigene Gesellschaften

Indigene Gruppen stellen nur einen Bruchteil der Bevölkerung, doch ihr kultureller Einfluss war einst enorm. Bei Führungen erlebt man die ethnische Vielfalt.

10 Paradies für Surfer

Stets ideale Wellen gibt es an der Playa Negra (Karibikküste) und am Witch's Rock von Santa Rosa *(siehe S. 178f)* am Pazifik – wer will, surft beide Spots an einem Tag.

Obst – lecker und erfrischend 11

Stände an den Straßen und Stränden bieten köstliches Obst von den fruchtbaren Hügeln an. Besonders erfrischend sind Guanábana, Maracuja, Karambolen und Co. als *bastido* (frisch zubereiteter Shake).

Peñas und *Tertulias* 12

Costa Ricas lebhafte Kunst- und Literaturszene lernt man bei *peñas* und *tertulias* kennen. Bei diesen Treffen im kulturellen Hotspot San José *(siehe S. 102–125)* ist jeder willkommen, um sich mit Gleichgesinnten über Kunst auszutauschen.

COSTA RICA
AUF DER KARTE

In diesem Reiseführer wird Costa Rica in sieben Regionen unterteilt, jede hat ihre eigene Farbe. Auf den folgenden Seiten stellen wir Ihnen diese Regionen einzeln vor.

Zentralamerika und Karibik
USA
Atlantischer Ozean
BAHAMAS
MEXIKO
KUBA
HAITI
BELIZE
JAMAIKA
PUERTO RICO
GUATEMALA
HONDURAS
Karibisches Meer
EL SALVADOR
NICARAGUA
COSTA RICA
PANAMA
VENEZUELA
Pazifischer Ozean
KOLUMBIEN
Barra del Colorado
Tortuguero
Puerto Viejo de Sarapiquí
Karibikküste
Seiten 212–225
Guápiles
Karibisches Meer
Siquirres
Matina
Puerto Limón
San José
Seiten 102–125
Turrialba
Cartago
Zentrales Hochland
Seiten 126–153
Puerto Viejo de Talamanca
Santa María de Dota
San Isidro de El General
Almirante
Dominical
Buenos Aires
Potrero Grande
Palmar
Süden
Seiten 226–245
PANAMA
San Vito
Golfito
Puerto Jiménez
La Concepción
David
N
0 Kilometer 40

DIE REGIONEN COSTA RICAS

Zerklüftete Berge, in die sich grüne Täler gemeißelt haben, flankiert von zwei Küsten mit weißen Stränden und türkisblauem Meer - Costa Rica ist ein traumhaft schönes Land und noch dazu ein Hotspot der Artenvielfalt. Rings um die Kaffeeplantagen und ruhigen Dörfer im Landesinneren eröffnen Nationalparks einmalige Möglichkeiten, Natur hautnah zu erleben.

Seiten 102–125

San José

Die von den *ticos* liebevoll »Chepe« genannte Hauptstadt liegt klimatisch angenehm und landschaftlich schön in 1150 Meter Höhe zwischen den rauen Talamanca-Bergen und einer Kette von Vulkanen. Zu den Hauptsehenswürdigkeiten gehören das prächtige Teatro Nacional und Museen mit präkolumbischen Gold- und Jadeschätzen. San José besitzt zwar kaum elegante Architektur, dafür gibt es aber eine spannende Foodszene und ein überbordendes Nachtleben. Dank seiner zentralen Lage ist San José der ideale Ausgangspunkt für Touren in alle Landesteile.

Entdecken
Aufregendes Nachtleben und zeitgenössische Kultur

Sehenswert
Teatro Nacional, Museo del Oro Precolombino, Centro Costarricense de Ciencia y Cultura

Genießen
Bei einer *tertulia* – einem Künstlertreffen – Gleichgesinnte kennenlernen

Seiten 126–153

Zentrales Hochland

Schwelende Vulkane prägen die Landschaft des Zentralen Hochlands – einer breiten Hochebene, in deren Mitte die Hauptstadt San José gelegen ist. Hier oben ist das Klima ganzjährig mild und selbst im Hochsommer angenehm. Auf kurvigen Bergstraßen fährt man durch eine herrliche Landschaft mit hoch aufragenden Gipfeln, dunkelgrünen Wäldern, Kaffeeplantagen an steilen Hängen und malerischen Dörfern, in denen Bauernmärkte und traditionelle Fiestas Besucher zum Verweilen einladen.

Entdecken
Kaffee, kurvige Bergpässe, kühlere Gefilde

Sehenswert
Monumento Nacional Guayabo, Orosí-Tal, Basílica de Nuestra Señora de los Ángeles

Genießen
Frisch gerösteten Kaffee direkt auf der *finca,* auf der die Bohnen geerntet wurden

Seiten 154–167

Zentrale Pazifikküste und Südliches Nicoya

In dieser zerklüfteten Region reichen die Wälder bis an die Strände. Im Westen donnert der Pazifik an die wildromantische Küste von Malpaís, Montezuma ist mit seinen lässigen Bars eine Hochburg der Backpacker. Im Landesinneren führen Wanderwege an Flüssen entlang, in denen Krokodile auf Beute lauern. Richtung Süden zieht es Surfer in die quirligen Küstenorte. Dort erstreckt sich auch der herrliche Parque Nacional Manuel Antonio.

Entdecken
Strandleben und Surfspots

Sehenswert
Parque Nacional Manuel Antonio

Genießen
Bei einer Fahrt auf dem Río Tárcoles Krokodile vom sicheren Motorboot aus beobachten

→

Seiten 168–193

Guanacaste und Nördliches Nicoya

Entdecken Sie in der trockensten Region Costa Ricas eindrucksvolle Landschaften, schöne Strände und vielfältige Kulturen. Liberia ist die Hochburg der *sabaneros* (Cowboys), weiter südlich fertigen die Chorotega in Guaitíl in ihren Töpferwerkstätten exquisite *artes decorativas*. An der von Korallenbänken gesäumten Westküste sind Playas del Coco und Tamarindo bei Tauchern und Surfern beliebt. Im Osten bieten warme Heilbäder in den Schlammbecken von Miravalles Erholung pur.

Entdecken
Kulturelle Einblicke und Nationalparks

Sehenswert
Monteverde und Santa Elena, Parque Nacional Santa Rosa

Genießen
Ein warmes Bad in den Schlammbecken von Las Hornillas am Volcán Miravalles

Seiten 194–211

Norden

Ein Flickenteppich aus Weiden, Obstplantagen und dichtem Regenwald bedeckt die sanft gewellten Ebenen des Nordens. Im Westen ist La Fortuna der beliebteste Ausgangspunkt für Ausflüge auf den schwelenden Volcán Arenal, Höhlenexkursionen, Raftingtouren und Wanderungen auf Saumpfaden. Im Osten kann man in Gondeln durch das Baumkronendach schweben und in Feuchtgebieten nach Jaguaren Ausschau halten. Puerto Viejo de Sarapiquí ist Ausgangspunkt für Wildwasser-Rafting und Abenteuertouren durch den Regenwald.

Entdecken
Vulkanische Landschaften, Baumwipfeltouren im Regenwald

Sehenswert
Laguna de Arenal

Genießen
Im Mistico Arenal Hanging Bridges Park in luftiger Höhe den Blick über den Regenwald bis zum Volcán Arenal

Seiten 212–225

Karibikküste

Die Karibikküste bietet eine große Vielfalt an Kulturen, Küchen, Landschaften und Tieren. Im einmalig schönen Parque Nacional Tortuguero legen Grüne Meeresschildkröten ihre Eier ab, im Norden ist die fischreiche Barra del Colorado ein Lieblingsziel von Sportanglern, im Süden zeigen die Stadt Puerto Limón – berühmt für ihren Karneval – und die Badeorte Cahuita und Puerto Viejo de Talamanca afrikanisch-karibisches Flair. Hier lernt man indigene Kulturen kennen. Es gibt auch großartige Orte zum Surfen und zum Beobachten von Tieren wie Brüllaffen und Faultieren.

Entdecken
Beobachten von Schildkröten und Erleben des farbenfrohen Karnevals

Sehenswert
Parque Nacional Tortuguero

Genießen
Die Foodszene und das gute Gefühl, wenn man nachts die Strände mit den Brutplätzen der Schildkröten bewacht

Seiten 226–245

Süden

In der Region, die sich bis zur Grenze von Panama erstreckt, liegen einige sehr wenig bekannte und kaum erschlossene Gebiete. Im Norden bezwingen Bergwanderer den Gipfel des Cerro Chirripó, an der von Urwald bedeckten Küste reiten Surfer die grandiosen Wellen vor den tiefenentspannten Orten Dominical und Pavones. Im Süden gehen Sportfischer vor der mit Regenwald bedeckten Península de Osa im ruhigen Golfo Dulce auf die Jagd. Gegenüber gibt es auf der Isla del Coco präkolumbische Grabstätten und im Wasser Hammerhaie zu entdecken.

Entdecken
Regenwald, indigene Kulturen, Wale

Sehenswert
Parque Nacional Chirripó, Península de Osa, Parque Nacional Isla del Coco

Genießen
Mit Haien tauchen vor der Isla del Coco

←

1 *Straßenszene in der Innenstadt von San José*

2 *Beim Ziplining durch das Baumkronendach*

3 *Kaffeepause in einem Baumhaus in Santa Elena*

4 *Erfrischende Rast am Wasserfall La Fortuna*

Costa Rica ist ein kleines, aber dennoch erstaunlich abwechslungsreiches Land mit unterschiedlichsten Lebensräumen. Mit guter Planung ist es überall leicht zu bereisen. Wir haben Ihnen Routen zusammengestellt, auf denen Sie in kurzer Zeit möglichst viel sehen und erleben können.

2 WOCHEN
in Costa Rica

Tag 1
Starten Sie in San José mit einem Spaziergang zum opulenten Teatro Nacional *(siehe S. 106f)*. Im Alma de Café lassen Sie sich mittags köstlichen costa-ricanischen Kaffee schmecken. Danach bewundern Sie im Museo del Jade Marco Fidel Tristán Castro *(siehe S. 117)* die herrliche Jadesammlung. Abends genießen Sie ein einfaches *casado* (Reis, Bohnen, Kochbanane, Salat), bevor es auf einen Cocktail in die Buchón Cantina (+506-8729-4899) geht.

Tag 2
Fahren Sie früh zum 90 Minuten nördlich gelegenen Parque Nacional Volcán Poás *(siehe S. 145)*, sodass Sie dort ankommen, bevor die Wolken am Vormittag die Gipfel verhüllen. Oberhalb der *caldera* (Kraterkessel) sieht man an klaren Tagen beide Küsten. Vorbei an Kaffeeplantagen und mit einer Kaffeepause auf dem Doka Estate *(siehe S. 145)* geht es zum Villa Blanca Cloud Forest Hotel & Nature Reserve *(siehe S. 140)*, wo Sie in Öko-*casitas* (Chalets) übernachten.

Tag 3
Stehen Sie mit den Brüllaffen auf und gehen Sie mit einem Führer auf Vogelsafari. Dann fahren Sie nach La Fortuna *(siehe S. 202f)*, essen dort im Don Rufino *(siehe S. 204)* zu Mittag und wandern dann durch den Regenwald zu La Fortunas Wasserfall. Abschließend genießen Sie das Thermalbecken des Tabacón Thermal Resort and Spa und fahren dann zum Essen in die Stadt zurück.

Tag 4
Nach deftigem *gallo pinto* (Reis mit schwarzen Bohnen) und Rührei wandern Sie entlang der alten Lavaströme im Parque Nacional Volcán Arenal *(siehe S. 202)* und essen in der Arenal Observatory Lodge *(siehe S. 203)* mit grandioser Aussicht zu Mittag. Danach erkunden Sie auf dem Sky Walk *(siehe S. 176)* die Baumkronen. Weiter geht es nach Westen am malerischen Nordufer der Laguna de Arenal *(siehe S. 198–200)* entlang zum Lucky Bug *(siehe S. 203)*.

Tag 5
Erreichen Sie Monteverde *(siehe S. 172–176)* früh genug für pikante Crêpes im Orchid Coffee (www.orchidcoffeecr.com), nachmittags spazieren Sie durch Santa Elena und zu den faszinierenden Schlangen von Herpetarium Adventures *(siehe S. 175)*. Abends lauschen Sie dem Konzert der farbenfrohen Frösche im Frog Pond *(siehe S. 175)*, nachts den Geräuschen des Urwalds in der Monteverde Lodge *(siehe S. 175)*.

Tag 6
Im Morgengrauen startet Ihre Vogelbeobachtungstour in der Reserva Biológica Bosque Nuboso Monteverde *(siehe S. 174)*. Im Bat Jungle *(siehe S. 175)* kommen Sie Fledermäusen ganz nah. Bei Einbruch der Dämmerung besuchen Sie das Tree House (www.treehouse.cr). Auf der breit gefächerten Speisekarte des Restaurants findet man viele landestypische Fleisch- und Seafoodgerichte.

→

1

2

3

Tag 7

Schon früh geht es los durch abwechslungsreiche Landschaft, über den Río Tempisque bis ins staubige Guaitíl *(siehe S. 192)*, wo die Chorotega in ihren Werkstätten wunderschöne Keramiken herstellen. Mittags schmeckt die lokale Spezialität *chorreadas* (wie Pfannkuchen servierte Maistortillas). Richtung Westen führt der Weg an der unberührten Küste entlang. Folgen Sie den Schildern nach Marbella und Nosara und übernachten Sie im Tree Tops Beach Front B&B Inn *(siehe S. 193)* in San Juanillo, in einem Zimmer mit fantastischem Meerblick.

Tag 8

Ruhetag! Trinken Sie morgens am Strand eiskalte *pipa fría* (Kokosnusswasser) direkt aus der Nuss, lesen Sie und gehen Sie nach dem Mittagessen am Korallenriff schnorcheln. Abends genießen Sie erst *corvina y ajo* (Seebarsch mit Knoblauchbutter) im Restaurant des Tree Tops (Reservierung empfohlen), danach verbringen Sie noch einmal eine erholsame Nacht am Meer.

Tag 9

Weiter geht es nach Santa Cruz und via San José mit dem Flugzeug zur Península de Osa *(siehe S. 232–235)*. Vom kleinen Flugplatz in Puerto Jiménez *(siehe S. 234)* bringt Sie ein Taxi auf kurviger Strecke zur Luna Lodge *(siehe S. 235)* an der Spitze der Halbinsel. Dort erholen Sie sich vom Flug im Spa und auf der am Berg gelegenen Yoga-Plattform. Zum Abendessen werden regionale Biospezialitäten serviert, z. B. *pescado en salsa de palmito* (Fisch in Palmherzensauce).

Tag 10

Nach dem Sonnengruß am Morgen erkunden Sie in der Nachbarschaft den tropischen Regenwald im Parque Nacional Corcovado *(siehe S. 234f)*. Die ausgebildeten Naturführer der Luna Lodge zeigen Ihnen Krokodile, Weißschulterkapuziner, Klammeraffen und Fischadler auf dem Weg hinab zum Picknick am Río Madrigal, der an Wasserfällen und Badeplätzen vorbeiführt. Abends entspannen Sie bei einem Cocktail am Salzwasserpool der Öko-Lodge.

1 *Ein Stand am Strand mit frischen Kokosnüssen* ↑

2 *Spaß beim Surfen an der Küste von Nosara*

3 *Ein Krokodil faulenzt am Ufer des Río Madrigal*

4 *Auf einem überschwemmten Weg in Tortuguero*

5 *Chorotega-Frau beim Töpfern in Guaitíl*

Tag 11

Mit dem Flugzeug geht es quer über das Land via San José zum Parque Nacional Tortuguero *(siehe S. 218f)* am Karibischen Meer. An den Stränden beim Dorf Tortuguero legen Grüne Meeresschildkröten ihre Eier ab. In der Tortuga Lodge *(siehe S. 218)* stärken Sie sich mit *pargo* (Meerbrasse) und *plátanos maduros* (frittierten Bananen). Danach erkunden Sie mit dem Kajak die Mangroven und erspähen mit etwas Glück Manatis. Lassen Sie den Tag bei Miss Junie's *(siehe S. 221)* in Tortuguero mit Kokos-Makrelen-Curry und kaltem Bier ausklingen.

Tag 12

Morgens weckt Sie eine sanfte Brise. Schlendern Sie ein wenig durch das Dorf, genießen Sie im Mi Niño (Pococí, 70205 Limón) Frühstück und einen köstlichen Smoothie, bevor Sie schwimmen gehen. Meldet sich der kleine Hunger, ist es Zeit für ein scharfes *patí* (Pastete) aus der Hand. Abends halten Sie auf einem geführten Strandspaziergang nach Schildkröten Ausschau.

Tag 13

Nach einem gemütlichen Frühstück samt *batido* (Frucht-Smoothie) geht es mit dem Taxiboot durch Bananenplantagen und am Urwald vorbei zu den Wildtierexperten von Willie's Tours Costa Rica (www.williestourscostarica.com), mit denen Sie am Nachmittag gemeinsam im Regenwald bei Moín Dreifingerfaultiere beobachten. Zurück in Tortuguero essen Sie abends im Garten des entspannten Taylor's Place *(siehe S. 221)* die Hausspezialiät *ackee and saltfish* (Stockfisch) oder Rindfleisch in Tamarindensauce.

Tag 14

Nach einem herzhaften Frühstück mit *gallo pinto (siehe S. 42)* geht es auf dem kurzen schlammigen Weg hinter der Rangerstation Cuatro Esquinas durch den schwülen Regenwald, um die Mangroven vom Land aus zu sehen. Vor dem Abflug gönnen Sie sich vormittags in der Casa Cecropia (+506-2709-8196) noch ein himmlisches Schokoladenerlebnis mit Kakao aus selbst frisch geschälten und gemahlenen Schoten – einfach köstlich.

1

4

2

3

←

1 *Wolken über dem Tal beim Volcán Irazú*

2 *Brücke über den Koi-Teich im japanischen Garten des Jardín Botánico Lankester*

3 *Bunte Ochsenkarrenteile in einer Werkstatt in Sarchí*

4 *Der beeindruckende Wasserfall La Paz mitten im tropischen Regenwald*

5 TAGE

im Zentralen Hochland

Tag 1

Vormittags Spazieren Sie in Cartago, der ältesten Stadt Costa Ricas, zur majestätischen Basilika *(siehe S. 136f)* und danach durch den farbenfrohen Jardín Botánico Lankester *(siehe S. 138)*, den schönen botanischen Garten der Universität von Costa Rica.
Nachmittags Auf der Finca Cristina (www.cafecristina.com) lernen Sie die Kunst des Kaffeeanbaus kennen – und können natürlich auch ganz frischen Kaffee genießen. Dann geht es weiter ins reizvolle Orosí-Tal *(siehe S. 132–135)*.
Abends Verbringen Sie die Nacht in der Casa Turire (www.hotelcasaturire.com) am Lago Angostura.

Tag 2

Vormittags Am geheimnisvollen Monumento Nacional Guayabo *(siehe S. 130f)* tauchen Sie in Costa Ricas präkolumbische Geschichte ein.
Nachmittags Bei der Mittagspause an einer *soda* (Imbiss) blicken Sie über die malerischen Straßen im Hinterland bis zum Parque Nacional Volcán Irazú *(siehe S. 150)*.
Abends Die Finca Rosa Blanca *(siehe S. 147)* in Santa Bárbara de Heredia bietet auch Zimmer mit Blick auf die Kaffeeplantage.

Tag 3

Vormittags Gestärkt mit *huevos rancheros* gehen Sie auf der Finca auf Tour, um möglichst viele der hier lebenden 130 Vogelarten zu erspähen.
Nachmittags Auf der kurvigen Carretera 126 geht die Fahrt in Richtung Norden zu den faszinierenden La Paz Waterfall Gardens *(siehe S. 144)* mit Trails und Infocenter.
Abends Nach einer entspannenden Yoga-Stunde in Ihrem Hotel fallen Sie in den wohlverdienten erholsamen Schlaf.

Tag 4

Vormittags Fahren Sie hinauf zum stetig Rauch ausstoßenden Volcán Poás *(siehe S. 145)* und genießen Sie die fantastische Aussicht auf einen der größten Vulkankrater der Welt.
Nachmittags Kehren Sie für ein Mittagessen mit köstlichen *gallitos* (großen gefüllten Tortillas) im Chubascos *(siehe S. 143)* ein. Das Restaurant liegt nur eine kurze Fahrt südlich des Vulkans.
Abends Übernachten Sie im Tal in der hübschen Tacacori Ecolodge *(siehe S. 140)*.

Tag 5

Vormittags Auf dem Weg zu den bunten handbemalten *carretas* (Ochsenkarren) in der Fábrica de Carretas Eloy Alfaro (+506-2454-4131) in Sarchí *(siehe S. 142)* besorgen Sie sich an einem der Straßenstände ein paar leckere *empanadas* (Teigtaschen mit Fleischfüllung).
Nachmittags Nach einem *fresco de cas,* einem frisch gepressten süßsauren Saft, geht es weiter nordwärts durch den Nebelwald zum Villa Blanca Cloud Forest Hotel *(siehe S. 140)*. Dort können Sie vom Whirlpool aus Ihre Blicke über die nebelverhangenen Berge schweifen lassen.
Abends Genießen Sie *costilla de cerdo horneado* (Spareribs aus dem Ofen) mit der speziellen Schokoladen-Grillsauce des Hotels. Bei einem Glas Wein auf der Terrasse können Sie anschließend den Geräuschen des Urwalds lauschen.

1

4

2

3

←

1 *Costa Ricas beeindruckendes Teatro Nacional*

2 *Von Efeu umranktes Haus im Barrio Amón*

3 *Die Avenida 2, im Hintergrund der Parque Central*

4 *Bummel auf dem Mercado Municipal de Artesanías*

2 TAGE
in San José

Tag 1

Vormittags Starten Sie an der eindrucksvollen Catedral Metropolitana *(siehe S. 112)* von 1871, die für ihre bunten Fresken und die Christusfigur in den Nationalfarben Costa Ricas bekannt ist. Am Parque Central kaufen Sie einen Beutel Mangos mit Zitronensaft und einer Prise Salz – ein erfrischender Snack für unterwegs auf Ihrem Bummel zur Plaza de la Cultura. Dort steht das prächtige Teatro Nacional *(siehe S. 106f)*, das wahre Highlight ist jedoch das Museo del Oro Precolombino *(siehe S. 108f)* unter der Plaza mit seiner fantastischen Sammlung kostbarer präkolumbischer Exponate.

Nachmittags Mittags essen Sie *casado* (Reis, schwarze Bohnen, Kochbananen, Salat und Tortilla) an einer *soda* (Imbiss), danach spazieren Sie Richtung Süden zum Mercado de Artesanías *(siehe S. 113)*. Die Stände dort verkaufen geschützt vor der Nachmittagshitze alles Mögliche – von handgemachten Cowboystiefeln bis hin zu fein geschnitzten Masken. Anschließend bummeln Sie die Fußgängerzone Avenida Central entlang nach Osten zum schattigen Parque Nacional *(siehe S. 118)*.

Abends Nach einem *vacío* (Flanksteak) in der Esquina de Buenos Aires *(siehe S. 115)* amüsieren Sie sich in der Buchón Cantina (+506-8729-4899) bei Cocktails und Livemusik. Danach winkt eine ruhige Nacht im Hotel Auténtico *(siehe S. 119)*.

Tag 2

Vormittags Nach einem landestypischen Frühstück mit *gallo pinto (siehe S. 42)* entdecken Sie San Josés Kunstszene. Auf den hervorragenden Führungen von Barrio Bird Walking Tours *(siehe S. 114)* geht es mit Künstlern, Aktivisten und Historikern durch Straßen und Parks sowie in das Szeneviertel Barrio Amón, unterwegs sehen Sie auch Skulpturen und politische Graffiti. Danach bewundern Sie in der Galería Namu *(siehe S. 113)* wunderbare Volkskunst und exquisite Boruca-Masken. Dann führt Sie ein kurzer Spaziergang in das von historischen Gebäuden geprägte Barrio Amón zum Restaurante Silvestre *(siehe S. 115)*, wo Sie ein köstliches Mittagessen zu sich nehmen.

Nachmittags Durch die Avenida Central spazieren Sie zum hervorragend kuratierten Museo de Arte Costarricense *(siehe S. 120)*, wo bedeutende Werke der costa-ricanischen Kunstgeschichte aus verschiedenen Jahrhunderten ausgestellt sind. Danach gönnen Sie sich eine Pause im Parque Sabana *(siehe S. 119)* hinter dem Museum und eine kleine Stärkung mit *patacones* (frittierten Kochbananen) an einem der umliegenden Stände.

Abends Abends geht es in den Westen der Stadt nach Escazú *(siehe S. 121)*, wo Sie sich das Abendessen im Alma de Café *(siehe S. 115)* schmecken lassen und anschließend im Jazz Café (www.jazzcafecostarica.com) grooven.

Retten und schützen

Naturfreunde können aktiv beim Tierschutz mithelfen, z. B. bei Sea Turtle Conservancy (www.conserveturtles.org) beim Markieren von Grünen Meeresschildkröten und beim Eierzählen im Parque Nacional Tortuguero *(siehe S. 218f)* – das schreckt auch Wilderer ab – oder bei der Pflege und dem Auswildern von verletzten Tieren im Rescate Wildlife Rescue Center *(siehe S. 140f)*.

← *Eine Grüne Meeresschildkröte gräbt bei Tortuguero eine Grube zur Eiablage*

COSTA RICAS TIERWELT

Für Tierfans ist Costa Rica ein Traumland, in dessen Ökosystemen von schillernden Schmetterlingen bis Eier ablegenden Meeresschildkröten alle erdenklichen Kreaturen fliegen, krabbeln und kreischen. Aus der Nähe sieht man sie in Rettungszentren, die sie aus Schwarzhandel und Gefangenschaft befreiten.

TOP 4 Orte zur Tierbeobachtung

San Gerardo de Dota
Hier bekommt man prächtige Quetzals zu Gesicht *(siehe S. 150f)*.

Río Tárcoles
Regungslos wie Baumstämme verharren Krokodile am Fluss im Parque Nacional Carrara *(siehe S. 164f)*.

Veragua-Regenwald
Neben den Wegen hüpfen Pfeilgiftfrösche umher *(siehe S. 216)*.

Parque Nacional Marino Ballena
In den Gewässern kann man Buckelwale sichten *(siehe S. 241)*.

Der Sound des Urwalds

Ein Spaziergang durch den Urwald ist wie ein Sturm auf die Sinne. Wer die Ohren spitzt, hört die Krokodile im Sumpf des Parque Nacional Marino Ballena *(siehe S. 241)* »brummen« oder die Tukane in den Mandelbäumen von Rara Avis *(siehe S. 210f)* beim Knacken der Schalen. Und der Lärm in den Bäumen von Cahuita *(siehe S. 220)* stammt von Brüllaffen, die sich zuschreien, dass sie einen Besucher gesehen haben.

↑ *Zottelige Brüllaffen, die ihrem Namen alle Ehre machen*

Unterwasserfreuden

In den Meeren vor Costa Rica wimmelt es von Tieren. Bei Tauchkursen vor der Isla del Coco *(siehe S. 236f)* schwimmt man im türkisblauen Meer mit Hammerhaien. Oder man betrachtet Tiefseequappen und Walhaie aus nächster Nähe sicher und trocken aus einem Halbtauchboot.

Expertentipp
Ortsansässige Führer

Mit lizenzierten Führern von Guías U-Sure (www.usurecr.org) oder von Guías Tortuguero (www.asoprotur.com) kann man die Tiere nicht nur besser beobachten, sondern man unterstützt auch die lokale Wirtschaft.

↑ *Ein riesiger Walhai schwimmt vor der Isla del Coco an einem Taucher vorbei*

Flatternde Regenbogen

An Costa Ricas Wanderwegen tanzen unzählige Schmetterlinge ein flüchtiges Ballett in vielen Farben. Ihre ganze Pracht kann man in abgeschlossenen Schmetterlingsgärten im Selvatura Park *(siehe S. 176)* oder in Selva Verde *(siehe S. 209)* in aller Ruhe bewundern.

← *Schwarz-weiß gestreifter Zebrafalter in Monteverde*

Im Schutz der Dunkelheit

Auch nachts ist in Costa Ricas Wäldern viel geboten: Auf Wanderungen im Parque Nacional Corcovado *(siehe S. 234f)* sieht man im Schein der Lampen Blattschneiderameisen und Rotaugenlaubfrösche, bei Tortuguero an der Karibikküste kriechen im Mondlicht Lederschildkröten zur Eiablage an den Strand.

→ *Blattschneiderameisen bei ihrer nächtlichen Tätigkeit*

Die »Weiße Stadt«
Liberia *(siehe S. 183)*, wegen der weiß getünchten Lehmziegel-Kolonialhäuser in *Bahareque*-Bauweise und des hellen Staubs auf den Straßen auch *La Ciudad Blanca* (»Weiße Stadt«) genannt, erstrahlt im grellen Sonnenlicht leuchtend weiß und ist vor allem mittags schwer zu fotografieren. Den blauen Himmel kann man mit Unterbelichtung betonen, für Aufnahmen von Menschen sollte man in den Schatten gehen. Die besten Bilder gelingen im warmen Licht des Sonnenuntergangs.

← *Starker Kontrast: weißes Gebäude vor blauem Himmel*

COSTA RICA FÜR FOTOFANS

Costa Rica ist ein Paradies für Fotografen, bietet es doch an jeder Ecke unzählige fantastische Motive, seien es beeindruckende Landschaften, einzigartige Tiere und Pflanzen oder Ochsenkarren in leuchtenden Farben. Wir haben Ihnen ein paar Tipps für die schönsten Erinnerungsfotos zusammengestellt.

Vulkane
Costa Ricas Wahrzeichen, den Volcán Arenal *(siehe S. 202)*, fotografiert man am besten von der Arenal Observatory Lodge *(siehe S. 203)*. Der Vulkan ragt an der Laguna de Arenal *(siehe S. 198–200)* als perfekt geformter Kegel über der sanft gewellten Ebene auf. Die beste Wirkung erzielt man mit dem Weitwinkelobjektiv.

↑ *Blick über sanfte Hügel auf den perfekten Kegel des Volcán Arenal*

Ländliches Costa Rica

Ob Kaffeepflücker auf Plantagen, Dorfbewohner, die im Schatten Domino spielen, oder reitende Cowboys – das ländliche Costa Rica bietet zahlreiche eindrucksvolle Fotomotive. Die meisten *ticos* lassen sich gern ablichten, vorausgesetzt, man bittet sie höflich um Erlaubnis. Ein Weitwinkelobjektiv ist die beste Wahl, wenn man bunte Dorfszenen einfangen will.

←

Lässige Pose: ein sabanero *(Cowboy) auf einer Hacienda im ländlichen Guanacaste*

Expertentipp
Kameraschutz

Schützen Sie nachts Ihre Ausrüstung vor Nässe und Regen in einem verschließbaren Beutel, in dem ein Silicagelkissen die Feuchtigkeit aus Kamera und Linsen zieht. Gut sind auch wasserfeste Kameraschutzhüllen.

Wildtiere

Die eindrucksvollsten Fotos gelingen auf Augenhöhe mit den Tieren im Parque Nacional Tortuguero *(siehe S. 218f)*. Für die Quetzals in San Gerardo de Dota *(siehe S. 150f)* sollte man eine geringe Tiefenschärfe wählen, damit die Vögel scharf vor einem verschwommenen Waldhintergrund hervorstechen.

→

Tiermotive reichen von bunten Fischen (Detail) *bis zu Silhouetten von Geiern am Abend*

Wellenreiten

Costa Rica ist ein Surferparadies mit schier endlosen Wellen und zahlreichen Surfschulen. Könner messen sich mit der Welle »Salsa Brava« über den messerscharfen Korallenriffen vor Puerto Viejo *(siehe S. 223)* oder der fast dreiminütigen Welle vor Pavones *(siehe S. 243)*. Anfänger lernen den Sport z. B. in der Surfschule Witch's Rock Surf Camp (www.witchsrocksurfcamp.com) in Tamarindo *(siehe S. 187)*.

←

Surfer in der flachen Brandung an der beliebten Playa Tamarindo

OUTDOOR-AKTIVITÄTEN

IN COSTA RICA

Für Outdoorfans und Adrenalinjunkies ist Costa Rica ein wahres Paradies. Viele Aktivitäten treiben den Pulsschlag in die Höhe. Von Tauchen über Rafting bis zum Ziplining wird auch klassischer Outdoorsport betrieben.

Durch die Baumkronen sausen

Ziplining wurde in den 1970er Jahren von Biologen erfunden, die Costa Ricas Wälder erforschen wollten, ohne Spuren zu hinterlassen. Heute sausen Besucher mit Vergnügen in vielen Nationalparks auch mehr als 100 Meter über dem Boden durch die Baumkronen. Im Parque Nacional Volcán Arenal *(siehe S. 202)* im Norden kann man das Leben in den Baumwipfeln auf sogenannten Canopy-Touren an der Zipline, aber auch gemütlicher in offenen Gondeln entdecken.

→

Mit Helm und sicher angegurtet an der Zipline durch den Regenwald

Entdeckertipp
Río Perdido

Auf einer Tour am Río Perdido (»Verlorener Fluss«) in Guanacaste seilt man sich an drei Wasserfällen ab und klettert dann zu einer engen Schlucht, über die man sich schließlich wie Tarzan hinüberschwingt. Schreien ist erlaubt.

Ab in die Tiefe

Costa Rica hat zwar nur wenige Korallenriffe, ist aber dank seiner artenreichen Unterwasserwelt ein Mekka für Taucher mit Lust auf »große« Begegnungen. Mit Undersea Hunter (www.underseahunter.com) kann man vor der Isla del Coco *(siehe S. 236f)* mit Hammerhaien schwimmen, vor den Islas Murciélagos im nördlichen Nicoya mit riesigen Bullenhaien.

→

Im klaren Meer eröffnet sich Tauchern eine faszinierende Unterwasserwelt

Sportfischen

Von Riesenbarsch bis Marlin – Costa Ricas Meere sind perfekt zum Sportfischen. Je nach Jahreszeit wechseln die Reviere. In Quepos *(siehe S. 166)* und im Parque Nacional Tortuguero *(siehe S. 218f)* bringen erfahrene Bootsführer Sie zur richtigen Zeit an den richtigen Ort.

←

Mitten im endlosen Blau beim Hochseeangeln vor Costa Ricas Küste

Wildwasser bezwingen

Costa Ricas Wildwasserflüsse bieten Abenteuer inmitten herrlicher Natur. Am Río Pacuaré organisiert Aguas Bravas (www.aguasbravascr.com) geführte Kajaktouren durch lange Stromschnellen und gischtende Wellen – Adrenalin pur.

→

Wilde Fahrt durch eine tosende Stromschnelle auf dem Río Pacuaré

Kaffeeplantagen

Viele Plantagen – ob kleine Biobauern oder große *fincas* – stehen Besuchern offen, verkaufen ihren Kaffee direkt, bieten Führungen an und besitzen ein Besucherzentrum. Bei einer Führung durch eine unabhängige Biofarm wie die Finca Cristina (www.cafecristina.com) lernt man alles über die Symbiose von Vögeln, Echsen, Orchideen und Kaffeesträuchern. Alles über den Anbau und die Zubereitung von Kaffee erfährt man auf dem Doka Estate *(siehe S. 145)* – Costa Ricas Kaffee-Dorado – am Volcán Poás im Zentralen Hochland.

↑ *Besucher betrachten Kaffeesetzlinge bei einer Führung auf dem Doka Estate*

KAFFEEGENUSS
IN COSTA RICA

In der Luft über Costa Rica liegt das Aroma von frisch gerösteten Kaffeebohnen. Reihe an Reihe bedecken dunkelgrüne Kaffeesträucher die Hänge der Vulkane. Mit seinen fruchtbaren Böden und Hochlagen sowie ausgeprägten Regen- und Trockenzeiten ist das Land ideal für den Kaffeeanbau - und für Kaffeeliebhaber.

Einkaufen

Plantagen und kleine Röstereien wie das Café Bohío *(siehe S. 35)* in Jacó verkaufen die besten Bohnen. Achtung: *Café puro* (rein) und *café traditional* (mit Zucker), die lose auf Märkten verkauft werden, sind von minderer Qualität.

← *Geröstete Kaffeebohnen der Güteklasse A im Laden einer Kaffeeplantage*

Cafés

Caféoteca
In San Josés coolstem Boutiquecafé wird Kaffee ernst genommen.
D3 San José
+506-2253-8426
$

KOKi Beach Restaurant & Bar
Probieren Sie einen Espresso Martini.
G4 Puerto Viejo de Talamanca
+506-2750-0902
$

Café Bohío
Exzellenter Kaffee wird direkt vor Ort geröstet.
C4 Jacó
cafebohio.com
$

↑ *Frisch geerntete Kaffeekirschen vor der Weiterverarbeitung*

Vom Strauch in die Tasse

Ab November werden die Kaffeekirschen mit der Hand geerntet und zu den *beneficios* gebracht, wo sie vom Fruchtfleisch befreit, getrocknet und sortiert werden. Auf der Finca Rosa Blanca *(siehe S. 147)* kann man die reifen roten Kirschen ernten, auf dem alljährlichen Kaffeefest Feria del Café in Frailes (www.feriadelcafe.co.cr) den Lohn der Mühen verkosten.

Kaffeegeschichte

Costa Rica bietet einmalige Gelegenheiten, sich mit der Geschichte des *grano de oro* (»goldene Bohne«) zu beschäftigen. Auf der Plantage der berühmtesten Marke, Café Britt *(siehe S. 146)*, wird die Führung zum unterhaltsamen Lehrstück. Auf der nahen Hacienda Espíritu Santo (www.coopronaranjorl.com) lernt man die Geschichte des Kaffeeanbaus in Costa Rica sowie die Rolle der auffällig bunten Nationalsymbole, der Ochsenkarren, kennen. Geschichtsfans sollten einen Abstecher ins Coffee Museum auf der Hacienda Río Jorco machen.

→ *Schauspieler tragen die Geschichte des Kaffeeanbaus im Zentralen Hochland vor*

Mitmachen und erleben

In vielen indigenen Gesellschaften haben seit Generationen tradierte Mythen große kulturelle Bedeutung, und häufig tragen kunsthandwerkliche Produkte eine damit eng verbundene Symbolik. In der Sarapiquí Rainforest Lodge *(siehe S. 206)* erzählen Malekú ihre uralten Überlieferungen, während man sich selbst eine traditionelle Halskette auffädelt. Oder man malt im nahe gelegenen Pueblo Malekú den Regenbogen auf fein geschnitzte *jícaras* (Kalebassen). Im nördlichen Sarapiquí bietet der Oven Store *(siehe S. 181)* in Guaitíl in Guanacaste Kurse in traditioneller Töpferei an.

→ *Aus bunten Perlen selbst gestaltete Ketten sind individuelle Souvenirs*

INDIGENES KUNSTHANDWERK
IN COSTA RICA

Von Keramiken über Masken bis hin zu Stoffen und Schmuck – Costa Ricas jahrtausendealte Handwerkskunst erlebt derzeit eine Renaissance. Für reizvolle Souvenirs ist reichlich gesorgt. Wer seine eigene Kunstfertigkeit entdecken und fördern möchte, kann direkt von den Meistern lernen.

↑ *Boruca als* diablitos *mit kunstvollen handgeschnitzten Masken* (Detail)

Von Experten lernen

Costa Ricas exzellente Kunsthandwerker perfektionieren mit einmaliger Geduld die uralten Techniken. Viele zeigen ihre Kunstfertigkeit auch gern Besuchern und sind offen für alle Fragen. In der Reserva Indígena Boruca *(siehe S. 242)* kann man Weberinnen kennenlernen und ihnen dabei zusehen, wie sie auf selbst gebauten Hüftwebstühlen komplizierte Muster erstellen. Ganz im Süden, an der Grenze zu Panama, erfährt man mit Pavones Ecotours (www.pavonesecotours.com), wie die Ngäbe ihre Stoffe mit Naturfarben einfärben. Dort kann man sich auch gleich mit leuchtend bunten Stoffballen eindecken.

←

Eine Boruca-Weberin bespannt ihren Webstuhl mit bunten Baumwollfäden

¡Fiesta!

Costa Rica feiert seine traditionellen Handwerke mit Fiestas, deren Geschichte teils Jahrhunderte zurückreicht. Die von Hand bemalten *máscaras* der Rey und Boruca werden aus heimischem Salsaholz geschnitzt und sind von zentraler Bedeutung für die Fiesta de los Diablitos (»Fest der kleinen Teufel«), die im Februar und Dezember gefeiert wird. Besucher des winzigen Curré östlich von Palmar *(siehe S. 243)* bejubeln die als *diablitos* maskierten Boruca bei ihrem Kampf gegen die *toro* (spanischen Truppen) und sehen beim Schnitzen der zeremoniellen »Teufelsgesichter« zu. Am Día de las Culturas im Oktober feiern indigene Gruppen aus ganz Costa Rica gemeinsam ihre künstlerischen Traditionen.

TOP 5 Fair-Trade-Shops

Galería Namu
San Josés führende Galerie für indigenes Handwerk aus Costa Rica *(siehe S. 113)*

Dantica Gallery
Indigenes Handwerk aus ganz Lateinamerika *(siehe S. 161)*

Chietón Morén
Alteingesessener Fair-Trade-Shop in San José, er vertritt 25 indigene Gruppen *(siehe S. 113)*

Oven Store
Chorotega-Keramik aus Guaitíl *(siehe S. 181)*

Yimba Cajc Artist Cooperativa
Die Kooperative verkauft u. a. handgeschnitzte Balsamasken *(siehe S. 243)*

Vögel fotografieren
Costa Ricas Vögel zu fotografieren, kann eine Herausforderung sein. Nützlich sind Teleobjektiv, Stativ, Synchronblitz – und viel Geduld. Trogon Photo Tours (www.trogontours.net) und einige andere Anbieter organisieren Vogelsafaris für Fotografen im Parque Nacional Carara *(siehe S. 164f)*, um Hellrote Aras in freier Wildbahn abzulichten, oder gehen mit Ihnen auf Bilderjagd nach selteneren Baird-Trogons und Stirnfleckenorganisten im Los Cusingos Bird Sanctuary (www.cct.or.cr).

→

Mitten im Flug: ein Hellroter Ara mit weit gespreizten leuchtenden Schwingen

COSTA RICAS VÖGEL

In Costa Rica leben mehr als 900 Vogelarten, weshalb das Land auf der Wunschliste von professionellen Ornithologen und Hobby-Vogelkundlern ganz oben steht. Wie die Zugvögel fliegen sie alljährlich begeistert ein, gibt es doch von winzigen schillernden Kolibris bis zu riesigen Königsgeiern echt viel zu sehen.

Vogelschutz
Tierschutzinitiativen in ganz Costa Rica versuchen, einige der stark gefährdeten Arten zu retten. Wer einen aktiven Beitrag leisten möchte, kann auf der karibischen Seite bei Ara Manzanillo (www.aramanzanillo.org) mithelfen, Große Soldatenaras auszuwildern, oder weiter nördlich im Parque Nacional Palo Verde *(siehe S. 181)* bei der Artenzählung mitmachen.

←

Herbstpfeifgänse im Parque Nacional Palo Verde

Schon gewusst?

Hellrote Aras können bis zu 56 km/h schnell fliegen.

Gut getarnt

Ein erfahrener Guide kann einem selbst die am besten getarnten Vögel zeigen. Umweltbewusste Anbieter wie Eagle-Eye Tours (www.eagle-eye.com) und Tropical Feathers (www.costaricabirdingtours.com) in San Isidro de El General organisieren Touren in ganz Costa Rica.

→ *Vögel beobachten auf einer Canopy-Tour der La Selva Biological Station*

→ *Ein farbenprächtiger junger Quetzal im Parque Nacional Los Quetzales*

Wandern oder warten?

In Costa Rica leben 35 bedrohte Vogelarten, von denen viele in freier Wildbahn zu sehen sind, auf Wanderungen im Parque Nacional Los Quetzales *(siehe S. 138)* zwischen Februar und Juli z. B. Quetzalmännchen im Prachtgefieder der Balz- und Brutzeit. Höher stehen die Chancen, seltene Vögel zu erspähen, jedoch, wenn man nicht selbst unterwegs ist, sondern an Aussichtsposten geduldig wartet – z. B. an der Laguna del Lagarto *(siehe S. 209)* an der Grenze zu Nicaragua auf die großen Königsgeier.

Feurige Vulkane

Eine Kette von schlafenden und Asche spuckenden Vulkanen zieht sich durch das Kernland Costa Ricas. Der berühmteste ist der von brodelnden Quellen umgebene passive Volcán Arenal *(siehe S. 202)*. Auf dem aktiven Volcán Poás *(siehe S. 145)* blickt man in den schwelenden Krater, und am Rincón de la Vieja *(siehe S. 182)* kann man sich in heißen Schlammbecken erholen.

←

Eine Wanderin genießt den Blick auf den majestätischen Volcán Arenal

COSTA RICAS WUNDER DER NATUR

Zwei Ozeane, majestätische Vulkane, riesige Feuchtgebiete, unberührte tropische Wälder, atemberaubende Wasserfälle, die in türkisblaue Becken hinabstürzen – nur wenige Länder haben auf derart kleinem Raum so viele landschaftliche Sensationen zu bieten wie Costa Rica.

TOP 4 Naturmonumente

Volcán Arenal
Der Kegel des schlafenden Vulkans ist Costa Ricas Wahrzeichen *(siehe S. 202)*.

Barra-Honda-Höhlen
Riesige Kalksteinhöhlen mit bizarren Formationen *(siehe S. 193)*

Cerro Chirripó
Costa Ricas höchster Berg reizt Gipfelstürmer *(siehe S. 230f)*.

Corcovado-Regenwald
Ein schier endloses üppig grünes Baumkronendach *(siehe S. 234f)*

Herrliche Wasserfälle

Gebirgiges Gelände und reichlich Regen sorgen dafür, dass vielerorts Wasserfälle rauschen, die man auf wunderschönen Waldwegen erreichen kann. In den La Paz Waterfall Gardens *(siehe S. 144)* ist wegen der Gischt ein Regenmantel angesagt, bei anderen Wasserfällen, z. B. im Parque Nacional Volcán Tenorio *(siehe S. 205)*, Badesachen, um im klaren Wasser schwimmen zu können. In den Cavernas de Venado *(siehe S. 204f)* ist sogar ein unterirdischer Wasserfall zu bestaunen.

→

Erfrischendes Bad am Wasserfall im Parque Nacional Volcán Tenorio

Einmaliger Regenwald

Vom Boden bis zu den Baumwipfeln fasziniert die Tierwelt der Regenwälder. In der Hacienda Barú *(siehe S. 242)* kann man mit den Affen auf einer Plattform in luftiger Höhe abhängen, im Parque Nacional Corcovado *(siehe S. 234f)* mit einem Führer im Unterholz Mittelamerikanische Tapire und Ozelots erspähen.

←

Ein Fluss windet sich durch den endlos scheinenden grünen Regenwald

Verdorrte Trockenwälder

In den savannenartigen tropischen Trockenwäldern von Guanacaste wimmelt es zwischen hohen Gräsern und leuchtend blühenden Bäumen von Leben. Auf dem kurzen Indio-Desnudo-Weg im Parque Nacional Santa Rosa *(siehe S. 178f)* erspäht man zwischen Guacanasten und den Blüten der Tabebuia-Bäume Ameisenbären, Leguane, Rabengeier – und Petroglyphen.

←

Auf dem Sendero Indio Desnudo im Parque Nacional Santa Rosa

Wilde Feuchtgebiete

Costa Ricas Feuchtgebiete lassen sich auf verschiedene Arten erkunden. Tortuguero Adventures (www.tortuguero-adventures.com) organisiert Kajaktouren durch die Lagunen des Parque Nacional Tortuguero *(siehe S. 218f)* – Auge in Auge mit Krokodilen und Manatis. Auf der Pazifikseite tuckert man durch die El Viejo Wetlands (www.elviejowetlands.com) an Scharen von Jabirus vorbei.

→

Krokodil im Parque Nacional Tortuguero

Kochkurse

In Kochkursen kann man lernen, wie man *gallo pinto* und andere Gerichte zubereitet. Meist gehört dazu ein Besuch auf dem Markt oder auf einem Bauernhof, um die Zutaten für Costa Ricas Spezialitäten kennenzulernen – so z. B. bei Costa Rica Cooking (www.costaricacooking.com) in La Fortuna. Einen Einblick in Küche und Kultur der Bribrí bietet Foodie Tour (www.foodietourscr.com) im Bribrí-Reservat bei Puerto Viejo. Ein Bribrí-Koch erklärt dabei nicht nur, wie man die typischen Gerichte zubereitet, sondern erzählt auch Bribrí-Sagen.

↑ *In Kochkursen lernt man Costa Ricas Küche und Kultur kennen*

COSTA RICA FÜR FOODIES

Der klebrig-süße Saft frischer Mangos, der durch die Finger tropft, Chilis, die in der Pfanne zischen, der aromatische Duft von gegrilltem Fisch und Seafood an der Karibikküste – Costa Rica ist ein »Land der Gaumenfreuden«.

Traditionelle Gerichte

Gallo pinto ist die *comida típica* (Nationalgericht) und der Inbegriff für costa-ricanische Lebensart: *»Más tico que gallo pinto«* – »Costa-ricanischer als *gallo pinto*« – lautet ein gängiger Spruch. In das deftige, gesunde Gericht kommen Reis und schwarze Bohnen, Zwiebeln, Paprikaschoten und Knoblauch. Als Beilage zu Rühr- und Spiegeleiern, Käse, Avocado und *plátano maduro* (Kochbanane) gehört es zum typischen *casado* (»verheiratet«). *Gallo pinto* gibt es an jeder *soda* (Imbiss), gewürzt wird mit Lizano-Sauce.

← *Frisch zubereiteter* gallo pinto *(»gefleckter Hahn«) mit würziger Lizano-Sauce*

Köstliches Obst

Es ist fast unmöglich, an den Markt- und Straßenständen vorbeizugehen, ohne sich mit den dort angebotenen tropischen Früchten einzudecken, seien es Maracujas, Karambolen (Sternfrüchte), Pejibayes (Frucht der Pfirsichpalme) oder Guanábanas (Frucht der Stachelannone). Lecker ist auch ein typischer Snack à la *tico*: frisch aufgeschnittene Mango mit einer Prise Chilipulver. Dazu schmeckt erfrischende *pipa fría* – Kokoswasser direkt aus dem frisch geköpften *coco*.

←
Stände mit einheimischem Obst und Gemüse auf dem Mercado Central in San José

Frische Fische

Costa Rica liegt zwischen zwei Weltmeeren – selbstverständlich sind Fisch und Seafood hier von überragender Qualität. Hotels und Restaurants achten sehr darauf, Produkte fangfrisch und aus umweltfreundlicher Fischerei zu verwenden. Die Öko-Hotelgruppe Cayuga Collection arbeitet mit kleinen Fischereibetrieben zusammen, um sicherzustellen, dass ihr Seafood nur aus nachhaltiger Wildfischerei stammt. In Malpaís *(siehe S. 162)* kann man sicher sein, dass die frischen Austern aus nachhaltiger regionaler Fischerei stammen. 2021 führte Costa Rica zudem eine Zertifizierung für Seafood ein: Das »*Pura-Vida*-Label« weist darauf hin, dass die Meerestiere nach Kriterien der Nachhaltigkeit gefangen und verarbeitet wurden.

↑ *Frischer geht's nicht: gegrillte Snapper und frittierte Kochbananen*

TOP 4 Erfrischungsgetränke

Agua de sapo
Das »Krötenwasser« ist eine leckere Limonade mit braunem Zucker und Ingwer und schmeckt weitaus besser, als es aussieht.

Granizado
Diese »Zuckerbombe« aus geschabtem Eis, Kondensmilch und Kirschsirup ist sowohl ein leckeres Dessert als auch ein erfrischendes Getränk.

Naturales
Die auch *batidos* genannten von Hand gepressten Säfte werden mit reichlich Eis an Ständen verkauft.

Pipa fría
Kokoswasser, das man durch einen Strohhalm aus der Kokosnuss schlürft – sehen Sie dem Verkäufer dabei zu, wie er die Kokosnuss mit einer Machete köpft.

Giganten der Meere

Das warme Wasser vor Costa Ricas Pazifikküste ist die Kinderstube von Walen und Delfinen. Hier hat man einmalige Möglichkeiten, die großartigen Tiere in freier Wildbahn zu erleben. Im Parque Nacional Marino Ballena *(siehe S. 241)* müssen Anbieter wie Bahía Adventures (www.bahiaaventuras.com) in Uvita 64 Vorschriften für nachhaltigen Tourismus befolgen, um ihre Lizenz zu behalten und Besucher auf Bootsausflügen in die Reviere bringen zu dürfen, wo sie die Tiere bewundern können.

→

Ein Buckelwal schnellt im Parque Nacional Marino Ballena aus dem Wasser

NACHHALTIG REISEN

IN COSTA RICA

Costa Rica ist Vorreiter in Sachen nachhaltiges Reisen, Umweltschutz und Umweltbildung. Besucher haben viele Möglichkeiten, einen Beitrag zu leisten.

Kakaogenuss

Kakao ist ein bedeutender Rohstoff an der Karibikküste, wo handwerkliche Chocolatiers Biokakao von indigenen Bauern verwenden. Auf einer Führung über die nachhaltige Kakaoplantage Caribeans Coffee and Chocolate (www.caribeanschocolate.com) kann man das schmackhafte Fleisch der Kakaofrucht und verführerische Schokoladenspezialitäten gleich vor Ort kosten.

Zubereitung von heißer Schokolade auf einer Kakaoplantage ↑

TOP 4 Öko-Canopy-Touren

Rainforest Aerial Tram
Auf Augenhöhe mit den Affen *(siehe S. 210)*

Veragua Rainforest Eco-Adventure
Zipline-Canopy-Tour des Forschungslabors *(siehe S. 216)*

Mistico Arenal Hanging Bridges Park
Vom Waldboden bis zum Dach *(siehe S. 204)*

Sky Walk / Sky Trek
Waldtour zu Fuß oder an Seilen *(siehe S. 176)*

Selbst aktiv werden

Führer vor Ort engagieren, bei Tierschutzprojekten mithelfen – in Costa Rica kann man auf vielerlei Weisen mit anpacken. Mit Dream Volunteers (www.dreamvolunteers.org) kann man vor Ort an Umweltprojekten teilnehmen und seinen Urlaub in ein sinnvolles, für alle lohnendes Erlebnis verwandeln.

Freiwilliger Helfer mit einem verwaisten Affenbaby in einer Tierrettungsstation ↑

Blick von oben auf die Bungalows der Ecolodge Lapa Ríos im Regenwald ↑

Aufforstung

Als 1985 Guanacastes Trockenwald nach 250 Jahren Rinderwirtschaft zerstört war, startete man im Parque Nacional Santa Rosa ein Projekt, um den Wald wiederaufzuforsten und die Bauern zum Ausgleich in den Ökotourismus einzubinden. Mit heute mehr als 50 Prozent Neubewuchs ist das Trockenwaldprojekt Costa Ricas größte Öko-Erfolgsgeschichte.

In Ecolodges übernachten

Wie umweltbewusst und nachhaltig die rustikalen bis luxuriösen Öko-Unterkünfte arbeiten, erkennt man an der Anzahl der vom staatlichen Zertifizierungsprogramm Certification for Sustainable Tourism (CST) verliehenen »Blätter«. In Ecolodges wie Lapa Ríos *(siehe S. 235)* oder Selva Verde *(siehe S. 211)* unterstützt man neben der Umwelt auch die lokale Wirtschaft.

Unberührte Einsamkeit

Wer einsame Strände liebt, wird an beiden Küsten Costa Ricas fündig. Am Rand des Urwalds liegen zahlreiche unberührte Strände, an denen einem nur die Seevögel Gesellschaft leisten – z. B. in der Nähe des Parque Nacional Manuel Antonio die idyllische Playa Biesanz im ruhigen Quepos *(siehe S. 166)*. An dem wenig bekannten Strand ist man mehr oder weniger allein und kann am Korallenriff wunderbar schnorcheln. Weiter nördlich erreicht man von Sámara *(siehe S. 190f)* aus mit einem Geländewagen über eine einspurige Piste den wunderschönen unberührten Palmenstrand Playa Barrigona, dessen Sand rosa schimmert.

↑ *Ein einzelner Spaziergänger an der abgeschiedenen Playa Barrigona*

COSTA RICAS TRAUMHAFTE STRÄNDE

Costa Rica liegt einerseits am Karibischen Meer, andererseits am Pazifischen Ozean und besitzt deshalb jede Menge Palmenstrände. Die Auswahl reicht von Stränden mit puderartigem Sand bis hin zu wilden, von Urwald umgebenen Buchten – hier finden jeder *tico* und jeder Urlauber ihre perfekte *playa*.

Familienstrände

Die Lage im Schutz der imposanten Punta Catedral, ruhiges Meer, herrliche Strände zu beiden Seiten eines Dünenstreifens – der tierreiche Parque Nacional Manuel Antonio *(siehe S. 158f)* ist perfekt geeignet für Familien mit Kindern jeden Alters. Pelikane, eine Promenade mit Pizzerias und Obstständen, ein breites Angebot an Aktivitäten – die familienfreundlichen Playas del Coco *(siehe S. 189)* sind auch bei den *ticos* sehr beliebt.

→ *Abendlicher Strandspaziergang im Parque Nacional Manuel Antonio*

Strömungen

Brandungsrückströme (Riptides) entstehen, wenn das Brandungswasser aufgrund von Hindernissen nicht einfach ins Meer zurückströmen kann. Es sammelt sich dann in Kanälen, wo es mit starkem Sog zwischen den Barrieren zurückfließt. Wer in eine solche Strömung gerät, sollte nie dagegen, sondern quer (parallel zum Strand) schwimmen, um aus dem Sog herauszukommen.

↑ *Ein erfahrener Surfer reitet gekonnt auf einer Welle an der Playa Tamarindo*

Surferstrände

Von Beach Breaks für Anfänger bis zu Reef Breaks mit Tubes für besonders Waghalsige – der äußerst beliebte Strand von Tamarindo *(siehe S. 187)* ist perfekt geeignet für Surfer aller Klassen. Kurse geben Witch's Rock Surf Camp (www.witchsrocksurfcamp.com) in Tamarindo und Costa Rica Surf Camp (www.crsurfschool.com) im gemütlichen Dominical *(siehe S. 240)* – dort herrscht auch weniger Surfertrubel im Wasser.

Strände mit Tieren

Hinten der Urwald, vorne das Meer – an Costa Ricas Stränden kann man rundum wunderbar Tiere in freier Wildbahn beobachten. Höhepunkt an der Playa Ostional *(siehe S. 190)* bilden die *arribadas* – wenn die Oliv-Bastardschildkröten zur Eiablage in Massen an den Strand schwimmen. An der Karibikküste sieht man vom weißen Sand der Playa Blanca in Cahuita *(siehe S. 220)* oben in den Bäumen hängende Faultiere und turnende Brüllaffen. Weiter südlich kann man in Manzanillo *(siehe S. 222)* beim Schnorcheln im glasklaren Wasser Mantas und Schwärme von tropischen Fischen bewundern, die in der Tiefe um das Korallenriff herumgleiten.

→ *Ein einmaliges Erlebnis: Eiablage von Oliv-Bastardschildkröten*

DAS JAHR IN COSTA RICA

Januar

Copa del Café *(1. Woche)*. Internationales Jugendtennisturnier um den »Kaffee-Cup«.

△ **Fiestas Típicas Nacionales Santa Cruz** *(2. Woche)*. Santa Cruz feiert das neue Jahr mit Volkstänzen, Rodeos, Konzerten und Feuerwerk.

Februar

Bamboo Bass Festival *(Ende Feb)*. Die laute Bassmusik in Jacó könnte Tote aufwecken.

△ **Envision Festival** *(Ende Feb)*. Musik, Yoga und Feuertänzer am Strand von Uvita.

Viva el Café Festival *(Ende Feb)*. Zwei koffeinselige unterhaltsame Tage in La Sabana mit Verkostungen und Wettbewerb der Baristas.

Mai

△ **Día de los Trabajadores** *(1. Mai)*. Zum Tag der Arbeit gehören Demonstrationen.

Día de San Isidro Labrador *(15. Mai)*. Straßenfeste, Prozession und Landwirtschaftsmesse in San Isidro de El General.

Carrera de San Juan *(17. Mai)*. Marathonlauf von Cartago nach San José vor Riesenpublikum.

Juni

△ **Gran Marcha de la Diversidad** *(Ende Juni)*. Bei der Pride Parade in San José herrscht Partystimmung.

Compañía Lírica Nacional *(Mitte Juni – Mitte Aug)*. Das nationale Opernensemble präsentiert ein klingendes zweimonatiges Opernfestival.

September

△ **Día de la Independencia** *(14. Sep)*. Wenn die »Fackel der Freiheit« von Guatemala nach Cartago gebracht wird, singt jeder um 18 Uhr die Nationalhymne. Am nächsten Tag spielen Schulbands bei den vielen Festen.

International Coastal Cleanup Day *(3. Sa)*. Im ganzen Land sammeln Freiwillige an Flüssen, Stränden und am Meer Abfälle auf.

Oktober

Día de la Raza / Carnaval de Limón *(Mitte Okt)*. In den Tagen bis Faschingsdienstag werden Karnevalsumzüge und ausgelassene Partys gefeiert. Absoluter Höhepunkt ist die Wahl zur Karnevalskönigin.

△ **Upala Fiesta del Maíz** *(Mitte Okt)*. Die Maisernte wird mit Umzügen, der Krönung der Maiskönigin und Straßenfesten gefeiert.

März

△ **Día del Boyero** *(2. So)*. In den Straßen von San Antonio de Escazú wird mit Musik, Tanz und bunten *carretas* zu Ehren des *boyero* (Ochsenkarrenfahrer) gefeiert.

Jungle Jam *(Mitte März)*. In Jacó pulsieren bei diesem dreitägigen Musikfestival Rhythmen von Reggae bis Psychedelic.

Osterwoche *(variabel)*. In der Semana Santa (Karwoche) finden im ganzen Land Prozessionen und Passionsspiele statt.

April

△ **Día de Juan Santamaría** *(11. Apr)*. Alajuela feiert mit Paraden und Straßenfesten Costa Ricas Sieg über William Walkers Söldner in der Schlacht von Rivas im Jahr 1856.

Festival de las Artes Costa Rica *(Mitte Apr)*. San José bietet eine Woche lang Theaterpremieren, Tanz und Musik, Kunstausstellungen und viele kostenlose Veranstaltungen.

Juli

Festival de la Virgen del Mar *(Sa um den 16. Juli)*. Highlight der *fiesta* in Puntarenas zu Ehren der Schutzpatronin ist die Bootsregatta.

△ **Costa Rica Piano Festival** *(Mitte Juli)*. Kostenlose Kurse und Konzerte in San José.

Nationale Surf-Meisterschaft *(ab Ende Juli)*. Profis und Amateure surfen in Playa Hermosa.

August

△ **La Romería** *(2. Aug)*. Die bedeutende Wallfahrt führt zur Nuestra Señora de los Ángeles in der Basilika von Cartago.

Mes Histórico de la Afrodescendencia *(Aug)*. Einen ganzen Monat lang wird das afroamerikanische Erbe Costa Ricas mit zahlreichen Veranstaltungen gefeiert.

November

Día de los Muertos *(2. Nov)*. Das ganze Land gedenkt der Toten.

La Ruta de los Conquistadores *(Mitte Nov)*. Die Route der Mountainbike-Meisterschaft folgt eine Woche lang dem Weg der spanischen Eroberer durch extrem schwieriges Gelände.

△ **El Desfile de Carretas** *(letzte Woche)*. Die Ochsenkarrenparade führt durch San José.

Dezember

Fiesta de los Negritos *(8. Dez)*. Kulturfest der indigenen Minderheit Boruca mit Musik, Tanz und anderen Aktivitäten.

Festival de la Luz *(2. Sa)*. Ein Umzug mit illuminierten Festwagen läutet die Weihnachtszeit ein.

Fiestas de Zapote *(letzte Woche)*. In San Josés Vorort Zapote wird mit Fahrgeschäften, Rodeos und Pferdeparaden gefeiert.

△ **Fiesta de los Diablitos** *(30. Dez – 2. Jan)*. Zum Gedenken an den Sieg über die Spanier kämpfen maskierte Boruca symbolisch als »kleine Teufel« gegen »Conquistadores«.

1

KURZE GESCHICHTE

Costa Ricas präkolumbische Geschichte liegt weitgehend im Dunkeln, heute ist das Land als stabile Demokratie und für seine Bemühungen um den Umweltschutz bekannt. Grundlage seiner demokratischen Identität ist bis heute die nach einem kurzen Bürgerkrieg 1948 verkündete Neutralität des Landes.

Präkolumbisches Costa Rica

Costa Rica wurde um 8000 v. Chr. von nomadischen Gruppen besiedelt, die sich zwischen dem Gebiet der heutigen Staaten Mexiko und Peru ausbreiteten. In Costa Rica gründeten sie kleine Fischer- und Bauerndörfer an der Küste und im Zentralen Hochland. Sie hinterließen keine schriftlichen Aufzeichnungen, dafür viele Artefakte aus Jade und Gold, die den Reichtum und das hohe künstlerische Niveau dieser Gesellschaften belegen.

Guayabo war von 1000 v. Chr. bis 1400 n. Chr. politisches, kulturelles und religiöses Zentrum. Warum die große Stadt mit bis zu 20 000 Einwohnern verlassen wurde, ist nicht bekannt.

1 *Alte Landkarte von Costa Rica* ↑

2 *Darstellung der Isla Uvita bei Puerto Limón*

3 *Koloriertes Foto von Arbeitern beim Trocknen von Kaffeebohnen (19. Jh.)*

4 *Ausstellungsstücke im Museo del Oro Precolombino, San José*

Chronik

8000 v. Chr.
Erste Nomaden siedeln in der Region

1000 v. Chr.
Am Volcán Turrialba wird die Stadt Guayabo gegründet

500 v. Chr. – 800 n. Chr.
Künstler produzieren Artefakte aus Jade und später aus Gold

400–1000 n. Chr.
Zeremoniell verwendete Granitkugeln auf der Isla del Caño

1400
Guayabo wird aus unbekannten Gründen aufgegeben

1502
Kolumbus landet in einer Bucht an der Karibikküste

2

3

4

Die spanische Eroberung

Auf seiner vierten Reise landete Kolumbus an der Karibikküste. Ihm folgten bald spanische Eroberer zur »Reichen Küste«. Als sie die Reichtümer nicht fanden, kolonialisierten sie das Land und vertrieben oder versklavten seine Bewohner.

Epoche der bäuerlichen Subsistenz

Im 18. Jahrhundert konzentrierten sich die bäuerlichen Siedlungen im Valle Central. Die Karibikküste war hingegen das Revier von Piraten, Schmugglern und Sklaven, die von den karibischen Inseln geflüchtet waren. Die Siedlungen entwickelten sich zu einer relativ egalitären Gesellschaft, Ausnahme war die indigene Bevölkerung, die immer wieder von ihrem Land vertrieben wurde. 1811 spitzten sich die Spannungen zwischen Spanien und den zentralamerikanischen Kolonien zu, die 1821 die geforderte Unabhängigkeit erhielten. In Costa Rica führte der Konflikt zwischen den Anhängern der absoluten Eigenständigkeit und den Verfechtern des Anschlusses an das neue mexikanische Kaiserreich zu einem kurzen Bürgerkrieg. In der Folge wurde der unabhängige Staat Costa Rica gegründet.

Präkolumbische Relikte in Costa Rica

Relikte aus dem präkolumbischen Costa Rica sieht man am besten am Monumento Nacional Guayabo, der bedeutendsten archäologischen Stätte des Landes. In San José besitzen das Museo del Oro Precolombino, das Museo del Jade Marco Fidel Tristán Castro und das Museo Nacional umfassende Sammlungen präkolumbischer Artefakte.

um 1560
Die spanischen Eroberer beginnen mit der Kolonialisierung des Landes

1563
Gouverneur Juan Vásquez de Coronado gründet Cartago

1641
Überlebende eines Sklavenschiffs gründen die freie Gemeinschaft der Miskitos

1737
San José wird als Villanueva de la Boca del Monte gegründet

1747
Die Talamanca werden in das Hochland zwangsumgesiedelt

1838
Costa Rica tritt aus der Zentralamerikanischen Konföderation aus und wird ein eigener Staat

1

2

3

Die Kaffee-Ära

Rund zehn Jahre vor der Unabhängigkeit der zentralamerikanischen Kolonien wurde Kaffee zum Hauptprodukt des Landes – Händler wurden zu reichen *cafeteleros* (Kaffeebaronen). Die Erträge aus dem Export des *grano de oro*, der »goldenen Bohne«, flossen in kostenlose öffentliche Bildung, Gebäude und in die Verteidigung – dies ermöglichte 1856 den Sieg über William Walker – sowie in San Josés Straßenbeleuchtung. Als Costa Ricas Bauern unter der Weltwirtschaftskrise 1930 litten, entwickelte die Regierung die Grundlage für die Produktionsstrukturen, die noch heute bestehen.

Der Bürgerkrieg von 1948

Soziale Unruhen zwischen den Weltkriegen führten 1948 zum Bürgerkrieg. Nachdem Wahlergebnisse annulliert worden waren, erklärte José Figueres Ferrer am 11. März den nationalen Befreiungskrieg. Nach 44 Tagen stürzte die undemokratische Regierung. Figueres wurde Interimspräsident, initiierte eine neue Verfassung, löste die Armee auf, erklärte Costa Ricas Neutralität und verordnete weitreichende soziale Reformen.

1 *Kaffeearbeiter der 1890er Jahre auf einer Plantage* ↑

2 *Costa-ricanische Soldaten im Bürgerkrieg 1948*

3 *Die Präsidenten Ronald Reagan (USA) und Luis Alberto Monge Álvarez*

4 *Besucher im Cabo Blanco*

97,8

Prozent der Costa-Ricaner können lesen und schreiben – dank 150 Jahre kostenloser Schulpflicht.

Chronik

1849
Cafeteleros bringen den Kaffeebaron Juan Rafael Mora an die Macht

1856
William Walkers Söldnerinvasion wird abgewehrt

1871
General Tomás Guardia führt die kostenlose Schulpflicht für alle ein

1897
Das durch Kaffee-Exportsteuern finanzierte Teatro Nacional wird fertiggestellt

1934
Gewerkschaften für Plantagenarbeiter

1948
José Figueres Ferrer erklärt den nationalen Befreiungskrieg

4

Gefährliche Jahre politischer Instabilität

Nach drei Jahrzehnten des Wohlstands erschütterte 1979 die Revolution der Sandinisten in Nicaragua, die Anastasio Somozas Diktatur beendete, die Stabilität Costa Ricas. Somozas rechte Unterstützer, die Contras, richteten mithilfe der CIA in Costa Rica geheime Basen ein, verwandelten das nördliche Tiefland in eine Kriegszone und kompromittierten Costa Ricas Neutralität. 1986 gewann Figueres' Protegé Óscar Arias Sánchez die Präsidentschaftswahl gegen Luis Alberto Monge Álvarez. Er vertrieb die Contras, trotzte US-Präsident Reagan und handelte eine friedliche Lösung für Mittelamerikas regionale Konflikte aus. 1987 erhielt er den Friedensnobelpreis.

Costa Rica heute

In den 1990er Jahren begann der Tourismusboom, der durch Costa Ricas ökologische Vorreiterrolle gefördert wurde. Zwei Jahrzehnte lang erschütterten Wirtschafts- und politische Skandale, Demonstrationen und Naturkatastrophen die Regierungen – nicht aber den wachsenden Ökotourismus und Costa Ricas aktive Rolle im Kampf gegen den Klimawandel.

Nicolas Wessberg

Der Schwede Nicolas Wessberg schuf in einem Streifen Urwald auf der Halbinsel Nicoya mit ausländischer Hilfe Cabo Blanco, Costa Ricas erstes Naturschutzgebiet. 1963 erhielt der Park den Status einer *reserva absoluta*, in der sich nur Ranger aufhalten. Wessberg wurde 1975 ermordet, sein Andenken lebt in Costa Ricas Nationalparksystem weiter.

1949

Figueres wird Interimspräsident, initiiert eine neue Verfassung, löst die Armee auf und tritt nach 18 Monaten zurück

1955

Nicaraguas Invasion wird in Santa Rosa zurückgedrängt

1963

Cabo Blanco wird Costa Ricas erstes Naturreservat

1987

Óscar Arias Sánchez erhält Friedensnobelpreis

2010

Laura Chinchilla wird Costa Ricas erste Staatspräsidentin

2020

Über 99 Prozent der Energie sind aus erneuerbaren Quellen

WILDES
COSTA RICA

Der klare, unverwandte Blick eines Leguans

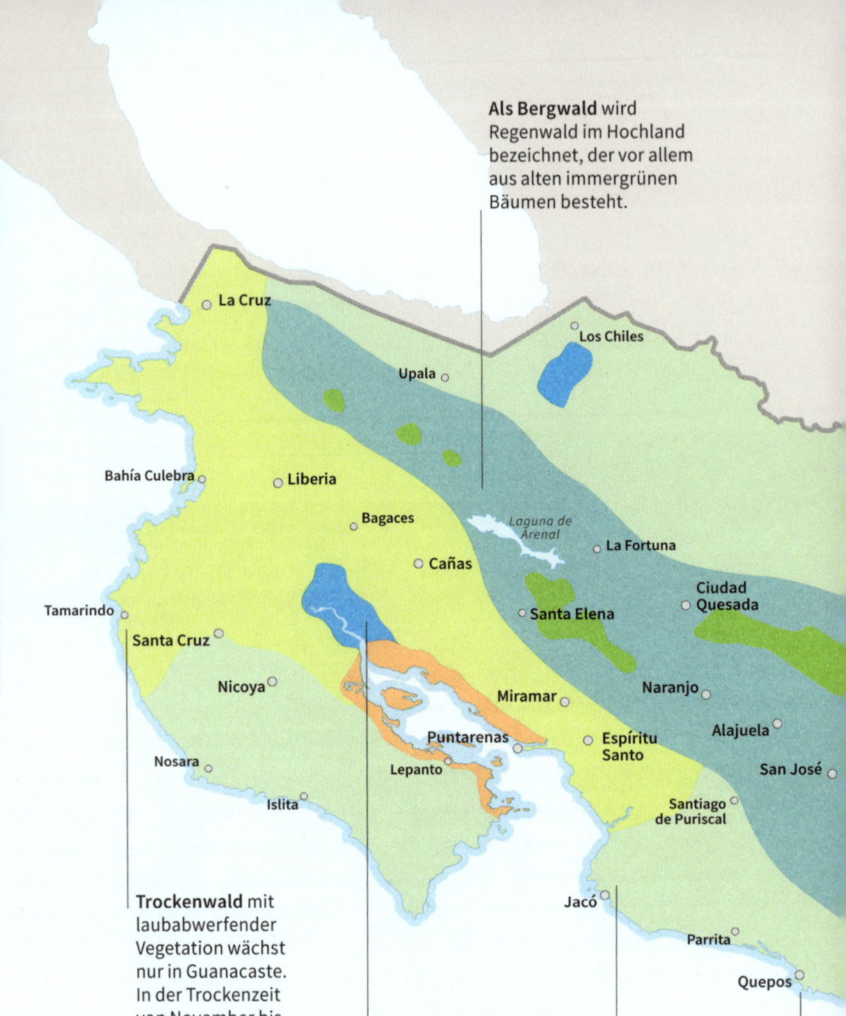

Als Bergwald wird Regenwald im Hochland bezeichnet, der vor allem aus alten immergrünen Bäumen besteht.

Trockenwald mit laubabwerfender Vegetation wächst nur in Guanacaste. In der Trockenzeit von November bis Mai erstrahlen die Bäume in voller Blütenpracht.

Feuchtgebiete mit flachem Wasser umfassen Flüsse, Sümpfe und zu bestimmten Jahreszeiten überflutetes Land.

Im üppig grünen **Tiefland-Regenwald** leben vom Boden bis in die höchsten Baumwipfel unzählige Tiere.

Meer und Gezeitenzone umfassen Strände, Korallenriffe und die Flachwassergebiete vor den Küsten.

Lebensräume

- Bergwald
- Trockenwald
- Feuchtgebiet
- Mangrovensumpf
- Tiefland-Regenwald
- Nebelwald
- Páramo
- Meer und Gezeitenzone

COSTA RICAS LEBENSRÄUME

Bis vor rund drei Millionen Jahren waren Nord- und Südamerika noch getrennt. Als Zentralamerika als Landbrücke aus dem Meer auftauchte, wurde Costa Rica zu einem biologischen Hotspot aus Nord und Süd, in dem sich neue tropische Tier- und Pflanzenarten entwickelten. In den verschiedenen Lebensräumen des Landes ist eine einmalig vielfältige Flora und Fauna beheimatet.

1

2

3

Landschaften und Flora

Nur wenige Länder der Erde besitzen eine so artenreiche Natur wie das kleine zentralamerikanische Costa Rica. Hier leben fast fünf Prozent aller bislang identifizierten Spezies, darunter allein rund 1200 Schmetterlingsarten. Diese fantastische Vielfalt verdankt Costa Rica seinen abwechslungsreichen Landschaften, die sich von den Feuchtgebieten im Tiefland bis zu den wolkenverhangenen Berggipfeln erstrecken. Auf kleinem Raum findet man hier die verschiedensten Ökosysteme, die sich durch ihre jeweils einzigartige Kombination von Klima, Terrain sowie Tier- und Pflanzenwelt unterscheiden.

Tiefland-Regenwald

Die Ebenen und unteren Berghänge im karibischen Tiefland und im pazifischen Südwesten sind vorwiegend von Regenwald bedeckt, dessen Baumkronendach ein grünes Meer bildet. In diesem komplexen Ökosystem lebt ein Großteil der Wildtiere des Landes. Hartholzbäume wie Mahagoni oder Kapok werden teils mehr als 60 Meter hoch und von ausladenden Stützwurzeln stabilisiert. Vom Boden bis zu den Baumwipfeln unterscheiden sich die Etagen dieser Wälder durch ihre jeweiligen Mikroklimata, Fauna und Flora, wobei sich die meisten Arten in den höheren Lagen konzentrieren. Tapire und Jaguare leben am Boden, Vögel und Affen, aber auch Wickelbären, Faultiere und Schlangen sind dagegen an ein Leben in den Bäumen angepasst, die von Ranken, Epiphyten und anderen Gefäßpflanzen überwuchert werden.

Berg- und Nebelwälder

Nebelwälder wachsen oberhalb von 1000 Metern – mehr als die Hälfte Costa Ricas liegt in diesen Höhen. Dort oben weist die Vegetation starke lokale Unterschiede auf: Auf windigen Bergkämmen bilden die niedrigen Bäume und Sträucher urtümlich wirkende Wälder, in geschützten Gebieten wachsen sie in einigen Stockwerken höher in den Himmel, wenn-

4

5

1 *Grüner Tiefland-Regenwald* ↑
2 *Wolkenverhangener Berg-Nebelwald*
3 *Mangrovensumpf*
4 *Trockenwald*
5 *Meer und Gezeitenzone bei Ebbe*

gleich die Baumkronendächer selten die 30-Meter-Marke überschreiten. An den Bäumen gedeihen Orchideen, Bromelien, Flechten, Pilze und Moose – tatsächlich produziert das Zusammenspiel von Sonne, Wolken und Regen einen erstaunlichen Artenreichtum. Im schummrigen Licht unter Nebel und Blattwerk lebt eine gleichermaßen vielfältige Fauna.

Páramo

Der Páramo erstreckt sich in kleinen Gebieten oberhalb der Baumgrenze. Das trockene Gras- und Buschland wird von zähen Nagetieren, Eidechsen und Schlangen bevölkert – großartig, um Evolutionsprozesse zu beobachten.

Trockenwald

Vorwiegend laubabwerfender Trockenwald dominierte einst den Großteil von Guanacaste und Nicoya, heute bedeckt er noch 520 Quadratkilometer. Wenn die Blätter während der saisonalen Trockenzeiten fallen, lassen sich Tiere leichter erspähen. Umweltschützer versuchen, diese Ökosysteme zu revitalisieren.

Feuchtgebiete und Mangroven

Zu diesen Ökosystemen gehören die Mangrovenwälder an der Küste, etwa das Térraba-Sierpe-Delta im pazifischen Südwesten, aber auch Feuchtgebiete wie der Caño Negro im nördlichen Landesinneren. Viele sind nur in der Regenzeit von Mai bis November überflutet und in der Trockenzeit voller Wildtiere. Mangroven wachsen in den schlammigen Flussablagerungen an der Küste und sind eine Kinderstube für Oliv-Bastardschildkröten und weitere Meerestiere sowie für Fregatt- und zahlreiche andere Vögel.

Meer und Gezeitenzone

Costa Ricas Küste misst 1290 Kilometer. Kleine Korallenriffe liegen vor den Landzungen und Buchten der zentralen Pazifik- und der fast schnurgeraden südlichen Karibikküste. Bei Tortuguero an der nördlichen Karibikküste und an vielen anderen Stränden legen Meeresschildkröten ihre Eier ab. In der Bahía Ballena (»Walbucht«) an der südlichen Pazifikküste bringen Buckelwale ihre Jungen zur Welt.

1

2

3

Tierschutz

Die Wälder Costa Ricas wurden im 20. Jahrhundert im großen Maßstab abgeholzt, wodurch die Bestände vieler Tierarten rapide abnahmen. Das Aufkommen des Ökotourismus und staatliche Maßnahmen zum Schutz der Tier- und Pflanzenwelt führten zur Gründung eines ganzen Netzes von Schutzgebieten, bestehend aus 29 Nationalparks, 25 Wildtierschutzgebieten, zehn Feuchtgebieten und acht Bioreservaten. Sie umfassen rund ein Drittel des Landes.

Verlust der Lebensräume

Die größte Gefahr für Costa Ricas Umwelt geht von der durch die Land- und Immobilienwirtschaft befeuerten Entwaldung aus. Mittlerweile stehen mehr als 60 Baumarten unter Schutz. Weitere Bedrohungen sind die Umweltverschmutzung durch Plantagen, das Schleppnetzfischen und nicht isolierte Stromkabel.

Jagd und Wilderei

In Costa Rica ist die Jagd legal, außer in Nationalparks und Reservaten – dennoch wird dort gewildert. Manche Bauern sehen in Wildkatzen Schädlinge und schießen sie ab. Der illegale Tierhandel hat zu einem massiven Schwund von Papageien und Affen geführt, Eiablageplätze von Schildkröten werden oft geplündert.

Gefährdete Arten

Laut Gesetz dürfen 166 Tierarten in Costa Rica nicht gejagt, gefangen oder verkauft werden. Besonders gefährdet ist die Lederschildkröte – durch Fischerei, Eierwilderei, ungezügelte Erschließung und Umweltverschmutzung. Die Bemühungen, ihre Populationen zu retten, tragen endlich Früchte.

Ökotourismus

Der Ökotourismus ist eine erhebliche Unterstützung für den Umweltschutz, zeigt er doch deutlich, dass es sich mehr lohnt, einheimische Spezies zu schützen, als sie auszurotten. Das Umweltbewusstsein ist gewachsen. So hat sich die Bevölkerung erfolgreich gegen Goldminen und Offshore-Ölbohrungen gewehrt.

1 *Gerodeter Tiefland-Regenwald* ↑

2 *Geschützte Eiablageplätze*

3 *Schildkröte bei der Eiablage am Strand*

4 *Potenziell gefährdet: der Jaguar*

5 *Gerettetes Faultierbaby*

Papageien-Zuchtprogramme

Der Hellrote Ara gilt als nicht gefährdete Tierart, ist aber in vielen Gebieten Costa Ricas schon verschwunden. Sein Cousin, der Große Soldatenara, gilt heute als stark gefährdet. Einige Privatinitiativen versuchen nun, den dramatischen Schwund des Bestands durch Ara-Zuchtprogramme aufzuhalten und umzukehren. Die Vögel werden in tragfähigen Schwärmen ausgewildert, auch in Gebieten, aus denen sie verschwunden waren.

CITES

Die 1973 unterzeichnete CITES (Convention on International Trade in Endangered Species of Wild Fauna and Flora) ist ein internationales Abkommen über den Handel mit gefährdeten frei lebenden Tieren und Pflanzen – mehr als 33 000 Arten stehen auf der Liste, darunter 16 Vogel-, 13 Säugetier-, acht Reptilien- und zwei Amphibien- sowie einige Dutzend Pflanzenarten, die in Costa Rica vorkommen. Die von CITES gelisteten Arten dürfen nur mit Genehmigung gehandelt werden, allerdings blüht leider der Schwarzhandel.

IUCN Red List

Die Rote Liste der Weltnaturschutzunion IUCN (International Union for Conservation of Nature) bewertet die Gefährdung von Pflanzen- und Tierarten nach folgenden Kategorien:

Extinct (EX) – ausgestorben.

Extinct in the Wild (EW) – in der Natur ausgestorben, überlebt nur in Gefangenschaft oder als eingeführte Population außerhalb des natürlichen Habitats.

Critically Endangered (CR) – vom Aussterben bedroht.

Endangered (EN) – stark gefährdet, trägt ein sehr hohes Risiko, in absehbarer Zukunft auszusterben.

Vulnerable (VU) – gefährdet.

Near Threatened (NT) – potenziell gefährdet.

Least Concern (LC) – zum aktuellen Zeitpunkt nicht gefährdet.

Raubkatzen

Die scheuen Katzen *(Felidae)* sind nachtaktive Einzelgänger. Es ist nicht einfach, sie in der Wildnis zu beobachten. Die agilen Fleischfresser ernähren sich von Fischen, Nagetieren und kleinen Vögeln, sogar auch von Hirschwild und Tapiren. Jede Unterfamilie unterscheidet sich in Größe und Farbe, doch alle ähneln ihren domestizierten Verwandten, den Hauskatzen, mit runden Kopfformen, »Katzenaugen« und langen Eckzähnen. Große Pfoten mit ausfahrbaren Krallen, geschmeidige Körper und lange Schwänze optimieren die Balance. Sie jagen am Boden und in den Bäumen.

Familie

In Costa Rica leben sechs Katzenarten: Ozelot, Baumozelot, Ozelotkatze, Puma, Jaguarundi und Jaguar. Sie sind in drei Gattungen unterteilt. Pardelkatzen *(Leopardus)* sind kleine bis mittelgroße Katzen, deren Fell mit schwarzen Flecken bedeckt ist. Etwas größer sind die zwei Puma-Arten in Costa Rica; deren Fell weist keine Flecken auf. Eigentliche Großkatzen *(Panthera)* wie Löwe, Tiger und Leopard können Brülllaute von sich geben. Costa Ricas einzige Art dieser Gattung ist der Jaguar.

Ozelot (LC)

Art *Leopardus pardalis* **Beste Sichtung** Cahuita, Santa Rosa

Die größte gefleckte Katze Costa Ricas ist der anmutige, aber scheue Ozelot. Ozelots sind im Tiefland und in mittleren Höhen verbreitet. Die von den Einheimischen *manigordo* genannten Tiere sind von den trockenen Savannen von Guanacaste bis zu den Regenwäldern des Corcovado vertreten. Der Ozelot ist stämmig, bis zu 100 Zentimeter lang und bis zu 15 Kilogramm schwer. Sein kurzes ocker- bis cremefarbenes Fell ist mit rosettenfarbigen Flecken bedeckt, die ungleichmäßig verlaufen. Wie seine Verwandten Baumozelot und Ozelotkatze weist er an Wange und Stirn schwarze Streifen auf. Auch der Schwanz zeigt oft Streifen. Erwachsene Tiere sind meist Einzelgänger und verteidigen ihr Revier, das sie mit penetrant riechendem Urin und Fäkalien markieren, bis aufs Blut. Wie alle Katzen sieht der Ozelot nachts ausgezeichnet, was ihm bei der Suche nach Beute in den dichten Wäldern zugutekommt. Ozelots sind nicht so wählerisch wie andere Katzen. Sie fressen meist kleine Säugetiere wie Hasen und Nagetiere, aber auch Amphibien, Fische und kleine Reptilien. Die Weibchen bringen ein oder zwei (selten drei) Junge zur Welt. Einst wurden Ozelots wegen ihres Fells intensiv gejagt. Sie waren auch im illegalen Tierhandel begehrt. Heute wird der Ozelot von der IUCN als »nicht gefährdet« gelistet. Sein Verbreitungsgebiet reicht vom nördlichen Mexiko bis zum Südlichen Wendekreis.

Baumozelot (NT)

Art *Leopardus wiedii* **Beste Sichtung** Corcovado, Tapantí Macizo de la Muerte

Der Baumozelot ist kleiner als der Ozelot, bewohnt dichte Regenwälder und ist hervorragend an das Leben in den Bäumen angepasst. Im Vergleich zum Ozelot ist sein Schwanz länger, der Kopf ist kleiner, die Augen sind wiederum größer. Der gute Kletterer verbringt einen Großteil seiner Zeit damit, Vögel und andere Tiere in den Bäumen zu jagen. Baumozelots können ihre Hinterbeine um 180 Grad eindrehen und damit an Ästen hängen. Sie sind auch fähig, den Stamm kopfüber hinunterzuklettern.

Ozelotkatze (VU)

Art *Leopardus tigrinus* **Beste Sichtung** Braulio Carrillo, Monteverde

Die Ozelotkatze ist nachtaktiv. Sie lebt in größeren Höhen als ihre Verwandten. Der *tigrillo*, wie die Einheimischen das Tier nennen, ist mit einer Länge unter 60 Zentimetern kaum größer als eine Hauskatze und Baumozelot und Ozelot sehr ähnlich, jagt allerdings lieber am Boden als auf Bäumen. Ozelotkatzen fressen Mäuse, Vögel und Eidechsen. Da die Ozelotkatze stark bejagt wurde, wird sie von der IUCN als »gefährdet« eingestuft.

Puma (LC)

Art *Puma concolor* **Beste Sichtung** Chirripó, Santa Rosa

Der in Costa Rica *león* genannte Puma ist die anpassungsfähigste Katze in Amerika und in allen Habitaten des Landes zu Hause. Der auf Beute lauernde Jäger schlägt Rotwild und Opossums, frisst aber auch Nagetiere, Fische und sogar Insekten. Pumas haben im Vergleich zum Rumpf die längsten Hinterbeine – ideal für große Sprünge. In kurzen Sprints erreichen Pumas 55 bis 70 km/h. Das kurze Fell ist hell- bis dunkelbraun oder auch silbergrau.

Jaguarundi (LC)

Art *Puma yagouaroundi* **Beste Sichtung** Barra Honda, Rincón de la Vieja

Der kleinere Verwandte des Pumas lebt im Buschland und im lichten Wald mittlerer Höhenlagen. Sein Fell ist rotbraun bis grauschwarz. Das kurzbeinige, langschwänzige Tier erinnert an einen Marder. Die Ohren am kleinen Kopf sind kurz und rund, die Augen stechend blaugrün. Der Jaguarundi schnurrt wie eine Hauskatze, kann aber auch knurren oder tschilpen wie ein Vogel. Er jagt Tag und Nacht, weshalb man ihn oft am Wegesrand sehen kann.

Jaguar

Das größte Landraubtier ist auch einziger Vertreter der Großkatzen in Mittelamerika. Der Jaguar ähnelt dem afrikanischen Leoparden, ist jedoch massiger und kräftiger. Obwohl er klettern kann, jagt er meist am Boden des Regenwalds. Erwachsene Tiere brauchen ein großes Revier. Abholzung und illegale Jagd haben die Population dezimiert. Heute ist der Jaguar auf wenige Gebiete zurückgedrängt. Man findet ihn z. B. im Parque Nacional Corcovado, wo knapp 50 Tiere leben.

Zahlen und Fakten

Art *Panthera onca*
Einheimischer Name: *Tigre*

Größe
Schulterhöhe: 65 – 75 cm
Gewicht: bis zu 160 kg

Bestand in Costa Rica
unbekannt

Status NT

Fortpflanzung Die Weibchen sind mit etwa zwei Jahren geschlechtsreif und gebären alle 18 bis 24 Monate zwei bis vier Junge.

Lebensraum Vom Trockenwald über saisonale Feuchtgebiete bis zum Tiefland-Regenwald.

Beste Sichtung
Corcovado, Santa Rosa, Talamanca, Tortuguero

Familie und Fortpflanzung

Wie alle Katzen des amerikanischen Kontinents ist der Jaguar ein Einzelgänger. Jedes erwachsene Tier sucht sich ein großes Revier aus und markiert es. Die Reviere von Weibchen (20 – 40 km²) können sich überschneiden, doch die Tiere gehen sich aus dem Weg. Treffen haben meist aggressives Verhalten zur Folge. Männchen, deren Reviere zwei- bis dreimal größer sind, verteidigen diese gegen Eindringlinge, doch Kämpfe sind eher selten. Männchen und Weibchen kommen nur zur Paarung zusammen, eine kurze Angelegenheit, die das ganze Jahr hindurch stattfinden kann. Für die Aufzucht sind die Weibchen zuständig. Die Jungen bleiben bis zu zwei Jahre bei der Mutter, bevor sie sich ihr eigenes Revier suchen.

Ernährung

Die nächtlichen Jäger vertrauen auf ihre List, um Beute zu machen – weniger auf Geschwindigkeit. Ihr Speiseplan ist vielfältig und reicht von Agutis bis hin zu Kaimanen, allerdings bevorzugen sie Paarhufer wie Tapire und Hirsche. Die Jaguare der Küstengebiete jagen auch Meeresschildkröten. Sie töten die Beute, indem sie ihre Eckzähne in den Schädel oder Hals schlagen. Der Biss des Jaguars ist etwa doppelt so kraftvoll wie der eines Löwen.

Kommunikation und Stimme

Jaguare agieren lautlos aus dem Hinterhalt, wenn sie ihre Beute anpirschen. Ihre Artikulation ist daher nicht sonderlich ausgeprägt. Paarungswillige Weibchen zeigen ihre Fruchtbarkeit, indem sie ihr Revier mit Urin markieren und diverse Laute von sich geben. Diese reichen von Schnurren, Miauen und Grunzlauten bis zu dem für Jaguare typischen heiseren Schrei. Männchen brüllen tiefer und wiederholt, um den Weibchen ihre Präsenz zu demonstrieren und Rivalen zu warnen. Zusammenstöße zwischen Männchen verlaufen mit viel Fauchen und Knurren.

Schon gewusst?

Die Fangzähne eines Jaguars sind stark genug, um Schildkrötenpanzer zu knacken.

Kleine Säugetiere

In Costa Rica kommen mehr als 200 Säugetierarten vor, darunter etwa zwei Dutzend Arten von kleinen Raubtieren, die nicht zu den Katzen gehören. Einige lassen sich gut beobachten, andere sind scheu oder selten. Der Olingo z. B. ist nachtaktiv und nur schwer zu sichten. Andere Tiere, etwa Wasch- und Nasenbären, sind tagaktiv und nähern sich gern Lodges (und auch Besuchern), in der Hoffnung, gefüttert zu werden. Unter den tagaktiven Säugetieren finden sich Nagetiere, Paarhufer und Dreifingerfaultiere. Costa Rica beheimatet auch rund 100 Fledermausarten, die weltweit einzigen Säugetiere, die sich in die Luft begaben – ihre Flügel sind eigentlich Flugmembranen, die von den Hand- bis zu den Fußgelenken reichen. Die nachtaktiven Tiere senden Ultraschallwellen aus und orientieren sich durch Echoortung.

Familie

Die 260 Säugetierarten Costa Ricas sind in elf Ordnungen eingeteilt, darunter Raubtiere mit den drei Unterordnungen Katzen *(Felidae)*, Hunde *(Canidae)* und Kleinbären *(Procyonidae)*. Ameisenbären, Tamanduas und Faultiere gehören zu den Zahnarmen *(Pilosa)*, Fledermäuse zu den Fledertieren *(Chiroptera)*. Pekaris und Hirsche sind Paarhufer *(Artiodactyla)*.

Braunkehlfaultier (LC)

Art *Bradypus variegatus* **Beste Sichtung** Braulio Carrillo, Cahuita, Manuel Antonio, Tortuguero

Das Braunkehlfaultier aus der Familie der Dreifingerfaultiere ist in den Wäldern Costa Ricas häufig anzutreffen. Es besitzt ein rundes Gesicht mit stumpfer Nase und schwarzer Augenmaske. Seinen Hals kann es um 360 Grad drehen. Faultiere verbringen fast ihr ganzes Leben in Bäumen hängend oder rollen sich zum Schlafen in Astgabeln zusammen. Die Vegetarier ernähren sich von Blättern und Trieben, bevorzugt von Ameisenbäumen. Sie besitzen ein langes graues Fell mit dichter Unterwolle. Der Scheitel liegt am Bauchnabel, sodass Regenwasser besser abfließen kann. Im Fell lebt eine grüne Algenart, die es tarngrün schimmern lässt. Algen bilden die Nahrung für eine Mottenart, die ebenfalls im Fell lebt und ihre Eier im Faultierkot ablegt.

Hoffmann-Zweifingerfaultier (LC)

Art *Choloepus hoffmanni* **Beste Sichtung** Cahuita, Corcovado, Tapantí Macizo de la Muerte

Das nachtaktive Tier ähnelt den Dreifingerfaultieren, besitzt aber an den Vorderbeinen nur zwei Krallen. Sein Speiseplan ist mit Insekten, Früchten und sogar Vogeleiern umfangreicher. Das Gesicht mit den braunen Augen ist cremefarben. Am Boden bewegt sich das Tier schwerfällig, es ist aber ein guter Schwimmer. Weibchen gebären pro Jahr ein Junges, das sich an ihrer Brust festkrallt. Fällt ein Junges zu Boden, werden seine Hilferufe ignoriert – es ist Raubtieren ausgeliefert.

Nördlicher Tamandua (LC)

Art *Tamandua mexicana* **Beste Sichtung** Caño Negro, La Cruz, Santa Rosa

Das teils auf Bäumen lebende Tier gehört zu den Ameisenbären. Außer Ameisen und Termiten frisst es auch kleine Käfer und andere Insekten. Sein helles Fell hat eine auffällige schwarze Westenzeichnung. Der Tamandua gräbt mit seinen kräftigen Vorderpfoten und Krallen Nester auf. Die lange Schnauze führt zu einem winzigen Maul, eine extrem lange Zunge leckt die Insekten auf. Ihr langer Greifschwanz ist für den Tiefland-Regenwald ideal.

Großer Ameisenbär (VU)

Art *Myrmecophaga tridactyla* **Beste Sichtung** Corcovado

Der größte der Ameisenbären wird bis zu 2,10 Meter lang – die Hälfte entfällt auf den buschigen Schwanz, 50 Zentimeter auf die markante Schnauze. Das Fell ist grau, schwarz und weiß. Er läuft auf den Außenkanten seiner Füße. Mit den kräftigen Vorderfußkrallen bricht er Termitenbauten auf. Das Tier nutzt die Krallen auch zur Verteidigung und stellt sich dabei auf die Hinterbeine. In Costa Rica lebt die Art nur noch im Parque Nacional Corcovado.

Zwergameisenbär (LC)

Art *Cyclopes didactylus* **Beste Sichtung** Braulio Carrillo, Corcovado, Monteverde

Der Zwergameisenbär ist nur etwa 18 Zentimeter lang, sein Schwanz hat ebenfalls diese Länge. Der nachtaktive Baumbewohner schläft tagsüber zusammengerollt in Baumhöhlen oder Astgabeln. Nachts verspeist er Ameisen, Termiten und Käfer. Das Tier besitzt ein seidiges honigfarbenes Fell und eine relativ kurze rosa Schnauze. Der Zwergameisenbär bewohnt verschiedene Waldarten. Weibchen bringen pro Jahr ein Jungtier zur Welt.

Baird-Tapir

Der Baird-Tapir (Mittelamerikanischer Tapir), das größte Landsäugetier der amerikanischen Tropen, wirkt wie ein Mix aus Pferd und Schwein. Das Tier sieht schlecht, dafür kann es gut hören und riechen. Die dicke Haut und die massive Statur dienen dem Schutz vor Jaguaren und Krokodilen. Leider kann sich das scheue Tier nicht gegen die illegale Jagd schützen. In der Cordillera de Talamanca lebt noch eine stabile Population, doch anderswo gehen die Zahlen zurück: Es gibt nur noch weniger als 3000 Tiere in freier Wildbahn.

Zahlen und Fakten

Art *Tapirus bairdii*
Einheimischer Name: *Danta*

Größe
Schulterhöhe: 1–1,50 m
Gewicht: bis zu 350 kg

Bestand in Costa Rica
unter 1000

Status EN

Fortpflanzung Die Weibchen sind nach zwei Jahren geschlechtsreif und gebären alle zwei Jahre ein Junges.

Lebensraum Feuchte Regionen bis 3500 Meter Höhe.

Beste Sichtung
Corcovado, La Amistad, La Selva, Rincón de la Vieja

Familie und Fortpflanzung

Ausgewachsene Tapire sind Einzelgänger, allerdings gibt es eine starke Bindung zwischen Mutter und Jungtier. Die Männchen kämpfen um die Weibchen. Der Sieger beginnt das Paarungsritual, indem er Urin verspritzt. Das Paar führt dann ein schneller werdendes Nasean-Schwanz-Duett auf und beschnüffelt die Genitalien des anderen, bevor sich beide beim recht gewaltsam wirkenden Akt gegenseitig beißen. Die Weibchen bringen ein rund sieben Kilogramm schweres Junges zur Welt. Das Kalb wird ein Jahr lang gesäugt und verbringt dann noch ein oder zwei Jahre mit der Mutter. Männchen zeigen an ihrem Nachwuchs kein Interesse.

Ernährung

Baird-Tapire sind Vegetarier. Üblicherweise gehen sie in der Dämmerung und nachts auf Nahrungssuche. Mit ihrem Rüssel pflücken sie Blätter und Früchte. Gern fressen sie Beeren, zarte Triebe und junge Blätter sowie Wasserpflanzen. Die bis zu 350 Kilogramm schweren Tiere nehmen täglich ein Zehntel ihres Körpergewichts an Nahrung zu sich. Da sie gern den Pfaden folgen, die sich durch das Unterholz des Waldes schlängeln, sind sie leicht aufzuspüren – sowohl für Tierfreunde als leider auch für Jäger.

Kommunikation und Stimme

Die Einzelgänger legen in ihren Revieren Pfade an, die sie mit Urin und Kot markieren. Tapire reagieren auf Artgenossen aggressiv und zeigen die Zähne – außer in der Paarungszeit und bei ihrem Nachwuchs. Wenn sich keiner zurückzieht, kommt es zum Kampf, bei dem die Kontrahenten versuchen, sich in die Hinterbeine zu beißen – mit ihren scharfen Schneidezähnen können sie ernsthaft verletzen. Tapire schreien, schnaufen, quieken und pfeifen in diversen Tonlagen. Besonders laut sind Baird-Tapire bei der Kopulation.

Schon gewusst?

Der Baird-Tapir ist benannt nach Spencer Fullerton Baird, der die Tiere in den 1840er Jahren erforschte.

Großmazama (unzureichende Daten)
Art *Mazama americana* **Beste Sichtung** Arenal, Cahuita, Rincón de la Vieja

Die nur in Mittelamerika heimische Spießhirschgattung lebt im Regenwald, wo ihr rostbraunes Fell als Tarnfarbe im Schatten dient. Die Unterbeine sind schwarz gefärbt, Hals und Innenseiten der Beine dagegen weißlich. Jungtiere haben an den Flanken zwei Reihen mit Flecken. Ausgewachsene Tiere bilden kleine Geweihe, eher Spieße, aus. Die Nahrung besteht aus Blättern und Früchten. Die scheuen Tiere sind seltener zu beobachten als Weißwedelhirsche.

Weißwedelhirsch (LC)
Art *Odocoileus virginianus* **Beste Sichtung** Barra Honda, Caño Negro, Santa Rosa

Weißwedelhirsche bevorzugen Buschland, Feuchtgebiete und Trockenwälder oberhalb der Regenwälder. In der Morgen- und Abenddämmerung sind sie besonders aktiv. Die Fellfarbe variiert von Graubraun bis Rostbraun. Wird der Hirsch erschreckt, präsentiert er die weiße Schwanzunterseite. Die Tiere können auf der Flucht vor Pumas, Kojoten, Jaguaren und Jägern schnell laufen und weit springen. Die Männchen kämpfen heftig um die Weibchen.

Paka (LC)
Art *Cuniculus paca* **Beste Sichtung** Braulio Carrillo, Corcovado, Tortuguero

Pakas – in Costa Rica werden sie *tepezcuintles* genannt – sind mit den Agutis verwandt. Ihr dunkelbraunes Fell weist helle Tupfen und Streifen auf. Das nachtaktive Tier ist ein Pflanzenfresser und lebt von Gräsern, Wurzeln, Früchten und Blumen. Die Tiere können gut klettern und schwimmen und flüchten sich bei Gefahr ins Wasser. Wegen ihres wohlschmeckenden Fleisches werden sie gejagt. Viele *campesinos* (Bauern) züchten Pakas.

Aguti (LC)
Art *Dasyprocta punctata* **Beste Sichtung** La Selva, Corcovado, Manuel Antonio

Der große, *guatusa* genannte Nager lebt am Boden und ist so an den Menschen gewöhnt, dass man in vielen Nationalparks aus der Nähe sehen kann, wie er sich putzt, Nüsse frisst oder welche vergräbt. Das glänzende Fell ist kastanienbraun. Bei Revierkämpfen stellen Männchen die Haare an ihrem Hinterteil fächerartig auf. Die monogamen Tiere sind ganzjährig paarungsbereit. Beim Paarungsritual bespritzt das Männchen das Weibchen mit Urin.

Neunbinden-Gürteltier (LC)
Art *Dasypus novemcinctus* **Beste Sichtung** Arenal, Caño Negro, Santa Rosa

Das Neunbinden-Gürteltier wird mit Schwanz bis zu 110 Zentimeter lang. Trotz des Namens kann die Panzerung eine unterschiedliche Anzahl von Bändern aufweisen. Gürteltiere sind nachtaktiv, wühlen mit starken Krallen in der Erde und fressen Termiten, Raupen und Knollen. Ihr Lebensraum sollte lockeres Erdreich bieten, die Tiere graben sich Bauten. Gürteltiere bewegen sich gemächlich, können bei Gefahr aber schnell flüchten – auch durch Flüsse, da sie minutenlang den Atem anhalten können.

Halsbandpekari (LC)
Art *Pecari tajacu* **Beste Sichtung** Braulio Carrillo, Corcovado, Santa Rosa

Halsbandpekaris, eine von zwei Pekari-Arten in Costa Rica, werden bis zu 60 Zentimeter hoch und ähneln unserem Wildschwein. Sie haben ein Fell mit dicken grauen Borsten, kurze Beine und einen gedrungenen Kopf. Mit der Schnauze erschnüffeln sie Früchte, Nüsse und Knollen. Pekaris bevölkern die Regenwälder und Savannen des Tieflands. Halsbandpekaris leben in Rotten von bis zu 20 Tieren, die aggressiveren Weißbartpekaris in Rotten von rund 100 Tieren.

Wickelbär (LC)
Art *Potos flavus* **Beste Sichtung** Corcovado, La Selva, Monteverde

Der auch Honigbär und Kinkajou genannte Baumbewohner ist mit dem Waschbären verwandt. Von anderen Kleinbären unterscheidet ihn sein langer Greifschwanz. Mit den Vorderpfoten greift er Feigen sowie andere Früchte und Insekten und frisst sie. Mit der langen Zunge schleckt er Honig und Nektar auf. Die Tiere leben bisweilen in Gruppen. Wegen ihres goldenen Fells werden sie illegal gejagt. Am ehesten sieht man sie auf einer Nachttour.

Mittelamerikanisches Katzenfrett (LC)
Art *Bassariscus sumichrasti* **Beste Sichtung** Braulio Carrillo, Carara, Corcovado

Der *cacomistle* genannte Kleinbär ist kleiner als der mit ihm verwandte Waschbär – und seltener. Er lebt in feuchten Waldgebieten und ist durch Abholzung bedroht, in Costa Rica gilt die Art als gefährdet. Seine riesigen schwarzen Augen erlauben ihm, nachts kleine Wirbeltiere und Insekten zu jagen. Er frisst auch Früchte. Mit schmaler Nase und aufgestellten Ohren ähnelt er einer Katze – *cacomistle* kommt aus der Nahuatl-Sprache und bedeutet »halbe Katze«.

Weißrüssel-Nasenbär (LC)

Art *Nasua narica* **Beste Sichtung** Arenal, Cahuita, Manuel Antonio

Der von den Einheimischen *pizote* genannte Nasenbär ist ein Verwandter des Waschbären und in Costa Rica in fast allen Lebensräumen zu finden. Weibchen und Jungen bilden Gruppen von bis zu 30 Mitgliedern. Die Männchen sind Einzelgänger, außer in der Paarungszeit. Das braune Fell der Tiere kontrastiert mit der silberfarbenen Brust und ihrer prominenten weißen Nase. Der lange Schwanz ist geringelt und wird oft hochgehalten. Er unterstützt beim Klettern die Balance.

Olingo (LC)

Art *Bassaricyon gabbii* **Beste Sichtung** Carara, Corcovado, La Selva, Selva Verde

Das Säugetier mit buschigem Schwanz, kurzen Beinen und kleinen Ohren ist ein meist nachtaktiver Baumbewohner. Olingos halten sich gern in den Kronen auf und leben von Früchten, Insekten und kleinen Wirbeltieren. Ihr weiches, dichtes Fell ist braun, am Bauch heller. Der Schwanz (ca. 50 cm) ist so lang wie das Tier (ca. 50 cm). Da der Olingo als (illegales) Haustier beliebt ist, haben viele Wilderer es auf ihn abgesehen.

Waschbär (LC)

Art *Procyon lotor* **Beste Sichtung** Cahuita, Santa Rosa, Tortuguero

Den in ganz Nordamerika heimischen Waschbären *(mapache)* kann man auch fast überall in Costa Rica antreffen. Der Allesfresser ist sowohl tag- als auch nachtaktiv. Mit seinen sensiblen Vorderpfoten – nur Affen sind noch geschickter – geht er auf Beutesuche. Er kann seine Pfoten nach hinten drehen und, den Kopf voraus, nach unten klettern. Das graue Tier mit der typischen schwarz-weißen Gesichtsmaske wird bis zu 30 Zentimeter hoch.

Krabbenwaschbär (LC)

Art *Procyon cancrivorus* **Beste Sichtung** Manuel Antonio, Palo Verde, Térraba-Sierpe

Krabbenwaschbären ähneln den Nordamerikanischen Waschbären, haben aber ein kürzeres graubraunes Fell. Sie leben von Costa Rica bis Argentinien in Küstenwäldern oder Mangrovensümpfen. Die Tiere fressen bevorzugt Krustentiere, aber auch Vogeleier, Eidechsen und Früchte. Im Parque Nacional Manuel Antonio kann man Tiere sehen, die Besucher um Futter anbetteln. So putzig dies auch wirken mag: Geben Sie den Wildtieren nichts!

Graufuchs (LC)

Art *Urocyon cinereoargenteus* **Beste Sichtung** Guanacaste, Rincón de la Vieja

Graufüchse besitzen eine auffällige Färbung: Ihr Rücken ist grau, die Unterseite weiß, Seiten, Hals und Beine sind gelblich braun. Die Schwanzspitze ist schwarz. Das nachtaktive Tier jagt kleine Säuger und Vögel sowohl am Boden als auch in den Bäumen. Am ehesten kann man sie morgens und abends in der Dämmerung beobachten. Der beste Ort hierfür ist das Tiefland von Guanacaste, vor allem in der Trockenzeit, wenn die Bäume nur spärlich mit Laub bedeckt sind.

Kojote (LC)

Art *Canis latrans* **Beste Sichtung** Palo Verde, Rincón de la Vieja, Santa Rosa

Kojoten tun sich oft paarweise zusammen, um Nagetiere und am Boden brütende Vögel zu jagen. Sie ernähren sich auch von Schlangen und größeren Wirbeltieren. Kojoten ähneln den Wölfen, sind aber kleiner (65 cm Schulterhöhe). Typisch ist der buschige Schwanz. In vielen Gebieten Costa Ricas kann man in der Abenddämmerung Kojoten heulen hören. Die Tiere sind sehr anpassungsfähig und mittlerweile auch in Stadtgebieten anzutreffen.

Tayra (LC)

Art *Eira barbara* **Beste Sichtung** Arenal, Braulio Carrillo, La Amistad

Der 60 bis 70 Zentimeter lange Waldbewohner *(tolomuco)* erinnert an ein Wiesel. Bis auf den hellen Fleck an der Kehle ist er dunkelbraun, im Alter wird der Kopf silberfarben. Mit ihren Klauen und kräftigen Beinen sind Tayras gute Kletterer. Bei der Jagd auf kleine Affen oder Vögel springt das tagaktive Tier von Ast zu Ast. Es frisst gern Früchte, Eier und Honig. Obwohl die Tayra Regenwald bevorzugt, ist sie manchmal auch im Trockenwald zu sehen.

Südamerikanischer Fischotter (NT)

Art *Lontra longicaudis* **Beste Sichtung** Cahuita, Gandoca-Manzanillo, Tortuguero

Die exzellenten Schwimmer und Taucher heißen in Costa Rica *nutria*. Sie bewohnen Flüsse und Feuchtgebiete im Tiefland, wo sie sich von Fischen, Amphibien und Krustentieren ernähren. Fischotter meiden trübe, verschmutzte Gewässer. Die agilen Tiere haben ein dichtes dunkelbraunes Fell, starke Klauen, Schwimmhäute und einen kräftigen Schwanz, den sie beim Schwimmen einsetzen. Häufig kann man kleine Gruppen beim Spielen beobachten.

Weiße Fledermaus (NT)

Art *Ectophylla alba* **Beste Sichtung** Cahuita, Hitoy-Cerere, Tortuguero

Das nur fünf Zentimeter große Tier heißt auch Honduras-Zwergfledermaus. Sein Fell ist weiß, Nasen, Ohren, Beine und Flügel sind gelb. Die Fruchtfresser leben im Tiefland-Regenwald der Karibikküste. Sie schlafen zu mehreren (meist ein Männchen mit seinem Harem) in »Zelten« aus Helikonien-Blättern. Hierfür durchtrennen sie die Seitenrippen, sodass sich das Blatt zeltartig nach unten faltet. Durch das gefilterte Sonnenlicht erscheint ihr Fell grün – was ihrer Tarnung dient.

Jamaika-Fruchtfledermaus (LC)

Art *Artibeus jamaicensis* **Beste Sichtung** Arenal, Cahuita, Rincón de la Vieja

Die Fledermausart gehört zu den wichtigsten Samenverbreitern der Tropen. Die kurze Schnauze endet in einem Nasenblatt. Das graubraune Fell riecht seifig. Fruchtfledermäuse fressen gern Feigen, daneben auch andere Früchte. Gefundene Früchte werden oft über Hunderte Meter zum Fressplatz getragen. Wie die Weißen Fledermäuse bauen sie sich zum Schlafen »Zelte«, oft aus Palmenblättern. Sie nächtigen aber auch in Baumhöhlen.

Gemeiner Vampir (LC)

Art *Desmodus rotundus* **Beste Sichtung** Barra Honda, Caño Negro, Santa Rosa

Die drei Vampirfledermausarten Costa Ricas ernähren sich vom Blut anderer Tiere, meist wenn diese schlafen. Die Fledermaus hüpft zu ihrem Opfer, sucht unbehaarte Stellen oder »rasiert« das Fell mit ihren sichelförmigen Zähnen, dann beißt sie ein Stück Haut heraus. Ihr Speichel enthält ein gerinnungshemmendes Enzym (Draculin), damit das Blut flüssig bleibt. Nach der Mahlzeit erhebt sich das Tier mithilfe seiner kräftigen Brustmuskeln in die Luft.

Großes Hasenmaul (LC)

Art *Noctilio leporinus* **Beste Sichtung** Bahía Drake, Gandoca-Manzanillo, Tortuguero

Im Parque Nacional Tortuguero kann man das Große Hasenmaul sichten. Diese Fledermausart kann Fische fangen. Die Tiere »durchpflügen« mit ihren langen Fußkrallen beim Flug über Lagunen die Wasseroberfläche. Wenn sie ins Wasser fallen, benutzen sie ihre Flügel als Ruder, das Fell ist wasserabweisend. Ihr Lebensraum sind große Gewässer mit Höhlen und Felsspalten an der Karibik- und der Zentralen Pazifikküste.

Mittelamerikanischer Baumstachler (LC)

Art *Sphiggurus mexicanus* **Beste Sichtung** Rincón de la Vieja, Santa Rosa

Das nachtaktive Tier lebt auf Bäumen, sein langer Schwanz hilft ihm beim Klettern. Baumstachler bevorzugen trockenere Waldgebiete, im Regenwald findet man sie selten. Die Tiere haben ein langes stachliges Fell, einen kleinen Kopf und eine fleischige Schnauze. Sie leben von Blättern, Früchten und Samen. In der Paarungszeit geben sie wehklagende Laute von sich und sondern einen übel riechenden Duft ab.

Amazonas-Skunk (LC)

Art *Conepatus semistriatus* **Beste Sichtung** Poás, Cahuita, Santa Rosa

Das Tier lebt als Einzelgänger im Grasland sowie in Wald- und Strauchgebieten. In Costa Rica wird das »Stinktier« *zorrillo* genannt. Es ernährt sich von Früchten und kleinen Wirbeltieren. Sein schwarzes Fell zeigt am Rücken eine weiße, in zwei Streifen verlaufende Zeichnung. Mit seinem buschigen Schwanz misst es 50 Zentimeter. Ein charakteristisches Merkmal ist das übel riechende Sekret, das Skunks bei Gefahr aus ihren Analdrüsen verspritzen.

Bunthörnchen (LC)

Art *Sciurus variegatoides* **Beste Sichtung** Carara, Monteverde, San Gerardo de Dota

Die mit den Eichhörnchen verwandten Bunthörnchen kommen nur in Mittelamerika vor. Das von den fünf Baumhörnchenarten am weitesten verbreitete Nagetier besitzt ein kupferfarbenes Fell. Der buschige schwarzgraue Schwanz ist meist hochgestellt. Die Einzelgänger bauen ihre Nester in hoch liegende Astgabelungen und ernähren sich ausschließlich von Früchten. Sie hüpfen auch oft auf Restauranttische und klauen Obst vom Teller.

Südopossum (LC)

Art *Didelphis marsupialis* **Beste Sichtung** Cahuita, Carara, La Selva

Das Südopossum ist der einzige Vertreter der Beuteltiere in Costa Rica. Das anpassungsfähige Tier bewohnt verschiedene Habitate unter 2200 Metern, den Kulturfolger trifft man sogar in Städten an. Opossums sind nachtaktiv und verbringen die meiste Zeit am Boden, doch sie können auf der Suche nach Früchten und Vogeleiern auch gut klettern. Weibchen gebären mehrmals pro Jahr. Die winzigen Jungen werden im Beutel des Muttertiers gesäugt.

Primaten

In Costa Rica leben 156 Arten von Neuweltaffen, die meisten im tropischen Regenwald. Sie sind kleiner als die Altweltaffen und haben eine breite Nase, deren Löcher nach außen gerichtet sind. Viele Arten besitzen Greifschwänze, die beim Festhalten an Ästen und bei der Fortbewegung in den Baumkronen hilfreich sind. Die Baumbewohner sind überwiegend Pflanzenfresser. Nur die Kapuzineraffen suchen auch am Boden nach Nahrung. Die intelligenten, geselligen Tiere haben ein ausgeprägtes Sozialverhalten.

Familie

Costa Ricas Affen zählen zu den Neuweltaffen (Breitnasenaffen), d. h. zu den ursprünglichen Primaten des amerikanischen Kontinents. Weißschulterkapuziner und Rotrücken-Totenkopfaffen gehören zu den Kapuzinerartigen *(Cebidae)*, Mantelbrüllaffen und Geoffroy-Klammeraffen sind Klammerschwanzaffen *(Atelidae)*.

Weißschulterkapuziner (LC)

Art *Cebus capucinus* **Beste Sichtung** Cabo Blanco, Cahuita, Manuel Antonio

Der langlebige Affe ist benannt nach dem schwarzen »Mantel« und der schwarzen »Kopfbedeckung«, die an Mönche des Kapuzinerordens erinnern. Teile von Kopf, Brust, Hals und Schultern tragen helles Fell. Die agilen Tiere suchen tagsüber am Boden und in den Baumkronen nach Nahrung – unachtsamen Besuchern stehlen sie gern die Taschen. Die bis zu 3,5 Kilogramm schweren Allesfresser verzehren Knospen, Früchte und Nüsse, aber auch Vogeleier, Insekten und kleine Wirbeltiere. Weißschulterkapuziner gehören zu den intelligentesten Neuweltaffen. Sie stochern mit Zweigen nach Insekten und schlagen mit Steinen Krabbenschalen auf. Sie reiben sich sogar mit zerdrückten Gliederfüßlern ein, um so Moskitos abzuwehren. Die geselligen Tiere leben in Gruppen mit bis zu 35 Mitgliedern, dominiert von Alphamännchen und -weibchen. Ihre Reviere überschneiden sich oft, was zu heftigen Kämpfen führt. Wenn ein neues Alphamännchen die Gruppe übernimmt, tötet es die fremden Jungen. Weißschulterkapuziner kommen in ganz Costa Rica in Wäldern bis 2000 Meter Höhe vor.

Rotrücken-Totenkopfaffe (VU)

Art *Saimiri oerstedii* **Beste Sichtung** Corcovado, Golfito, Manuel Antonio

Die liebenswerten Rotrücken-Totenkopfaffen *(mono titi)* leben in den Wäldern der Zentralen und der Südlichen Pazifikküste. Ihr Schwanz dient nicht zum Greifen, sondern nur zur Balance. Die Affen leben in Gruppen von bis zu 100 Tieren. Die erwachsenen Männchen teilen sich die Weibchen. Anstatt zu kämpfen, versuchen die Männchen eher, für Weibchen attraktiv zu sein. Rücken, Gliedmaßen und Unterseite der Affen sind orangerot, Brust und Gesicht weiß, Schnauze, Oberkopf und Schwanzspitze schwarz. Werden Fressfeinde gesichtet, stoßen die Männchen Warnrufe aus. Ihr Lebensraum wurde durch die Abholzung der Wälder stark verkleinert. In letzter Zeit scheint sich die Art allerdings etwas erholt zu haben.

Mantelbrüllaffe (LC)

Art *Alouatta palliata* **Beste Sichtung** Manuel Antonio, Santa Rosa, Tortuguero

Mantelbrüllaffen *(mono congo)* sind stämmige Tiere (9 kg). Die größten Primaten Costa Ricas sind in allen Schutzgebieten präsent. Der Gattungsname »Brüllaffe« rührt vom lauten Gebrüll (meist frühmorgens) her, mit dem die Männchen Eindringlinge abschrecken wollen. Die Tiere haben ein schwarzes Fell mit rotgoldenen Fransen an den Flanken (»Mantel«). Ihr Greifschwanz fungiert wie eine fünfte Gliedmaße. Brüllaffen fressen Blätter, Früchte und Blumen. Wegen deren geringen Nährwerts legen sie tagsüber lange Verdauungspausen ein. Gruppen umfassen bis zu 20 Tiere. Mantelbrüllaffen kommen dank ihres gemächlichen Lebensstils und kleiner Reviere besser mit Störungen klar als andere Tiere.

Geoffroy-Klammeraffe (EN)

Art *Ateles geoffroyi* **Beste Sichtung** Arenal, Braulio Carrillo, Corcovado, Palo Verde, Santa Elena

Der rötlich braune Akrobat ist mit seinen langen Gliedmaßen ideal für ein Leben in den Baumkronen geschaffen. Er schwingt sich von Ast zu Ast oder schaukelt – oft nur am Greifschwanz hängend – im Geäst. Hände und Füße sind schwarz gefärbt, auch das Gesicht ist schwarz mit hellen Ringen um die Augen und um die Schnauze. Der Geoffroy-Klammeraffe lebt in Gruppen mit bis zu 35 Mitgliedern. Tagsüber sind die Tiere allerdings in kleineren Konstellationen auf Futtersuche. Das Revier des Geoffroy-Klammeraffen sind Trocken- und Nebelwälder. Die Tierart ist aufgrund der Zerstörung der Wälder stark gefährdet.

Meeresfauna

Unter Costa Ricas »Ozeanriesen« finden sich Rochen, Haie, Delfine, Buckelwale und weitere Walarten. Wale und Delfine bekommt man häufig im Golfo Dulce, im Golfo de Nicoya und im warmen Wasser um die Isla del Caño und die Isla del Coco zu Gesicht. Taucher und Schnorchler stoßen auf Zackenbarsche, Hammerhaie, Walhaie und viele andere faszinierende Meereslebewesen, darunter mehr als 120 Fischarten, die zwischen den 35 verschiedenen Korallenarten umherschwimmen. Fünf der sieben Meeresschildkrötenarten der Welt legen ihre Eier an den Stränden Costa Ricas ab, vor allem im Parque Nacional Tortuguero und in Nicoya.

Familie

Delfine und Wale sind Luftatmer aus der Ordnung der Wale *(Cetacea)*. Fische sind meist Wirbeltiere mit Dutzenden von Klassen und Arten. Haie und Rochen aus der Teilklasse Plattenkiemer *(Elasmobranchii)* schwimmen auf beiden Seiten des Landes. Costa Ricas fünf Meeresschildkröten *(Cheloniidae)* sind alleinige Vertreter ihrer Gattung, außer den beiden Bastardschildkröten *(Lepidochelys)*. Die Lederschildkröte *(Dermochelyidae)* zählt nicht zu den Meeresschildkröten.

Lederschildkröte (VU)

Art *Dermochelys coriacea* **Beste Sichtung** Gandoca-Manzanillo, Playa Grande

Die Lederschildkröte ist die größte Schildkröte und einzige Angehörige ihrer Gattung *(Dermochelyidae)*. Sie wird 2,50 Meter lang und wiegt bis zu 700 Kilogramm. Mit ihren kräftigen Paddeln durchschwimmt sie die Ozeane der Welt. Ihr Rücken ist blauschwarz mit weißen Flecken und hat sieben verdickte Knochenplättchen (Längskiele) mit hydrodynamischer Funktion. Sie besitzt keinen festen Panzer, er hängt nur lose zusammen und ist von harter Haut umgeben. Dies und die Fettschicht sind hilfreich gegen das kalte arktische Wasser und den Wasserdruck. Im Kiefer hat sie scharfe Hornschneiden – ideal für ihre Lieblingsnahrung: schlüpfrige Quallen. Die Weibchen legen ihre Eier nachts an den Sandstränden der Karibikküste (Feb – Juli) und der Pazifikküste (Okt – März) Costa Ricas ab. Sie graben mit den Hinterpaddeln eine Grube, in die sie 50 bis 100 Eier legen. Dann decken sie diese mit Sand zu. Mit zehn Jahren sind die Tiere geschlechtsreif, sie können etwa 40 Jahre oder älter werden. Bis vor Kurzem waren diese Schildkröten vom Aussterben bedroht – aufgrund der Meeresverschmutzung, weil sie als Beifang in Schleppnetzen verendeten und weil Menschen und räuberische Tiere die Eier stahlen. Dank intensiver Schutzmaßnahmen konnte die IUCN sie nun als »gefährdet« einstufen.

Unechte Karettschildkröte (VU)

Art *Caretta caretta* **Beste Sichtung** Gandoca-Manzanillo, Tortuguero

Die Unechte Karettschildkröte ist mit Ausnahme der Bauchschale ihres Panzers rotbraun. Weibchen kopulieren mit mehreren Partnern und speichern das Sperma bis zum Eisprung. Sie legen 50 bis 100 Eier am Strand ab, überwiegend an der Karibikküste Costa Ricas. Die Schildkröte ernährt sich von Seeigeln, Krebsen, Quallen, aber auch von Seegras und Algen. Zusätzlich zu den üblichen Bedrohungen wurden die Tiere wegen ihres Fleisches, des Fettes und des Schildpatts gejagt.

Grüne Meeresschildkröte (EN)

Art *Chelonia mydas* **Beste Sichtung** Gandoca-Manzanillo, Pacuaré, Tortuguero

Die größte Art der Meeresschildkröten kann bis zu 1,50 Meter lang werden. Den Namen trägt sie wegen der grünen Fettschicht unter ihrem breiten herzförmigen Panzer, der dem der kleineren Echten Karettschildkröte ähnelt. Einzigartig ist, dass diese Schildkröten Pflanzenfresser sind und Seegras abweiden. Es gibt atlantische und pazifische Populationen. In Costa Rica sieht man Grüne Meeresschildkröten vor allem im Parque Nacional Tortuguero.

Echte Karettschildkröte (CR)

Art *Eretmochelys imbricata* **Beste Sichtung** Gandoca-Manzanillo

Diese Meeresschildkröte wirkt zierlich, ist aber sehr aggressiv. Die Tiere verteidigen sich mit ihrem scharfen schnabelartigen Maul. Sie bevorzugen seichtes Wasser, man sieht sie oft an Korallenriffen. Die Eiablage erfolgt an beiden Küsten Costa Ricas. Die Tiere fressen alle möglichen Meerestiere, auch Quallen. Echte Karettschildkröten sind wegen ihres einzigartig gemusterten rotbraunen und leicht schillernden Panzers das Ziel von Jägern.

Oliv-Bastardschildkröte (VU)

Art *Lepidochelys olivacea* **Beste Sichtung** Camaronal, Ostional, Santa Rosa

Die kleinste der Meeresschildkröten Costa Ricas steuert nur wenige Eiablageplätze weltweit an – dann aber in Massen. In Costa Rica gibt es fünf oder sechs solcher Strände an den Küsten von Nicoya und Guanacaste. Pro Saison legen Weibchen bis zu dreimal Eier. Die *arribadas* finden von Juli bis Dezember zweimal im Monat statt. Spitzenzeiten sind August und September, wenn Zehntausende Weibchen zur Eiablage an die Strände kommen.

Karibik-Manati

Der Karibik-Manati (auch Nagel-Manati genannt) gehört zur Familie der Rundschwanzseekühe. Die sanften Riesen sind Vegetarier. Die entfernt mit den Elefanten verwandten Seekühe leben im seichten warmen Wasser oder Brackwasser der Tropen und Subtropen. Manatis können längere Zeit unter Wasser bleiben, kommen zum Luftholen aber regelmäßig an die Oberfläche. Man kann sie in den Gewässern von Tortuguero und Gandoca-Manzanillo beobachten.

Zahlen und Fakten

Art *Trichechus manatus*
Einheimischer Name: *Manatí*

Größe
Länge: bis zu 3,60 m
Gewicht: bis zu 1700 kg

Bestand in Costa Rica
mehr als 200

Status VU

Fortpflanzung Die Weibchen gebären erstmals mit ca. fünf Jahren, dann alle zwei bis fünf Jahre.

Lebensraum Seichte Küstengewässer und Flüsse, die ins Karibische Meer münden

Beste Sichtung
Barra del Colorado, Gandoca-Manzanillo, Tortuguero

Familie und Fortpflanzung

Manatis sind Einzelgänger, treten manchmal aber auch in Gruppen auf. Die Weibchen sind etwa zwei Jahre nach der letzten Geburt das ganze Jahr über empfängnisbereit. Wie ihre entfernten Verwandten, die Elefanten, bilden männliche Manatis zur Paarung Gruppen und konkurrieren um die Weibchen. Eine Bindung zwischen Männchen und Weibchen entsteht dabei nicht. Die Weibchen bringen nach 13 Monaten ein Junges zur Welt – selten Zwillinge. Das Kalb wird mit zwei Zitzen gesäugt, die sich hinter den Flossen der Seekuh befinden. Mutter und Kalb bauen eine enge Bindung auf. Manatis gleiten sanft durchs Wasser. Jedes Jahr werden Tiere von Schiffsschrauben verletzt. Vor dem Schiffsverkehr auf den Kanälen und Lagunen des Parque Nacional Tortuguero sind sie in abgelegene Regionen geflüchtet. Für sie gefährlich sind auch Pestizide von Plantagen, die ins Wasser geschwemmt werden.

Ernährung

Manatis ernähren sich von über 60 Wasserpflanzen, darunter Seegräser, Wasserhyazinthen und Mangrovenblätter. Sie grasen fast den ganzen Tag über, reißen die Pflanzen mit der Oberlippe ab und nehmen dabei täglich bis zu zehn Prozent ihres Körpergewichts zu sich. Manatis besitzen keine Schneide- und Eckzähne. Dafür wachsen ihre Backenzähne nach, wenn sie abgenutzt sind.

Kommunikation und Stimme

Manatis kommunizieren u. a. durch Zirpen, Quieken und Grunzen. Klangfarbe und Tonhöhe sind bedeutsam. Kurzes, hartes Quieken zeigt, dass das Tier ärgerlich oder gelangweilt ist. Kreischlaute sind Warnrufe oder signalisieren Angst. Hungrige Kälber quieken, bis sie gesäugt werden, von ihren Müttern getrennte Kälber wimmern, bis diese antworten – teils aus 60 Meter Entfernung. Auch Geruch und Berührung dienen der Kommunikation. Manatis streicheln und berühren sich bei der Paarung.

Schon gewusst?

Der Ordnungsname *Sirenia* (Seekühe) geht auf die Sirenen der griechischen Mythologie zurück.

Buckelwal (LC)

Art *Megaptera novaeangliae* **Beste Sichtung** Marino Ballena, Isla del Caño, Bahía Drake

Zweimal im Jahr, von Dezember bis März und von Juli bis Oktober, kommen Schulen von Buckelwalen in die südwestlichen Gewässer Costa Ricas, um sich zu paaren oder zu gebären. Die Riesen haben große Brustflossen und eine schwarz-weiße Fluke. Trotz ihres Gewichts von über 30 Tonnen vollführen sie akrobatische Sprünge über die Wasseroberfläche. Bekannt sind die komplexen Walgesänge der Männchen, worauf die Weibchen bei der Paarung antworten.

Grindwal (LC)

Art *Globicephala melas* **Beste Sichtung** Marino Ballena, Isla del Caño

Die in Schulen mit zehn bis 30 Tieren lebenden Grindwale gehören zur Familie der Delfine. Sie bevorzugen tiefes Wasser am Rand des Schelfs, wo sie sich von Tintenfischen und Kopffüßern ernähren. Grindwale tauchen bis zu 600 Metern ab. Die Melone (Vorderkopf) des dunkelgrauen Tiers überragt die Schnauze, die Finne ist schmal, ebenso die eingekerbte Fluke. Männchen werden fünf bis sechs Meter, Weibchen gut 3,60 bis 5,10 Meter lang.

Großer Tümmler (LC)

Art *Tursiops truncatus* **Beste Sichtung** Golfo de Papagayo, Marino Ballena, Golfo Dulce

Die verspielten und äußerst intelligenten Tiere mit grauem Körper und hellrosa Bauch können bis zu vier Meter lang und bis zu 650 Kilogramm schwer werden, wobei sie in den Gewässern Costa Ricas eher kleiner sind. Sie fressen vor allem Fische und Tintenfische, die sie mittels Echoortung verfolgen und mit einer Geschwindigkeit von bis zu 30 km/h jagen. Große Tümmler sind sehr sozial und leben in Verbänden von mehreren Hundert Tieren.

Ostpazifischer Delfin (LC)

Art *Stenella longirostris* **Beste Sichtung** Bahía Drake, Golfo de Nicoya, Isla del Caño

Der dunkelgraue Meeressäuger ist auch unter dem Namen Spinnerdelfin bekannt – wegen seiner Luftsprünge, bei denen er sich, teils mehrfach, um seine eigene Körperachse dreht, bevor er auf Bauch oder Rücken im Wasser landet. Er kann sogar einen Salto schlagen. Charakteristisch sind die dreieckige Finne und die lang gezogene Schnauze. Die Tiere kommunizieren durch Flossenschläge aufs Wasser und mithilfe von Luftblasen aus ihrem Blasloch.

Walhai (EN)
Art *Rhincodon typus* **Beste Sichtung** Golfo de Papagayo, Isla del Caño, Isla del Coco

Der sanfte Riese ist der weltgrößte Fisch. Der Koloss wird bis zu 13 Meter lang, ist allerdings so sanftmütig, dass er sich von Tauchern berühren lässt. Walhaie schließen und öffnen ihr riesiges Maul und filtern dabei durch ihre Kiemen Plankton und kleine Meerestiere aus dem Wasser. Ihr grauer Oberkörper ist gestreift und mit hellen Punkten übersät. Große Gruppen von Walhaien leben bei den Islas Murciélagos, im Golfo de Papagayo und in den Gewässern um die Isla del Coco.

Bogenstirn-Hammerhai (EN)
Art *Sphyrna lewini* **Beste Sichtung** Golfo de Papagayo, Isla del Caño, Isla del Coco

Der Bogenstirn-Hammerhai, eine von neun Haispezies mit dieser Kopfform, lebt an der Pazifikküste und in den Gewässern um die Isla del Coco. Der hammerförmige Kopf mit hochsensiblen Reizempfängern erlaubt dem Tier eine Rundumsicht. Anders als andere Haie schwimmen Hammerhaie mit Hunderten Artgenossen. Nachts jagen einzelne Tiere allein nach kleinen Fischen. Der Bogenstirn-Hammerhai ist für Menschen ungefährlich.

Fächerfisch (LC)
Art *Istiophorus platypterus* **Beste Sichtung** Golfo de Papagayo, Zentralpazifik

Anders als Marlin und Schwertfisch besitzt der Fächerfisch (Segelfisch) eine segelartige Rückenflosse. Sie ist höher als der Fisch selbst und von Blutgefäßen durchzogen. Man nimmt an, dass sie der Temperaturregelung dient. Sie ist auch nützlich beim Zusammentreiben von Beute. Fächerfische sind wie Chamäleons in der Lage, ihre Farbe zu wechseln. Sie können akrobatische Sprünge vollführen und sind sogar schneller als der Schwarze Marlin.

Schwarzer Marlin (unzureichende Daten)
Art *Makaira indica* **Beste Sichtung** Golfo de Papagayo, Zentralpazifik

In Costa Rica gibt es neben dem Blauen und dem Gestreiften auch den Schwarzen Marlin. Er besitzt einen langen scharfen Oberkiefer (Speer), mit dem er u. a. kleine Thunfische erlegt. Der Körper ist oben dunkelblau, unten silbrig weiß mit hellblauen Streifen. Der begehrte Fisch ist 100 km/h schnell. Die meisten Sportfischer lassen gefangene Fische wieder frei – außer trophäenverdächtige Exemplare.

Amphibien und Reptilien

Man muss keine Angst haben, überall im Land auf Pfeilgiftfrösche, giftige Schlangen und Menschen fressende Krokodile zu treffen. Die meisten Amphibien und Reptilien, denen man in Costa Rica begegnet, sind für den Menschen völlig ungefährlich. Wechselwarme Tiere sind durch eine variable Körpertemperatur gekennzeichnet und von der Wärme ihrer Umgebung abhängig. Deshalb sieht man sie oft beim Sonnenbad. Die meisten Amphibien sind zur Eiablage auf Süßwasser angewiesen. Beide Tierklassen findet man eher im Tiefland, nur selten in höheren Regionen.

Familie

Es gibt die vier Reptilienordnungen *Crocodylia*, *Squamata* (Schuppenkriechtiere), *Testudines* (Schildkröten) und *Sphenodontia* (Brückenechsen). Die Amphibien werden unterteilt in *Anura* (Frösche, Kröten, Unken), *Caudata* (Schwanzlurche, Salamander, Molche) und *Gymnophiona* (Schleichenlurche).

Spitzkrokodil (VU)

Art *Crocodylus acutus* **Beste Sichtung** Barra del Colorado, Corcovado, Río Tárcoles, Tortuguero

Das größte Echte Krokodil wird bis zu sieben Meter lang und lebt in den Lagunen von Tortuguero, an der Karibikküste, im Río Tempisque und Río Tárcoles, im Parque Nacional Corcovado und am Pazifik. Der massive olivgrüne Körper des Tiers läuft in einem schmalen Kopf aus. Spitzkrokodile können über eine Stunde tauchen. An Land, wo sie stundenlang in der Sonne liegen, können sie sich kurzzeitig sehr schnell bewegen. Krokodile fressen hauptsächlich Fisch, bisweilen auch unachtsame Säugetiere, die aus den Flüssen trinken wollen. Männchen und Weibchen bewachen ihr Nest und die Jungen. Spitzkrokodile nutzen den Ozean, um von einem Fluss zum anderen zu gelangen. Schwimmer und Surfer greifen sie jedoch sehr selten an. Sie wurden auch schon in der Laguna de Arenal gesichtet. Einiges spricht dafür, dass sie über ein Kanalsystem dorthin gelangten.

Grüner Leguan (VU)
Art *Iguana Iguana* **Beste Sichtung** Corcovado, Manuel Antonio, Palo Verde, Santa Rosa

Das Schuppenkriechtier wird bis zu zwei Meter lang. Grüne Leguane müssen keineswegs grün sein, im Alter sind sie eher gräulich grün bis braun. In der Paarungszeit (Nov – Dez) werden die Männchen leuchtend orange und werben von den Bäumen aus um die Weibchen. Leguane leben im Tiefland und in mittleren Höhenlagen. An kalten Tagen bevorzugen sie Bodennähe. Die agilen Kletterer ernähren sich von Blüten, Früchten und Blättern. Leguane besitzen auf dem Scheitel ein drittes Auge. Auffällig ist ihr Rückenkamm. Mit peitschenartigen Hieben ihres Schwanzes verteidigen sie ihr Revier. Der Schwanz kann nachwachsen. Die Weibchen legen 20 bis 70 Eier in eine Erdgrube, die Jungen müssen sich selbst versorgen.

Krokodilkaiman (LC)
Art *Caiman crocodilus* **Beste Sichtung** Caño Negro, Tortuguero, Gandoca-Manzanillo

Der kleine olivbraune Vertreter der Alligatoren lebt in Flüssen und Feuchtgebieten der Karibik- und Pazifikküste. Er liegt gern an Flussufern in der Sonne. Der Krokodilkaiman (Brillenkaiman) wird gut 2,50 Meter lang und ist an seiner dunklen Zeichnung zwischen den Augen zu erkennen – daher auch der Name Brillenkaiman. Der nachtaktive Jäger ernährt sich vor allem von Fischen und Amphibien. Kaimane brüten in der Regenzeit. Die Weibchen legen 40 Eier in Hügelnester, die sie aus Blättern, Zweigen und Sand errichten. Die Männchen helfen ihnen bei der Bewachung der Nester, die gern von Waschbären geplündert werden. Die Jungen sind oft Opfer von Raubvögeln.

Buchstaben-Schmuckschildkröte (LC)
Art *Trachemys scripta* **Beste Sichtung** Caño Negro, Palo Verde, Tortuguero, Gandoca-Manzanillo

Von der in Costa Rica am weitesten verbreiteten Schmuckschildkröte gibt es die Unterarten Rotwangen- und Gelbwangen-Schmuckschildkröte. Letztere kommt nur im äußersten Norden vor. Die mittelgroßen Tiere besitzen eine olivgrüne Haut mit gelben Markierungen, gelbe Augen und eine gelbe Panzerunterseite. Man sieht sie meist an Flüssen und Teichen. Sie sonnen sich gern auf Felsen oder Baumstämmen im Wasser – oft zu mehreren und »aufeinandergestapelt«. Die Allesfresser verzehren Insekten, Fische und Wasserpflanzen. Paarungszeiten sind Frühling und Herbst, kopuliert wird unter Wasser.

Pfeilgiftfrösche (LC)

Familie *Dendrobatidae* **Beste Sichtung**
Barbilla, Braulio Carrillo, Corcovado, La Selva

Winzig (1,5 – 6 cm) und farbenfroh – von den Pfeilgiftfröschen (Baumsteigerfrösche, Farbfrösche) existieren 170 Arten. Sie sind nach ihrem giftigen Sekret benannt, das sie mithilfe ihrer Nahrung (Ameisen, Käfer) produzieren können. Das Gift ist unterschiedlich stark: Nur drei Arten in Panama und Kolumbien haben ein für Menschen tödliches Gift. In Costa Rica leben mehrere Arten, u. a. das blau-rote Erdbeerfröschchen und der grün-schwarze Goldbaumsteiger. Tagsüber hüpfen die Frösche über den Waldboden. Ihre Signalfarben zeigen Fressfeinden an, dass sie giftig sind. Die Weibchen legen ihre Eier an feuchten Plätzen ab. Jungtiere werden auf dem Rücken der Mutter zum Wasser befördert, wo sie fressen können.

Rotaugenlaubfrosch (LC)

Art *Agalychnis callidryas* **Beste Sichtung**
Cahuita, Corcovado, La Selva

Der Baumbewohner hat einen lindgrünen Körper, blaue Flanken mit gelben Streifen, orangerote Füße und rote Augen mit schmalen schwarzen Pupillen. Er wird vier bis sieben Zentimeter lang, mit den Gliedmaßen misst er mehr als das Doppelte. Der exzellente Kletterer bewegt sich eher langsam. Er lebt von Motten und anderen Insekten, die er mit seiner langen klebrigen Zunge fängt. Bei Gefahr präsentiert er seine hellen Körperteile, um den Angreifer zu erschrecken und flüchten zu können. Die Tiere sind nachtaktiv, tagsüber schlafen sie auf der Unterseite von Blättern, an denen sie sich mit den Haftscheiben ihrer Füße festhalten. In der Paarungszeit (Okt – März) hört man im Wald ihr lautes Quaken.

Glasfrösche (LC)

Familie *Centrolenidae* **Beste Sichtung**
La Selva, Monteverde

Die nachtaktiven Glasfrösche sind nach ihrer transparenten Haut benannt. Die in Bäumen lebenden Tiere sind klein (1,5 – 7,5 cm) und schwer zu sichten. Die Oberseite der Frösche ist grün und oft gefleckt, doch die Unterseite der Tiere ist so durchsichtig, dass man die inneren Organe, etwa Herz, Leber und Darm, sehen kann. Einige Arten sind völlig transparent. Glasfrösche leben in den feuchten Waldgebieten Costa Ricas, besonders häufig sind sie in den Nebelwäldern anzutreffen. Während der Laichzeit suchen sie die Ufer von Flüssen und Bächen auf. Dort legen die Weibchen ihre Eier auf Blätter, von denen die Kaulquappen nach dem Schlüpfen direkt ins Wasser fallen.

Asiatischer Hausgecko (LC)

Art *Hemidactylus frenatus* **Beste Sichtung** Barra Honda, Cahuita, Santa Rosa

In Costa Rica gibt es neun verschiedene Geckoarten. Die nachtaktiven Tiere erkennt man am lauten Zirpen, das von beiden Geschlechtern als Werberuf und zur Abschreckung von Rivalen eingesetzt wird. Den Hausgecko trifft man eigentlich überall in Costa Rica an. Die Tiere werden bis zu 15 Zentimeter lang und besitzen eine rosa bis gräuliche Hautfärbung mit Flecken oder Streifen. Sie können kopfüber die Äste hinunterhuschen oder sich an die Decke hängen. Ihre Fußunterseiten sind mit Milliarden feinster Härchen besetzt, die eine maximale Haftung ermöglichen. Geckos ernähren sich meist von Moskitos. Mit ihren scharfen Augen können sie nachts sogar Farben sehen.

Anolis (LC)

Familie *Dactyloidae* **Beste Sichtung** Manuel Antonio, Rincón de la Vieja, Selva Verde

In Costa Rica leben zwei Dutzend Anolis-Arten. Diese baumbewohnenden Echsen zählen zu den etwa 400 Spezies der Leguanartigen. Sie werden acht bis 20 Zentimeter lang, haben einen länglichen, spitz zulaufenden Kopf und einen langen dünnen Schwanz, den sie »abwerfen« können, um Feinden zu entkommen. Meist sind sie braun bis grün gefärbt, doch können sie wie Chamäleons ihre Farbe nach Stimmung oder Temperatur wechseln. Die tagaktiven Tiere haben ihre Reviere auf Bäumen und im Unterholz. Rivalen präsentieren sie zunächst ihre orangefarbene Kehlfahne. Falls dies den Eindringling nicht abschreckt, kann es zum Kampf kommen, wobei sich die Kontrahenten in den Nacken beißen.

Stirnlappenbasilisk (LC)

Art *Basiliscus plumifrons* **Beste Sichtung** Corcovado, Gandoca-Manzanillo, Tortuguero

Der hell- bis olivgrüne Basilisk ist unter mehreren Namen bekannt, u. a. als Federbuschbasilisk. Bei Gefahr läuft der Stirnlappenbasilisk aufgerichtet auf seinen Hinterbeinen. Dabei kann er sogar über eine Wasseroberfläche rennen – dank seiner verbreiterten Zehen entstehen auf dem Wasser kleine Luftpolster. Dieser Fähigkeit hat er die Bezeichnung »Jesus-Echse« zu verdanken. Die Tiere leben im Tiefland-Regenwald in der Nähe von Flüssen. Sie sind ausgezeichnete Schwimmer. Der Basilisk wird etwa 60 Zentimeter lang. Der Stirnlappen am Kopf und die Hautkämme auf dem Rücken sind bei Männchen größer. Hiermit werben sie um die Weibchen.

Korallenottern (LC)

Familie *Elapidae* **Gattung** *Micrurus*
Beste Sichtung Cahuita, Carara, Gandoca-Manzanillo, Tortuguero

Das Ringelmuster – schwarz mit roten, gelben und/oder weißen Streifen – ist unverkennbar. Korallenottern verfügen über das stärkste Gift aller Neuweltschlangen. Die kleinen Tiere (1 m) mit winzigen Köpfen leben meist unterirdisch oder unter Laub. Sie tauchen auf, um zu gebären oder um Frösche, Echsen und Nagetiere zu jagen. Korallenottern können ihre Zähne nicht zurückziehen und bleiben mit den Opfern verhakt. Vorsicht: Anders als bei nordamerikanischen Exemplaren sagt die Art der Streifen nichts über die Gefährlichkeit aus. In Costa Rica leben sechs Arten – vom Tiefland bis in mittlere Höhenlagen. Die Allens Korallenotter gibt es nur an der Karibikküste.

Schauer-Klapperschlange (LC)

Art *Crotalus durissus* **Beste Sichtung** Barra Honda, Palo Verde, Rincón de la Vieja, Santa Rosa

Die einzige Klapperschlangenart Costa Ricas, von den Einheimischen *cascabel* genannt, findet man nur im Norden an den Hängen der Pazifikküste. Sie lebt in Trockenwäldern sowie in Gras- und Buschland – hierfür ist ihre Tarnung mit der beige-braunen Färbung und dem Fleckenmuster ideal. Vom Kopf laufen zwei parallele Streifen zum Nacken. Wenn sie sich bedroht fühlt, erzeugt sie mit der Schwanzrassel Warnlaute und richtet das vordere Körperdrittel auf. Klapperschlangen werden nicht mit einer Schwanzrassel geboren, sie bildet sich erst durch drei bis vier Häutungen. Mit ihrem Gift gehört die Schauer-Klapperschlange zu den gefährlichsten Klapperschlangen.

Boas (LC)

Familie *Boidae* **Beste Sichtung** Braulio Carrillo, Cahuita, Manuel Antonio, Santa Rosa

Die *Boa constrictor* (Abgottschlange) wird bis zu drei Meter lang und ist die größte Schlange Costa Ricas. Es gibt noch zwei kleinere Regenbogenboa-Spezies, die ihre Beute erwürgen. Sie leben in Feuchtgebieten sowohl am Boden als auch in Bäumen. Alle sind cremefarben, grau oder (rot-)braun, mit dunklen Sattelflecken. Wenn sie direktem Licht ausgesetzt sind, leuchten sie bläulich. Boas werden oft wegen ihrer Haut illegal getötet, und ihre allgemein gefügige Natur hat sie zu begehrten Haustieren gemacht. Die größte Bedrohung geht jedoch von der Abholzung aus: Sie zerstört den Hauptlebensraum der Boas, mit der Folge, dass sich Nagetiere stark ausbreiten können.

Terciopelo-Lanzenotter (LC)

Art *Bothrops asper* **Beste Sichtung** Cahuita, Corcovado, La Selva, Tortuguero

Die Grubenotternart – in Costa Rica *terciopelo* (»samtig«) genannt – zählt zu den gefürchtetsten Schlangen des Landes. Sie ist für die Hälfte aller Schlangenbisse und die meisten Todesfälle verantwortlich. Die Tiere werden dick wie ein Männerarm und bis zu 2,50 Meter lang. Sie leben im Tiefland und sind oft an Flussufern anzutreffen. Ihre bräunliche Haut weist Rautenmuster auf, der Bauch ist hellgelb, der lange flache Kopf dreieckig – ihr anderer Name *Fer de lance* bedeutet »Speerspitze«. Das nachtaktive Tier zieht sich tagsüber unter Bodenlaub zurück. Die Schlange ist leicht erregbar, sehr schnell und ändert die Richtung abrupt. Weibchen bringen 20 bis 100 lebende Junge zur Welt. Auch diese sind sofort hochgiftig.

Plättchenseeschlange (LC)

Art *Pelamis platura* **Beste Sichtung** Golfo de Papagayo, Isla del Caño

Die Plättchenseeschlange wird manchmal an Pazifikstränden gesichtet, doch da sie sich an Land nur schlecht fortbewegen kann, verbringt sie die meiste Zeit im Meer. Dort ernährt sie sich von Fischen und Aalen, treibt sich mit ihrem Ruderschwanz an oder nutzt die Meeresströmungen, um längere Strecken zurückzulegen. Sie kann bis zu 1,5 Stunden unter Wasser bleiben und sich dort auch paaren und vermehren. Diese Fähigkeiten haben dazu beigetragen, dass sie zur am weitesten verbreiteten Schlangenart der Erde wurde. Die 45 bis 65 Zentimeter langen Tiere sind auf der Bauchseite gelb. Der Rücken ist schwarz, möglicherweise um Räuber abzuwehren. Sie sind hochgiftig, greifen aber von sich aus kaum an.

Greifschwanz-Lanzenotter (LC)

Art *Bothriechis schlegelii* **Beste Sichtung** Braulio Carrillo, Cahuita, Corcovado, Tortuguero

Lassen Sie sich von der unheimlichen Schönheit und der geringen Größe (55 – 80 cm) nicht täuschen: Die Greifschwanz-Lanzenotter aus der Familie der Vipern ist extrem giftig. Der nachtaktive Baumbewohner mit zwei aufragenden Schuppen über den Augen kann eine knallgelbe, olivgrüne, braune oder auch rosa Färbung mit Zickzackmuster besitzen. Die Schlange lebt in feuchten Wäldern in bis zu 1500 Meter Höhe. Tagsüber wickelt sie sich um Äste – Wanderer sollten vorsichtig sein. Die Männchen kämpfen um die Weibchen, indem sie – aufgerichtet – versuchen, sich gegenseitig auf den Boden zu drücken.

Vögel

Mit über 900 Vogelarten aus 75 Familien besitzt Costa Rica eine reiche Vogelwelt. Über 630 der Spezies sind einheimische Vögel, davon sind allerdings nur acht endemisch. Vögel nisten eigentlich in jedem Teil des Landes. An vielen Orten können Vogelfreunde über 100 Arten an einem Tag sichten, z. B. auf einer geführten Tour, Sie können aber auch auf eigene Faust losziehen. Die Artenvielfalt nimmt zwischen Oktober und April zu, wenn die ankommenden Zugvögel den Himmel und die Bäume Costa Ricas mit Farben und Klängen erfüllen.

Familie

Genstudien und Fossilienfunde belegen, dass Vögel *(Aves)* und deren engste Verwandte aus der Reptilienordnung Krokodile *(Crocodylia)* die einzigen noch lebenden Mitglieder der Archosaurier sind, einer Gruppe, die auch die ausgestorbenen Dinosaurier umfasst. Vögel überlebten das Massenaussterben vor 66 Millionen Jahren und zogen um den Globus. Allen Vögeln gemeinsam sind Federn, Schnäbel ohne Zähne, ein leichtes Skelett und Eier mit harter Schale.

Großer Soldatenara (EN)

Art *Ara ambiguus* **Verwandter** Hellroter Ara

Der nach Hyazinthara und Grünflügelara drittgrößte Vertreter der Eigentlichen Papageien heißt auch Bechsteinara und wird von den Einheimischen *lapa verde* oder *guacamayo* genannt. Er besitzt eine leuchtend rote Stirnkrause, ein hellgrünes Gefieder, türkisblaue Schwingen und blau-rote Schwanzfedern. Mit dem massiven gebogenen Schnabel kann er die harte Schale der Waldmandeln knacken, seine Hauptnahrung neben Samen, Früchten und Beeren. Forschungen haben ergeben, dass der Große Soldatenara sogar jene Bäume bevorzugt, deren Nüsse besonders nahrhaft sind. Diese Papageienart ist sehr laut, und die Stimmen können sich je nach Standort und sogar von Vogel zu Vogel deutlich unterscheiden. Erwachsene Vögel verfügen über ein Riesenrepertoire von Kreischlauten und schrillen Pfiffen mit unterschiedlichen Bedeutungen.

Durch Abholzung, Wilderei und für die Verwendung als Kopfschmuck gibt es in freier Wildbahn nur noch rund 300 Tiere, darunter etwa 50 Brutpaare, die ein oder zwei Eier auf einmal legen. Große Soldatenaras werden rund 30 Jahre alt.

Hellroter Ara (LC)
Art *Ara macao* **Verwandter** Großer Soldatenara

Der Hellrote Ara (90 cm) ist einer der größten der Eigentlichen Papageien – mit rotem Körper und Schwanz, einem türkisen Rumpf, gelben Flügelflecken und blauen Schwingen. Costa Ricas Population lebt auf einen kleinen Teil des Landes beschränkt: auf den Parque Nacional Carara und die Península de Osa. Die monogamen Vögel geben laute kehlige Rufe von sich, vor allem wenn sie als Paare fliegen. Sie nisten in großen hohlen Bäumen, wo die Weibchen ein oder zwei Eier legen (Dez – Apr).

Fischertukan (LC)
Art *Ramphastos sulfuratus* **Verwandte** Swainson-Tukan, Halsbandarassari, Laucharassari, Feuerschnabelarassari, Gelbohrarassari

Von den 50 Arten der Tukanfamilie leben sechs in Costa Rica. Unter den farbenfrohen Vögeln mit den überdimensionalen Schnäbeln sticht der Fischertukan (Regenbogentukan) mit seinem schwarzen Körper, gelber Brust, roten Unterschwanzdecken und dem Regenbogen-Schnabel hervor. Die Vögel fressen vor allem Früchte, aber auch Eidechsen. Sie werfen den Kopf zurück und schlucken ihre Beute.

Montezumastirnvogel (LC)
Art *Psarocolius montezuma* **Verwandter** Rotkopfstirnvogel

Die Vertreter der Stärlinge haben kastanienbraune Federn und gelbe Schwanzspitzen. Der schwarze Kopf trägt blaue Wangen, rosa Hautlappen und einen orangeroten Schnabel. Der Vogel lebt in riesigen Kolonien auf hohen frei stehenden Bäumen. Die Weibchen bauen Hängenester. Zur Paarungszeit (Jan – Mai) gurren die Männchen schnell und schlagen Saltos. Vor der Kopulation zerzausen sie den Weibchen das Gefieder.

Königsgeier (LC)
Art *Sarcoramphus papa* **Verwandte** Rabengeier, Truthahngeier, Kleiner Gelbkopfgeier

Der Verwandte des Andenkondors gehört mit einer Flügelspannweite von zwei Metern zu den großen Vögeln in den Wäldern des Tieflands. Sein Körper ist weißlich grau mit schwarzen Schwung- und Schwanzfedern. Der nackte Hals, das Gesicht und der Schnabel sind rot, gelb, schwarz und purpur gefärbt. An den Wangen sitzen weißliche Federn. Königsgeier vertreiben alle anderen Geier von einem Aasplatz.

Quetzal

Einer der eindrucksvollsten und schönsten tropischen Vögel aus der Familie der Trogons ist der Grund, warum viele Menschen Costa Rica besuchen. Wer das Männchen mit seinen metallisch schillernden grünen Federn und der feuerroten Brust in den Nebelwäldern zu Gesicht bekommt, ist verzaubert. Seine langen Schwanzfedern (bis zu 60 cm) präsentiert der Quetzal bei Balzflügen. Die Weibchen sind unauffälliger.

Zahlen und Fakten

Art *Pharomachrus mocinno*

Größe
Körperlänge: 36 – 40 cm
Schwanz (Männchen): 60 cm
Gewicht: 200 – 225 g

Bestand in Costa Rica
2800 – 4800

Status NT

Fortpflanzung Die Weibchen sind im zweiten Jahr paarungsbereit und legen pro Saison ein bis zwei Eier.

Lebensraum Feuchte subtropische Wälder und Lichtungen über 1000 Meter Höhe

Beste Sichtung Chirripó, La Amistad, Monteverde, San Gerardo de Dota

Familie und Fortpflanzung

Quetzals sind Einzelgänger, in der Brutzeit (Feb – Apr) werden die Tiere jedoch sesshaft. Mit den Schnäbeln schafft sich das Paar in toten oder verrottenden Bäumen eine Bruthöhle. Männchen und Weibchen wechseln sich beim Brüten der blassblauen Eier ab – Männchen brüten tagsüber, Weibchen nachts. Die Jungtiere schlüpfen nach 18 Tagen und werden dann von den Eltern mit Insekten, Larven und Würmern gefüttert. Schließlich verlässt das Weibchen das Nest, die Jungen bleiben in der Obhut des Männchens. Die Küken sind nach vier Wochen flügge.

Ernährung

Auf dem Speiseplan des Quetzals stehen zwar auch Raupen, Insekten, kleine Frösche und Eidechsen, doch der Vogel frisst hauptsächlich Früchte, vorzugsweise wild wachsende Avocados *(aguacatillos)* und andere Früchte der Lorbeerfamilie. Quetzals passen sich saisonal an Höhenlagen zwischen 1000 und 3000 Metern an – sie folgen damit je nach Saison den reifen Früchten der Avocadobäume. Die gesamte Frucht wird geschluckt, der Kern, der für den Verdauungstrakt des Vogels zu groß ist, wird wieder ausgespuckt. So ist der Quetzal ein wichtiger Samenverbreiter für den Avocadobaum. Die zunehmende Entwaldung tieferer Lagen, in denen sich der Quetzal außerhalb der Brutzeiten aufhält, gefährdet die Art.

Kommunikation und Stimme

Das Quetzalmännchen versucht, das Weibchen mit seinen Schwanzfedern, die es in einer Flugschau präsentiert, zu beeindrucken. Die lockeren, feingliedrigen Federn flattern anmutig wie ein Band, wenn der Quetzal auffliegt und dann in einem Bogen den Sturzflug einleitet. Bei männlichen Quetzals kann man sechs verschiedene Rufe unterscheiden, darunter ein wiederholtes leicht verschliffenes »Kwui-Kwui-Kwui«, schrille Töne, die dem Miauen einer Katze ähneln, und harmonische Klänge wie beim Anschlagen einer Stimmgabel.

Schon gewusst?

Quetzals lassen sich kaum in Gefangenschaft züchten. Es ist nur ein einziger Erfolgsfall bekannt.

Rabengeier (LC)

Art *Coragyps atratus* **Verwandte** Königsgeier, Truthahngeier, Kleiner Gelbkopfgeier

Der schwarz gefiederte Aasfresser wird in Costa Rica *zopilote* genannt. Er kommt bis auf 2000 Meter Höhe vor. Rabengeier werden 65 Zentimeter groß und besitzen eine Flügelspannweite von 1,50 Metern. Auffällig ist der nackte dunkelgraue Kopf mit kurzem, gebogenem Schnabel. Der Geier sonnt sich oft mit ausgebreiteten Schwingen oder kreist am Himmel – vorwiegend auf der Suche nach Aas, bei passender Gelegenheit macht der Rabengeier aber auch selbst Beute.

Nacktkehlreiher (LC)

Art *Tigrisoma mexicanum* **Verwandter** Kanadareiher

Der elegante Schreitvogel wird bis zu 80 Zentimeter hoch. Er hat einen langen dicken Hals mit unbefiederter Kehle und ein braun-weißes Gefieder, das dünne schwarze Streifen aufweist. Bei Jungtieren ist die »Tigermusterung« im helleren Gefieder ausgeprägter. Die weitverbreitete Reiherart kann man oft an Wasserläufen und Teichen beobachten, wo die Vögel regungslos stehen und auf Beute (Fische und Frösche) lauern.

Schieferschwanztrogon (LC)

Art *Trogon massena* **Verwandte** Jungferntrogon, Veilchentrogon

Wie alle elf Trogonarten Costa Ricas besitzt der Cousin des Quetzals *(siehe S. 92f)* einen langen Schwanz und einen kurzen Schnabel. Das Federkleid ist schillernd grün bis schwarz, die untere Bauchhälfte blutrot. Trogons leben im Regenwald und können dort stundenlang regungslos auf Ästen sitzen. Sie fliegen nur kurze Strecken und fangen Insekten oder pflücken Früchte im Flug. Trogons wohnen in Baumhöhlen oder Termitenbauten.

Amerikanischer Schlangenhalsvogel (LC)

Art *Anhinga anhinga* **Verwandte** Olivenscharbe

Von dem großen Wasservogel sieht man, wenn er schwimmt, nur den Hals aus dem Wasser ragen. Er lebt von Fischen und Amphibien. Zwischen den Zehen besitzt er Schwimmhäute. Sein Gefieder ist meist dunkel, der Hals braun und der Schnabel gelb. Die Schwungfedern sind silbrig. Sein langer Schnabel und der s-förmige lange Hals haben ihm seinen Namen gegeben.

Feuerkehlkolibri (LC)
Art *Panterpe insignis* **Verwandte** Grünstirn-Brillantkolibri, Braunschwanzamazilie

Den hübschen Vogel, einen der farbenprächtigsten Vertreter der rund 50 Kolibrispezies Costa Ricas, findet man nur im Hochland. Er wird elf Zentimeter lang und besitzt ein glitzerndes, schillernd grün-blaues Gefieder, eine orangefarbene Kehle, eine blaue Brust und einen schwarzen Schnabel. Die Vögel leben von winzigen Insekten und vom Nektar der Bromeliengewächse und Epiphyten. Männchen verteidigen ihre Reviere sehr aggressiv gegen Konkurrenten.

Dreilappenkotinga (VU)
Art *Procnias tricarunculatus* **Verwandte** Nacktkehl-Schirmvogel, Grauscheitelkotinga

Der scheue Bewohner der hoch gelegenen Nebelwälder gehört zur Familie der Schmuckvögel *(Cotingidae)*. Das Männchen ist für seinen dreigliedrigen Ruf bekannt, der dem Klang einer Glocke ähnelt. Der 30 Zentimeter lange Vogel hat ein kupferfarbenes Gefieder, einen weißen Kopf und oberhalb des Schnabels drei wurmartige Lappen. Die Population ist stark rückläufig. Mit viel Glück kann man die gefährdeten Tiere in Monteverde erspähen.

Sonnenralle (LC)
Art *Eurypyga helias* **Verwandte** Zwergbinsenralle

Der einzige Vertreter der Familie der *Eurypygidae* ähnelt einem Reiher – allerdings lang gestreckt und mit kürzeren Beinen. Die Sonnenralle frisst kleine Wirbeltiere und Fische aus Flüssen und Teichen im Tiefland-Regenwald. Ihr Gefieder zeigt Grau-, Schwarz- und Brauntöne mit Querbändern sowie Längsbänder am Kopf. In der Paarungszeit oder bei Gefahr, wenn die Tiere ihre Flügel öffnen, zeigen sie ein auffälliges Fleckenmuster.

Tuberkelhokko (VU)
Art *Crax rubra* **Verwandter** Mohrenguan

Der große Vogel fällt durch seinen Federkamm am Kopf und den langen Schwanz auf. Die Männchen sind in der Regel leuchtend blau oder schwarz und besitzen einen bauchigen gelben Schnabel. Die Weibchen sind braun oder schwarz-weiß gestreift. Die Vögel leben im Tiefland-Regenwald, Jagd und Abholzung haben sie jedoch in Schutzgebiete wie die La Selva Biological Station verdrängt. Sie fliegen nur kurze Strecken und suchen am Boden nach Früchten, Samen und Insekten.

Karibikkarakara (LC)
Art *Caracara cheriway* **Verwandte** Rotkehlkarakara, Gelbkopfkarakara

Der falkenartige Vogel ist in Costa Rica weitverbreitet. Der Karibikkarakara ist ein fauler Jäger, der lieber Aas frisst, als sich selbst um Beute zu bemühen. Er sammelt an den Strand gespülte Krebse und Aale oder wartet an Straßenrändern auf mögliche Verkehrsopfer. Das bis auf die cremefarbene Brust braune Tier wird 58 Zentimeter lang. Es hat einen schwarzen Scheitel, gelbe Beine und eine rote Färbung am Ende des Schnabels. Jungvögel sind weniger kontrastreich gefärbt.

Jabiru (LC)
Art *Jabiru mycteria* **Verwandter** Waldstorch

Den großen Storchenvogel erkennt man am schwarzen Schnabel, der an der Spitze nach oben gerichtet ist. Er erreicht eine Schulterhöhe von ungefähr 1,50 Metern. Man sieht ihn häufig an Flüssen oder in Feuchtgebieten, etwa im Parque Nacional Palo Verde. Der Jabiru lebt in großen Gruppen und ernährt sich von Fischen und Amphibien. Das Gefieder ist weiß, an Hals und Kopf schwarz. Um den Hals verläuft ein rotes Band. Der weibliche Storch hat gelbe Augen.

Blaukopfpitpit (LC)
Art *Dacnis cayana* **Verwandte** Rotschenkelpitpit, Schwalbenorganist

Blaukopfpitpits gehören zur Familie der Tangaren *(Thraupidae)*. Ihr Gefieder ist türkis und kontrastiert mit den schwarzen Schwingen und der schwarzen Augenmaske. Die Weibchen sind hellgrün mit blauem Kopf und Schultern. Die Bewohner des pazifischen Tieflands jagen an den Waldrändern nach Insekten, bedienen sich aber auch von den Bananen, die manche Hotels auslegen, um Schmetterlinge anzulocken.

Kahnschnabel (LC)
Art *Cochlearius cochlearius* **Verwandte** Nacktkehlreiher, Dreifarbenreiher

Der Kahnschnabel ist ein Mitglied der Reiherfamilie. Er besitzt einen kurzen, sehr breiten Schnabel, der an ein umgekipptes Boot erinnert. Die großen Augen weisen auf seine nachtaktive Lebensweise hin. Der grau und hellbraun gefärbte Vogel mit schwarzer Haube lebt in Mangrovensümpfen und am Rand von Feuchtgebieten. Dort ernährt er sich von Fröschen, Krabben und Fischen. Er wartet zusammengekauert stundenlang auf Beute.

Schneesichler (LC)

Art *Eudocimus albus* **Verwandte** Brauner Sichler, Rosalöffler

Der Anblick eines Schneesichlers, der mit ausgestrecktem Hals am Himmel schwebt, ist für Vogelfreunde ein Erlebnis. Das gesellige Tier lebt in Kolonien mit bis zu 100 Individuen. Man sieht sie in Mangrovensümpfen und Brackwassermarschen. Der lange nach unten gebogene Schnabel und die grau-rosa Gesichtsmaske nehmen in der Paarungszeit eine intensivere Farbe an. Die dunklen Flügelspitzen sieht man fast nur im Flug – in Ruhe erscheinen die Tiere schneeweiß.

Blaufußtölpel (LC)

Art *Sula nebouxii* **Verwandte** Weißbauchtölpel, Maskentölpel

Es ist eine Freude, die Tiere im Flug oder beim Balztanz zu sehen. Der Meeresvogel brütet auf Felseninseln von Nicoya bis zur Isla del Coco. Sein Gefieder ist braun-weiß, die Füße hellblau. Die Männchen stolzieren – Schwanz himmelwärts – vor den Weibchen herum und stellen dabei ihre Füße zur Schau. Tölpel wirken nur an Land ungeschickt, sind aber gewandte Flieger. Während sie nach Fischen tauchen, können sie ihre Nasenlöcher verschließen.

Rosalöffler (LC)

Art *Platalea ajaja* **Verwandte** Grünibis, Brillensichler

Der Rosalöffler ist nach seinem löffelförmigen breiten Schnabel benannt, den er im Wasser hin und her bewegt, um Wasserkäfer und Wirbeltiere auszusieben. Der in Feuchtgebieten lebende Schreitvogel wird 80 Zentimeter hoch. Rücken, Hals und Kopf sind weiß, nur das Gefieder der Flügel und der Brustseite ist rosa gefärbt. Wie andere Mitglieder der Löfflerfamilie legt der Vogel seine Eier in ein Nest hoch in den Bäumen.

Prachtfregattvogel (LC)

Art *Fregata magnificens* **Verwandter** Bindenfregattvogel

Der schwarze Luftakrobat attackiert meist andere Vögel im Flug, bis sie ihre Beute loslassen oder herauswürgen. Er hat eine Flügelspannweite von 2,15 Metern und das leichteste Gewicht weltweit im Vergleich zu seiner Größe. Der schlechte Schwimmer besitzt einen gegabelten Schwanz und abgewinkelte Flügel. In der Balz sitzen die Männchen mit ihrem aufgeblähten roten Kehlsack auf Ästen, während die Weibchen darüberfliegen.

Insekten und Spinnen

In Costa Rica leben Hunderttausende Insektenarten, darunter allein mehr als 1250 Schmetterlingsspezies sowie Tausende Käfer- und Ameisenarten, deren genaue Zahl niemand kennt. In Myriaden schwirren Bienen, Wespen und andere Kreaturen durch die Luft, am Boden kriecht, krabbelt und hüpft eine unglaubliche Vielzahl von allen möglichen Sechsbeinern. Viele verkünden mit grellen Farben, dass sie giftig sind. Andere haben clevere Tarnungen entwickelt, um erfolgreich zu jagen oder sich davor zu schützen, selbst gefressen zu werden. Allgegenwärtig sind auch Spinnentiere: Skorpione und Spinnen in allen Größen, von winzigen Springspinnen bis hin zu riesigen Vogelspinnen. Costa Ricas Schmetterlingsfauna mit rund 1500 Arten umfasst nahezu ein Fünftel des weltweiten Bestands an Schmetterlingen. Die hier vorgestellten Arten stehen nicht auf der Roten Liste der IUCN.

Familie

Insekten *(Insecta)* sind die artenreichste Gruppe Costa Ricas: Man schätzt, dass zwischen 5000 und 300 000 Spezies existieren, und jedes Jahr werden weitere entdeckt. Von den Spinnentieren *(Arachnida)* gibt es weniger Arten, es sind aber wohl dennoch Tausende.

Riesenkäfer

Unterfamilie *Dynastinae* **Beste Sichtung** Palo Verde, Corcovado, Tortuguero, Caño Negro

Die Männchen der Riesenkäfer haben ein charakteristisches langes gebogenes Horn. Sie können bis zu 15 Zentimeter lang werden, ernähren sich vorwiegend von Obst und Blättern und sind für Menschen völlig ungefährlich. Riesenkäfer sind meist nachtaktiv, tagsüber verstecken sie sich unter Laubstreu oder moderndem Holz. Besonders auffällig sind der Herkuleskäfer *(Dynastes hercules)* und der Elefantenkäfer *(Megasoma elephas)*. Die riesigen Herkuleskäfer haben ein langes glänzendes nach unten gebogenes Horn und besitzen, wie es der Name andeutet, enorme Kraft. Sie können Objekte heben, die hundertmal schwerer als sie selbst sind. Elefantenkäfer sind mit einem dichten Flaum aus winzigen Börstchen besetzt (»Vestitur«). Männliche Riesenkäfer kämpfen in der Fortpflanzungszeit mit ihren langen Hörnern gegen ihre Rivalen. Die Sieger paaren sich mit den (hornlosen) Weibchen, die kurz darauf bis zu 50 Eier legen.

Blattschneiderameisen
Gattungen *Atta* und *Acromyrmex*
Beste Sichtung überall

Blattschneiderameisen leben in den meisten Habitaten im Tiefland und in mittleren Höhen. Sie zerschneiden Blätter und andere Pflanzenteile und transportieren sie in ihre riesigen Bauten unter die Erde. Dort züchten sie auf dem Pflanzensubstrat eine Pilzart, von deren Sporen sie sich ernähren. Die Kolonien mit Millionen Tieren sind in Kasten mit jeweils speziellen Aufgaben unterteilt. »Soldatinnen« mit kräftigen Mandibeln beschützen »Trägerinnen« und die Kolonie vor Eindringlingen.

Gottesanbeterin
Familie *Mantidae* **Beste Sichtung** Golfo Dulce, Monteverde

Mit ihren langen Körperteilen, die wie Zweige oder Blätter aussehen, sind die grünen Gottesanbeterinnen perfekt getarnt. Wenn sie in aufrechter Position reglos verharren, wirken sie wie im Gebet – tatsächlich lauern sie auf Beute, die sie mit ihren dornenbewehrten vergrößerten vorderen Fangbeinen ergreifen und beim Fressen festhalten. Es kommt häufig vor, dass ein Weibchen das Männchen während der Begattung verspeist.

Vogelspinne
Familie *Theraphosidae* **Beste Sichtung** Palo Verde, Carara, Santa Rosa

Die großen behaarten Vogelspinnen leben in Erdhöhlen, die Weibchen können 20 Jahre alt werden. In Costa Rica gibt es u. a. die Gestreifte Guatemala-Vogelspinne mit schwarzweißen Beinen. Die meist nachtaktiven Jäger ernähren sich von Insekten und kleinen Wirbeltieren, Menschen gegenüber sind sie eher scheu und nicht aggressiv. In Costa Rica nennt man sie auch *pica caballos*, im fälschlichen Glauben, sie würden Pferde beißen.

Morphofalter
Gattung *Morpho* **Beste Sichtung** Cahuita, Corcovado, Monteverde, Santa Elena

Der Blaue Morphofalter ist wegen seiner schillernden neonblauen Flügel im Flug weit zu sehen. Tatsächlich sind die Flügel braun und an der Oberseite von winzigen übereinandergeschichteten glasartigen Schuppen bedeckt, die das gesamte Lichtspektrum außer Blau absorbieren. Zu diesen neotropischen Schmetterlingen gehören mehr als 50 Arten. Häufig sieht man sie an Waldwegen flattern. Sie können bis zu 20 Zentimeter groß werden.

COSTA RICA
ERLEBEN

Regenwald in der La Selva Biological Station

Fresken an der Saaldecke des prachtvollen Teatro Nacional (siehe S. 106f)

San José

Die Hauptstadt Costa Ricas liegt sehr idyllisch. Im Norden erheben sich die Vulkane Poás, Barva und Irazú, der Süden wird von den zerklüfteten Talamanca-Bergen beherrscht. San José wurde 1737 gegründet und wuchs in den ersten 100 Jahren nur sehr langsam. Seine Lage im Herzen der Kaffeeregion war jedoch von enormem Vorteil. Anfang des 19. Jahrhunderts war die Stadt schon fast so wichtig wie die damalige Hauptstadt Cartago.

Nach einem kurzen Bürgerkrieg erhielt San José im Jahr 1823 den Titel der ständigen Hauptstadt. Seine Bedeutung nahm weiter zu, als bekannte *cafetaleros* (Kaffeeanbauer) Kunsthandwerker in die Stadt holten und mit ihrer Verschönerung beauftragten. So entstand u. a. das prächtige Teatro Nacional (Nationaltheater). Der Bau wurde 1897 mit Geldern aus der umstrittenen Kaffeesteuer bezahlt und ist nach wie vor ein Symbol für Costa Ricas goldenes Kaffeezeitalter.

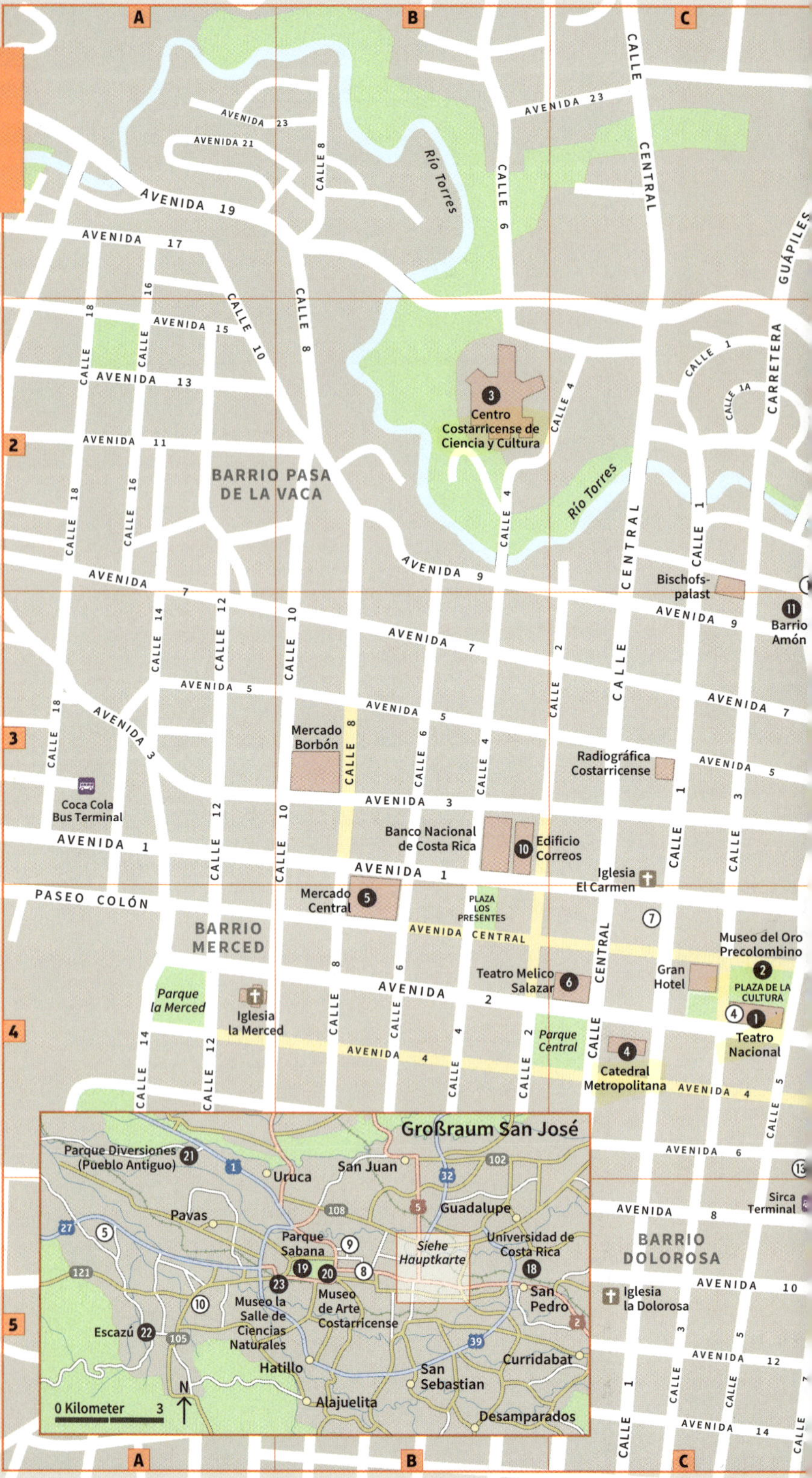
A
B
C
2
3
4
5
Avenida 23
Avenida 21
Avenida 19
Avenida 17
Avenida 15
Avenida 13
Avenida 11
Avenida 9
Avenida 7
Avenida 5
Avenida 3
Avenida 1
Paseo Colón
Avenida Central
Avenida 2
Avenida 4
Avenida 6
Avenida 8
Avenida 10
Avenida 12
Avenida 14
Calle 18
Calle 16
Calle 14
Calle 12
Calle 10
Calle 8
Calle 6
Calle 4
Calle 2
Calle Central
Calle 1
Calle 1A
Calle 3
Calle 5
Carretera Guápiles
Río Torres
Barrio Pasa de la Vaca
Barrio Merced
Barrio Dolorosa
3 Centro Costarricense de Ciencia y Cultura
Bischofs-palast
11 Barrio Amón
Mercado Borbón
Radiográfica Costarricense
Coca Cola Bus Terminal
Banco Nacional de Costa Rica
10 Edificio Correos
Iglesia El Carmen
5 Mercado Central
Plaza los Presentes
7
Museo del Oro Precolombino 2
Plaza de la Cultura
Gran Hotel
Teatro Melico Salazar 6
4 1 Teatro Nacional
Parque la Merced
Iglesia la Merced
Parque Central
4 Catedral Metropolitana
13
Sirca Terminal
Iglesia la Dolorosa
Großraum San José
Parque Diversiones (Pueblo Antiguo) 21
Uruca
San Juan
Pavas
Guadalupe
Parque Sabana
Siehe Hauptkarte
Universidad de Costa Rica 18
19 20 8 9
23 Museo la Salle de Ciencias Naturales
Museo de Arte Costarricense
San Pedro
Escazú 22
Hatillo
San Sebastian
Curridabat
Alajuelita
Desamparados
0 Kilometer 3
N

San José

Highlights

1. Teatro Nacional
2. Museo del Oro Precolombino
3. Centro Costarricense de Ciencia y Cultura

Sehenswürdigkeiten

4. Catedral Metropolitana
5. Mercado Central
6. Teatro Melico Salazar
7. Parque Morazán
8. Edificio Metálico
9. Parque España
10. Edificio Correos
11. Barrio Amón
12. Museo Nacional
13. Museo del Jade Marco Fidel Tristán Castro
14. Centro Nacional de la Cultura
15. Asamblea Legislativa
16. Parque Nacional
17. Antigua Estación Ferrocarril al Atlántico
18. Universidad de Costa Rica
19. Parque Sabana
20. Museo de Arte Costarricense
21. Parque Diversiones (Pueblo Antiguo)
22. Escazú
23. Museo la Salle de Ciencias Naturales

Restaurants

① Restaurante Silvestre
② La Esquina de Buenos Aires
③ Sapore Trattoria
④ Alma de Café

Bars

⑤ Tintos y Blancos
⑥ Stiefel
⑦ Bebedero

Hotels

⑧ Hotel Grano de Oro
⑨ Hotel Auténtico
⑩ Casa de las Tías

Shopping

⑪ Chietón Morén
⑫ Galería Namu
⑬ Mercado Municipal de Artesanías

Teatro Nacional

C4 Calles 3/5, Ave 2 +506-2010-1100 Cementerio-Estadio Gebäude: tägl. 9–17; Aufführungen: Zeiten der Website entnehmen teatronacional.go.cr

Das 1897 mit einer Aufführung von *El Fausto de Gounod* des Pariser Opernensembles eröffnete Nationaltheater ist ein elegantes Kunstwerk aus Marmor und Gold, für das bedeutende Künstler des 19. Jahrhunderts Statuen schufen. 1965 wurde das Theater zum Nationaldenkmal erklärt und somit seine kulturelle Bedeutung gewürdigt.

Die Kaffeebarone erhoben Steuern auf den Export der begehrten Bohnen und finanzierten so den Bau des prächtigen Theaters. Den Anstoß dazu gab die aus Spanien stammende Primadonna Adelina Patti, die sich auf ihrer Tournee durch Lateinamerika weigerte, in Costa Rica aufzutreten – mangels geeigneter Bühne. Innen ist das Theater mit Statuen, Gemälden, Marmortreppen und Parkettböden aus zehn verschiedenen Harthölzern prunkvoll ausstaffiert. Eine Doppeltreppe mit vergoldetem Geländer führt in das mit rosafarbenem Marmor, Kristall, vergoldeten Spiegeln und Blattgoldverzierungen ausgestattete Foyer. Wandmalereien zeigen Szenen aus dem Alltagsleben in Costa Rica. Das riesige 1897 vom Mailänder Maler Aleardo Villa geschaffene Deckengemälde zwischen Eingangshalle und Zuschauerraum stellt eine Kaffeeernte dar. Es enthält einige Fehler: So wird z. B. an der Küste anstatt im Hochland geerntet.

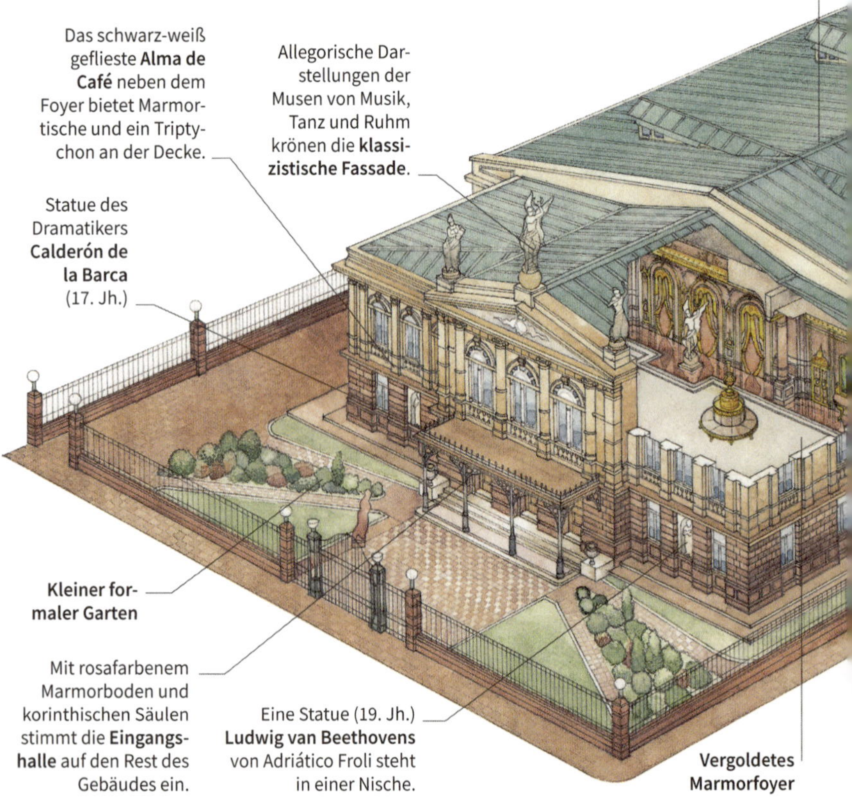

Den **Palco Presidencial**, die Präsidentenloge, schmückt das Deckengemälde *Alegoría de la Justicia* (1897) von Roberto Fontana.

Das schwarz-weiß geflieste **Alma de Café** neben dem Foyer bietet Marmortische und ein Triptychon an der Decke.

Allegorische Darstellungen der Musen von Musik, Tanz und Ruhm krönen die **klassizistische Fassade**.

Statue des Dramatikers **Calderón de la Barca** (17. Jh.)

Kleiner formaler Garten

Mit rosafarbenem Marmorboden und korinthischen Säulen stimmt die **Eingangshalle** auf den Rest des Gebäudes ein.

Eine Statue (19. Jh.) **Ludwig van Beethovens** von Adriático Froli steht in einer Nische.

Vergoldetes Marmorfoyer

1 *Die Architektur des Gebäudes ist an der Pariser Oper orientiert.*

2 *Das Theaterfoyer ist ein Schmuckstück aus Blattgold und Marmor.*

3 *Im Alma de Café trinkt man Tee unter einer exquisiten handbemalten Decke.*

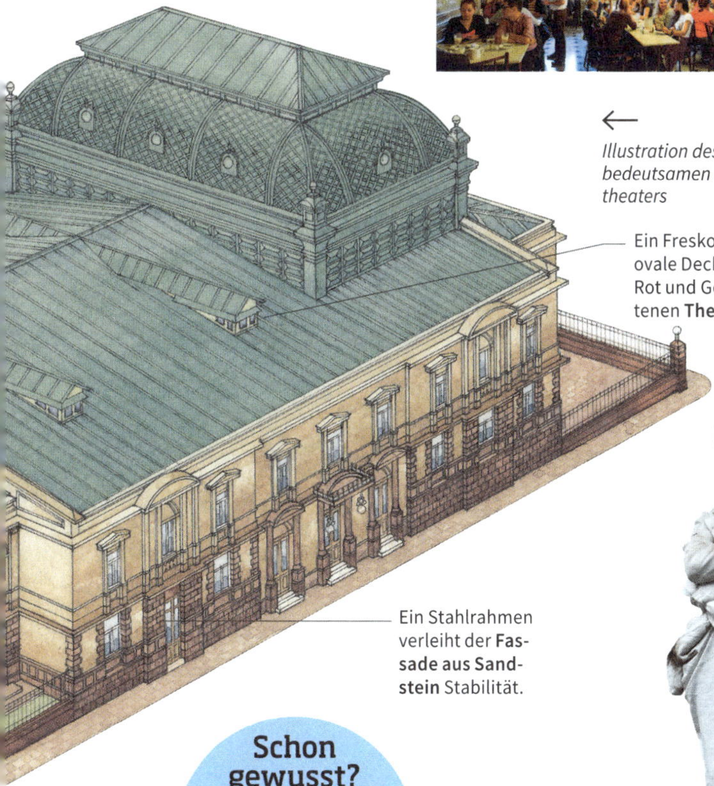

←

Illustration des historisch bedeutsamen Nationaltheaters

Ein Fresko ziert die ovale Decke des in Rot und Gold gehaltenen **Theatersaals**.

Ein Stahlrahmen verleiht der **Fassade aus Sandstein** Stabilität.

Schon gewusst?

Die alte Fünf-Colón-Banknote mit dem Kaffeeernte-Bild des Teatro Nacional ist ein Sammlerstück.

→

Adriático Frolis Statue (1890er Jahre) des berühmten Komponisten Ludwig van Beethoven

2

Museo del Oro Precolombino

C4 Plaza de la Cultura, Calle 5, Avenidas Central und 2 +506-2243-4216 tägl. 9:15–17 Feiertage museosdelbancocentral.org

Das Museum für präkolumbisches Gold in einem hochmodernen Gebäudeteil unterhalb der Plaza de la Cultura zeigt eine glänzende Ausstellung ethnografischer Objekte, die bis in die Zeit um 500 n. Chr. zurückreichen.

Mehr als 1600 Stücke aus präkolumbischem Gold bilden das Fundament der Sammlung. Archäologische Beweise deuten darauf hin, dass diese Objekte erstmals zwischen 300 und 500 n. Chr. in Costa Rica auftauchten und von etwa 700 n. Chr. bis zur Ankunft der Spanier am Anfang des 16. Jahrhunderts am weitesten verbreitet waren. Die meisten entdeckte man an der Südpazifikküste Costa Ricas, wo es große natürliche Gold- und Kupfervorkommen gibt. Viele fand man auch an der Karibikküste. Die meisten der Amulette, Ohrringe, schamanischen Tierfiguren und erotischen Statuetten stammen aus dem südwestlichen Costa Rica und zeugen von der Kunst der Diquís-Kultur. Herstellung und Gebrauch der Gegenstände werden anhand von Modellen demonstriert, ebenso die gesellschaftliche und kulturelle Entwicklung präkolumbischer Kulturen.

Eine Wendeltreppe führt die Besucher in das zweite Untergeschoss des Gebäudes, wo präkolumbische Kultur und Metallurgie sowie eine Wechselausstellung, die alle vier Monate erneuert wird, gezeigt werden. Im dritten Untergeschoss befinden sich der Vortragssaal und die Hauptgalerie mit einer Dauerausstellung alter Goldobjekte.

Highlight

Schon gewusst?

Die Goldsammlung des Museums wiegt 22 000 Feinunzen und somit fast 700 Kilogramm.

↑ *Alles funkelt: Besucher bewundern atemberaubende Stücke aus präkolumbischem Gold*

Ausschmelzverfahren

Viele präkolumbische Völker, vor allem die Chibcha und Diquís an der südwestlichen Pazifikküste, waren meisterhafte Goldschmiede und vor allem mit der Technik des Ausschmelzverfahrens vertraut. Dabei wird die gewünschte Form zunächst aus Wachs geformt, anschließend mit Ton ummantelt und gebrannt. Das Wachs schmilzt, und in den Hohlräumen wird das jeweilige Metall – in der Regel eine Kupfer-Gold-Mischung – gegossen. Die gebräuchlichste Legierung hieß *tumbaga*.

← *Dioramen und Karten zeigen präkolumbische Zivilisationen und Siedlungen und wo man sie findet*

→ *Hinter dem schmucklosen Eingang des unterirdischen Museums erwarten Sie hervorragende Sammlungen*

3

Centro Costarricense de Ciencia y Cultura

B2 Calle 4, 100 m nördl. der Avenida 9 +506-2105-0500
Sabana-Cementerio Zeiten der Website entnehmen museocr.org

Das costa-ricanische Zentrum für Wissenschaft und Kultur wurde im Jahr 1994 eröffnet, um Wissenschaft, technologische Innovation und Kunst im Bildungssektor zu fördern. Untergebracht ist es in der festungsähnlichen ehemaligen *penitenciaria central* (Zentralgefängnis) von 1910. Der Komplex umfasst eine Reihe wichtiger kultureller Einrichtungen.

Das Zentrum ist die Idee der ehemaligen First Lady Gloria Bejarano Almada, die das verlassene speichenradförmige Gefängnis in einen Ort mit positiver Energie verwandeln wollte. Heute beherbergt jede der »Gebäudespeichen« eine andere Einrichtung. In den luftigen Ausstellungssälen der Galería Nacional sind Gemälde, Skulpturen und andere Werke avantgardistischer Künstler des Landes zu sehen. Im Museo de los Niños dürfen Kinder selbst Hand anlegen, um Natur, Wissenschaft, Technologie und Kultur im wahrsten Sinne des Wortes begreifen zu können. Einblick in die Geschichte des Gefängnisses erhält man im Museo Penitenciario. Das Zentrum bietet zudem Vorträge sowie nationale und internationale Konzerte und Tanzaufführungen im Teatro Auditorio Nacional.

Die **Sala Kaopakome** ist benannt nach dem Bribrí-Wort für »Raum der Begegnung«.

Die **Bleiglasdecke** ist ein Werk des Italieners Claudio Dueñas.

Zeitgenössische Künstler bemalten die **Ostmauer**.

Die alten Gefängniszellen werden im **Museo Penitenciario** in ihrem ursprünglichen Zustand erhalten.

1917

zerstörte eine Schießpulverexplosion einen großen Teil des Gebäudes.

Die **Galería Nacional** belegt 14 große Räume im Obergeschoss.

↑ *Das Kulturzentrum von San José ist ein ehemaliges Gefängnis*

Highlight

↑ *Markante ockerfarbene von Zinnen bekrönte Fassade des früheren Gefängnisses*

Entdeckertipp
Granitskulptur

Hinter dem mittelalterlich gestalteten Eingang zeigt die facettenreiche Skulptur *Genesis* (1998) von Jorge Jiménez Deredia eine Frau, die sich aus einem Ei entwickelt.

Gebäudetrakte

Museo de los Niños

▷ In dem lebendigen Kindermuseum erinnert nichts an das einst berüchtigte Gefängnis. Interaktive Ausstellungen in den ehemaligen Zellen verbinden Kunst, Kultur, Wissenschaft und Technik. Hier kann man erfahren, wie alte Kulturen das Recycling betrieben. Sonderveranstaltungen gibt es das ganze Jahr über.

Teatro Auditorio Nacional

◁ Die Veranstaltungen reichen von Audienzen mit dem Dalai-Lama und bekannten Autoren bis hin zu internationalen Tanzwettbewerben und Theateraufführungen. In Kursen des Nationalen Sinfonieorchesters erleben Kinder klassische Musik aus aller Welt.

Galería Nacional

▷ Die Nationalgalerie zelebriert zeitgenössische Kunst in von Scheinwerfern erhellten ehemaligen Gefängniszellen. Die vielfältigen Wechselausstellungen sind Künstlern aus aller Welt gewidmet. Pro Monat sind es fünf Ausstellungen.

Museo Penitenciario

▽ Mit der Schließung des Gefängnisses im Jahr 1979 endeten auch die Menschenrechtsverletzungen an Häftlingen. Viele der alten Gefängniszellen sind immer noch erhalten. Restaurierte Graffiti erinnern an Tragödien, die sich innerhalb der Mauern zutrugen.

SEHENSWÜRDIGKEITEN

4

Catedral Metropolitana

C4 Calle Central, Avenidas 2 und 4 +506-2221-3820 Mo – Sa 7 – 19, So 6:30 – 20

San Josés Hauptkirche wurde 1871 erbaut und ersetzte eine Vorgängerkathedrale, die 1820 bei einem schweren Erdbeben zerstört worden war. Das streng wirkende Gebäude nach einem Entwurf Eusebio Rodríguez' vereint griechisch-orthodoxe, klassizistische und barocke Stilelemente. Die geradlinige Fassade wird von Bogen mit dorischen Säulen gestützt und von einem klassizistischen Giebel mit Spitztürmchen bekrönt. Das gesamte Mittelschiff ist von einer gewölbten Decke überspannt, die von zwei Reihen kannelierter Säulen getragen wird. Hinter dem Eingang links steht eine lebensgroße Christusstatue.

Barocke Goldornamente sucht man hier vergebens, dafür gibt es einen exquisiten gefliesten Boden im Kolonialstil und schöne Bleiglasfenster mit biblischen Szenen. Der Hauptaltar unter der Kuppel besteht aus einer Marmorplinthe mit einfachem Holzaufbau, den eine Statue Christi mit Cherubim schmückt.

Links vom Hauptaltar befindet sich die Capilla del Santísimo (Kapelle des heiligen Sakraments), deren Wände und Decke Holztafeln mit aufgemalten floralen Motiven tragen. Der vergoldete Glassarg im kurzen Gang vor der Kapelle enthält eine Christusstatue, deren Blöße mit einem Tuch in den Nationalfarben Rot, Weiß, Blau bedeckt ist.

Südlich der Kathedrale steht La Curía (der Palast des Erzbischofs) von 1887. Das zweigeschossige Gebäude kann nicht besichtigt werden. In dem kleinen Garten davor befindet sich die Bronzestatue von Monseñor Bernardo Augusto Thiel y Hoffman (1850 – 1901), dem deutschstämmigen zweiten Erzbischof von Costa Rica. Hoffman selbst wurde neben dem Ex-Präsidenten Tomás Guardia Gutiérrez in der Krypta der Kathedrale bestattet. An der Nordseite der Kathedrale steht eine zeitgenössische Marmorstatue von Papst Johannes Paul II., die Jorge Jiménez Deredia schuf.

Schon gewusst?

Im Volksmund heißt San José »Chepe«. Fast jeder, der José heißt, wird so genannt.

←

Blick ins Innere der Catedral Metropolitana, der Hauptkirche von San José

5

Mercado Central

B4 Calles 6 und 8, Avenidas Central und 1 Mo – Sa 6:30 – 18

Der zentrale Markt der Stadt entstand 1881. Die Halle erstreckt sich über einen Block nordwestlich der Catedral Metropolitana und ist an sich

↑ *Teatro Melico Salazar, eine »Institución Cultural Especializada« des Staates Costa Rica*

eher uninteressant. Doch das Labyrinth enger Gassen mit über 200 Ständen bietet einen authentischen Eindruck costa-ricanischen Lebens. Der Markt ist ein chaotisches Sammelsurium. Hier kann man jedes erdenkliche Produkt kaufen, vom Kräuterheilmittel über Schnittblumen bis hin zu Schlangenlederstiefeln und Sätteln für die *sabaneros* (Cowboys).

In der Mitte des Markts finden sich *sodas* (Imbissstände), die preiswerte Mahlzeiten anbieten. Einen Straßenblock weiter nördlich schließt sich der stets überfüllte Mercado Borbón mit Metzgern, Fisch- und Obsthändlern an. Neben dem südöstlichen Eingang des Markts sind Plaketten zu Ehren wichtiger Politiker angebracht.

Vorsicht: Die vollgestopften Gassen des Markts sind auch das Revier flinker Taschendiebe. Lassen Sie Ihre Wertgegenstände im Hotelsafe, wenn Sie bummeln gehen wollen, und achten Sie besonders auf Ihr Handy und Ihre Kamera.

6

Teatro Melico Salazar

C4 · Calle Central, Avenida 2 · +506-2295-6000 · Mo–Fr 8–16 · teatromelico.go.cr

Das Theater ist eines der Wahrzeichen der Stadt. Erbaut wurde es im Jahr 1928 als Teatro Raventós, eine Bühne für die *zarzuela*, eine Art spanische komische Operette. Nach einer Phase als Kino in den 1960er Jahren wurde es bei einem Brand beschädigt, später saniert, 1986 wiedereröffnet und dabei nach Manuel »Melico« Salazar Zúñiga (1887–1950), einem berühmten Tenor des Landes, benannt. Das Gebäude entwarf der Architekt José Fabio Garnier. Kannelierte korinthische Säulen schmücken die klassizistische Fassade. Links vom Eingang steht eine Bronzebüste Zúñigas, rechts befindet sich ein Flachrelief zu Ehren des Auftraggebers José Raventós Gual.

Das Foyer mit Fliesen in grün-schwarzem Schachbrettmuster führt zu dem hufeisenförmigen Zuschauerraum mit drei Rängen. Sehenswert sind der außergewöhnliche Parkettboden, die holzgetäfelte Decke, die mit einem schlichten Gemälde verziert ist, und der schmiedeeiserne Kronleuchter.

Der Mercado Central, ein Labyrinth enger Gassen mit über 200 Ständen, bietet einen authentischen Eindruck costa-ricanischen Lebens.

Shopping

Chietón Morén

Der »Fair-Trade«-Laden für hochwertiges Kunsthandwerk vertritt die indigene Bevölkerung Costa Ricas.

E4 · Calle 17, Avenidas 2 und 6 · chietonmoren.org

Galería Namu

Die Galería Namu ist bekannt für ihre Boruca-Masken, verkauft aber auch Körbe, Hängematten und Schmuck aus der Region sowie Volkskunst.

D3 · Calles 5 und 7, Avenida 7 · galerianamu.com

Mercado Municipal de Artesanías

San Josés wichtigster Markt für Kunsthandwerk umfasst Stände mit einem Angebot von Schnitzereien bis hin zu Cowboystiefeln.

D4 · Plaza Artigas, Calle 11, Avenidas 4 und 6 · mercadomunicipaldeartesanias.negocio.site

↑ *Musikpavillon im Parque Morazán, beliebt bei Büroangestellten, Schülern und Pärchen*

7

Parque Morazán

D3 Calles 5 und 9, Avenidas 3 und 5

Der kleine, 1881 angelegte Park wurde nach Francisco Morazán benannt. Der in Honduras geborene mittelamerikanische Föderalist war kurz Präsident von Costa Rica, bevor er 1842 hingerichtet wurde. Die Einheimischen lieben den Park. In der Trockenzeit blühen hier die Trompetenbäume. Samstags finden oft Veranstaltungen und Konzerte statt.

> Expertentipp
> **Stadtführungen**
> Bei Barrio Bird Walking Tours (www.toursanjosecostarica.com) führen Künstler, Unternehmer und andere, die sich der Revitalisierung der Innenstadt widmen, durch die Stadt. Einen Überblick bietet die »Bird's Nest Tour«, die »Hungry Bird Tour« ist für Gourmets, die »Saturday Favorites Tour« behandelt Küche, Architektur und Geschichte.

Römische Urnen krönen die vier verzierten Eisentore. In der Mitte steht der klassizistische, im Jahr 1920 errichtete Templo de Música, zudem sind Büsten von Morazán und anderen Berühmtheiten wie dem südamerikanischen Freiheitskämpfer Simón Bolívar (1783–1830) zu sehen.

8

Edificio Metálico

D3 Calle 9, Avenidas 5 und 7

Das faszinierende Gebäude zwischen dem Parque Morazán und dem Parque España besteht ausschließlich aus vorgefertigten Metallteilen. Der französische Architekt Charles Thirion ließ die Metallelemente 1892 in Belgien gießen und zum Zusammensetzen nach Costa Rica verschiffen. Seither dient das Gebäude als Grundschule.

Eine kleine Büste von Minerva, der römischen Göttin der Weisheit, steht auf der imposanten klassizistischen Fassade. Der kunstvoll gestaltete Brunnen auf dem kleinen Platz vor der Schule ist ein beliebtes Fotomotiv.

9

Parque España

D3 Calles 9 und 11, Avenidas 3 und 7

Der schattige Platz ist von dichten Bäumen und Bambushainen umgeben. Hier wurde 1903 die Nationalhymne Costa Ricas – Text von José María Zeledón Brenes (1877–1949), Musik von Manuel María Gutiérrez (1829–1887) – erstmals aufgeführt.

An der Nordostecke steht seit 1947 ein seltsamer kleiner *pabellón* (Pavillon) im Kolonialstil, dessen in Sepia gehaltene Keramikfliesen die Geschichten der Erscheinung Unserer Lieben Frau von Los Ángeles, der Kirche von Orosí und der Kathedrale von Heredia erzählen. Eine mit Patina überzogene lebensgroße Statue des Eroberers Juan Vásquez de Coronado ziert die Südwestecke. Pfade führen an Büsten wichtiger Persönlichkeiten wie Isabella II. von Spanien (1830–1904) und Andrew Carnegie (1835–1919) vorbei.

10

Edificio Correos

B3 Calle 2, Avenidas 1 und 3 +506-2223-9766 Mo–Fr 7–18, Sa 8–12 Feiertage

Das Gebäude für das Hauptpostamt (Correo Central) wurde 1917 fertig. Luis Llach entwarf es im eklektischen Stil. Die Betonfassade ist mit korinthischen Pilastern verziert. Das mit Arkaden versehene Mittelstück wird von Engeln eingerahmt, die das Nationalwappen tragen. Das Postamt wird täglich von vielen Menschen besucht, die ihre Briefe aus den *apartados* (Postfächern) im Erdgeschoss des Atriums abholen.

→ Los Presentes *(1979), ein Werk des bekannten Bildhauers Fernando Calvo*

Philatelisten werden das kleine **Museo Filatélico de Costa Rica** mit seiner Sammlung seltener Briefmarken interessant finden. Es belegt sechs helle Räume im Obergeschoss: Im ersten werden costa-ricanische Briefmarken verkauft, der zweite enthält eine Sammlung alter Telefone und telegrafischer Gegenstände, die teilweise über 100 Jahre alt sind. Die anderen vier Räume sind Costa Ricas Geschichte der Philatelie gewidmet. Hier sind neben der ersten Briefmarke des Landes von 1863 auch seltene Briefmarken aus dem Ausland, u. a. die britische One Penny Black, zu sehen. Der Eintritt berechtigt Sie zu einer gestempelten Postkarte, die Sie an jeden Ort der Welt versenden können.

Vor dem Edificio Correos liegt ein nur für Fußgänger zugänglicher Platz mit einer Statue des ersten Präsidenten Costa Ricas: Juan Mora Fernández war von 1824 bis 1833 an der Macht. Südwestlich des Edificio Correos befindet sich die Plaza Los Presentes, die den Rahmen für *Los Presentes* bildet. Das zeitgenössische Bronzedenkmal des Bildhauers Fernando Calvo ehrt die costa-ricanischen *campesinos* (Bauern). Auf der schattigen Plaza sind noch immer Schuhputzer tätig.

Museo Filatélico de Costa Rica
+506-2223-6918
Mo–Fr 8:15–11:30, 13:15–16:30; letzter Sa im Monat 8–11:30 Feiertage

11

Barrio Amón

C3 Calles Central und 9, Avenidas 7 und 13

San Josés umfangreichste Sammlung historischer Häuser befindet sich in diesem Wohnviertel aus den 1890er Jahren. Die interessantesten Gebäude stehen in der Avenida 9. Zwischen den Calles 3 und 7 sind schöne Keramikbilder mit Alltagsszenen des Künstlers Fernando Matamoros zu sehen.

Das zweistöckige im Kolonialstil erbaute Haus Nr. 980 (Calle 11) glänzt mit einem lebensgroßen *campesino*, der über das Geländer blickt. Im Hotel Don Carlos (Calle 9) residierte einst Präsident Tomás Guardia. Einen Block weiter westlich, an der Ecke zur Calle 7, befindet sich die Casa Verde von 1910. Der Bischofspalast (Avenida 11 und Calle 3) wurde 1930 im maurischen Stil erbaut und besitzt Schlüssellochfenster, eine zentrale Kuppel und Fliesen mit Szenen aus dem Roman *Don Quijote*.

Restaurants

Restaurante Silvestre
Frische saisonale Gerichte zu modernem Flair.
D3 Calle 3A, Avenida 11 restaurantesilvestre.com
$$$

La Esquina de Buenos Aires
Gourmetküche in künstlerischem Ambiente.
D4 Calle 11, Avenida 6 laesquinadebuenosaires.net
$$$

Sapore Trattoria
Köstliche Pizza, Pasta- und Risottogerichte.
D4 Calle 13, Avenida 2 saporetrattoria.com
$$$

Alma de Café
Feinste Kuchen in erstklassigem Ambiente.
C4 Calle 3, Avenida 2 +506-2010-1119
$$$

Das große, elegante Amphitheater außerhalb des Museo Nacional ↑

12 Museo Nacional

E4 Calle 17, Avenidas Central und 2 +506-2211-5700 Di–Sa 8:30–16:30, So 9–16:30 Feiertage museocosta rica.go.cr

Die eindrucksvolle mit Zinnen bewehrte ockerfarbene Bellavista-Festung von 1917 gegenüber der Asamblea Legislativa diente als Kaserne. Die Außenmauern sind an jeder Ecke mit einem Turm verstärkt und weisen Einschusslöcher aus dem Bürgerkrieg von 1948 auf. Nach seinem Sieg löste José Figueres Ferrer *(siehe S. 52)* die Armee auf, die Festung wurde Sitz des 1887 gegründeten Nationalmuseums.

Vom Eingang zur Festung gelangt man auf der Westseite in einen großen Schmetterlingsgarten. Ein Weg führt in einen gartenähnlich gestalteten Innenhof, in dem präkolumbische *carretas* (Ochsenkarren) und *bolas* (Steinkugeln) sowie Kanonen aus der Kolonialzeit stehen. Die Museumssäle sind thematisch und chronologisch gegen den Uhrzeigersinn um den Innenhof angeordnet. Ausgestellt werden vor allem Gegenstände zur geologischen, kolonialen, archäologischen, zeitgenössischen und Religionsgeschichte – von den ersten Siedlern bis zur Entstehung der Nation. Besonders eindrucksvoll ist die Sammlung von präkolumbischen *metates* (Steinmühlen) und Keramiken. Sehenswert ist auch der Goldschmuck in der Sala de Oro im Nordwestturm. In der im Stil des 18. Jahrhunderts eingerichteten Sala Colonial sind Möbel aus der Kolonialzeit zu sehen.

Das Museum erreicht man von der Plaza de la Democracia, die 1989 zum Gedenken an 100 Jahre costa-ricanische Demokratie angelegt wurde. Hier steht seit 1994 eine Bronzestatue von José Figueres Ferrer.

Schon gewusst?

Costa-Ricaner verwenden oft keine Adressen, sondern orientieren sich an Sehenswürdigkeiten.

Kunst aus Jade

Volksstämme aus dem Norden führten die Jadeschnitzerei um 500 v. Chr. in Costa Rica ein. Sie benutzten Sägen aus Faserdraht, Bohrer und Meißel mit Quarzspitzen, um Halsketten, Anhänger und Kultfiguren mit Tiermotiven herzustellen. Um 800 n. Chr. starb das Handwerk aus und wurde durch die Goldschmiedekunst abgelöst.

Froschanhänger

In der Sala de Jade sind Anhänger in Grün- und Blautönen ausgestellt. Die Hintergrundbeleuchtung bringt das Transluzide des Steins besonders schön zur Geltung.

↑ *Präkolumbische Keramik aus der Region Guanacaste im Museo Nacional*

13

Museo del Jade Marco Fidel Tristán Castro

D4 Avenida Central, Calle 13 +506-2521-6610 tägl. 8–17 Feiertage museodeljade.ins-cr.com

Das Museum in einem eindrucksvollen Kubus an der Westseite der Plaza de la Democracia präsentiert die umfassendste Sammlung präkolumbischer Jade aus Latein- und Nordamerika. Es wurde 1977 von Marco Fidel Tristán Castro gegründet, dem ersten Präsidenten des Nationalen Versicherungsinstituts (INS). Zur Sammlung gehören neben Objekten aus Jade auch Breitbeile und dekorative Kunst von 500 v. Chr. bis 800 n. Chr. sowie *metates* (Mühlen aus vulkanischem Gestein), Keramiken und Goldschmuck. In der Sala de Jade sind Anhänger in Grün- und Blautönen ausgestellt. Die Hintergrundbeleuchtung bringt das Transluzide des Steins besonders schön zur Geltung. Die Stücke stammen nicht aus archäologischen Funden, sondern wurden von privaten Sammlern gekauft. Das Museum ist auch Schauplatz von Filmvorführungen, Workshops und anderen Events.

14

Centro Nacional de la Cultura

E3 Calles 11 und 15, Avenidas 3 und 7 +506-2255-3190 (ext. 210) Führungen: Di–Fr nach Vereinbarung

Gleich östlich des Parque España nimmt das weitläufige Gebäude des Centro Nacional de la Cultura (CENAC) einen ganzen Block an der Stelle ein, an der einst die Fábrica Nacional de Licores stand. Spuren der alten staatlichen Likörfabrik sind noch erhalten. Hier hat das Kultusministerium seinen Sitz, Aufführungen der nationalen Theater- und Tanzensembles finden ebenfalls hier statt. Die meisten Gebäude stammen wie die äußere Wand, deren Westtor von einem Dreiecksgiebel bekrönt wird, aus dem Jahr 1856. Sehenswert ist der *reloj de sol* (Sonnenuhr) zur Rechten des südöstlichen *portalón* (Tors) in der Außenwand, den Teodorico Quirós Alvarado entwarf. Im Südostteil des Komplexes bietet das **Museo de Arte y Diseño Contemporáneo** Ausstellungen zu zeitgenössischer Kunst, Architektur und Keramik. Im Westhof steht die Skulptur *Evelia con Batón* des Costa-Ricaners Francisco Zúñiga.

Museo de Arte y Diseño Contemporáneo
+506-2257-7202
Di–Sa 9:30–17
Feiertage madc.cr

15

Asamblea Legislativa

E4 Calles 15 und 17, Avenida Central nur zu Führungen (Anmeldung unter +506-2243-2547) asamblea.go.cr

Costa Ricas Regierungssitz besteht aus fünf Gebäuden, die sich über zwei Blocks erstrecken. Das Hauptgebäude, ein moderner 18-stöckiger Turm, wurde 2020 als neues Parlament eingeweiht. Es ersetzte das nahe gelegene Edificio del Plenario, das 1958 erbaut wurde und in seinem Nordhof eine Bronzestatue des Nationalhelden Juan Santamaría mit einer Fackel in der Hand zeigt.

In der rosafarbenen Casa Rosada im Nordosten sind Parteibüros. Das blaue Castillo Azul im Südosten wurde 1911 für den Präsidentschaftskandidaten Máximo Fernández erbaut.

Die Gebäude sind nur im Rahmen einer Führung zugänglich. Unter der Woche kann man in der Asamblea Legislativa Debatten lauschen. Männer in Sandalen sowie Frauen und Männer mit unbekleideten Beinen haben keinen Zutritt.

> Expertentipp
> **Kunstgenuss**
> Zweimal im Monat sponsert GAM Cultural (www.gamcultural.com) die abendlichen Art City Tours. Parks, Galerien und andere Stätten veranstalten kostenlose Kunstevents, Museen bieten freien Eintritt. Zwischen den Veranstaltungsorten pendelt ein kostenloser Fahrservice.

16

Parque Nacional

E4 Calles 15 und 19, Avenidas 1 und 3

San Josés größter innerstädtischer Park ist auch der schönste. Er wurde 1895 auf einem nach Osten hin sanft ansteigenden Hügel angelegt. Steinbänke säumen die Pfade, die sich zwischen blühenden Bäumen, wiegenden Palmen und kühlen Bambushainen hindurchschlängeln.

Mitten im Park steht das Monumento Nacional. Das in den Rodin-Ateliers in Paris gegossene Denkmal wurde am 15. September 1892 enthüllt. Es ist den Helden des Kriegs von 1856 gewidmet. Den Granitsockel zieren fünf bronzene Amazonen, die die mittelamerikanischen Nationen im Kampf gegen William Walker zeigen. Costa Rica in der Mitte hält eine Flagge in der einen und stützt das verwundete Nicaragua mit der anderen Hand. Guatemala trägt eine Axt, El Salvador ein Schwert, Honduras Bogen und Schild. Bronzene Flachreliefs zeigen ebenfalls Kampfszenen.

Überall im Park sieht man Büsten zu Ehren lateinamerikanischer Helden: den mexikanischen Revolutionär und Priester Miguel Hidalgo (1753–1811), den venezolanischen Dichter Don Andrés Bello (1781–1865) und den kubanischen Unabhängigkeitskämpfer José Martí (1853–1895).

Im Norden kommen Sie zur Biblioteca Nacional, im Süden führt der verkehrsberuhigte, nach dem dreimaligen Präsidenten benannte Bulevar Ricardo Jiménez drei Blocks zum Gerichtsgebäude hinunter.

← *Eine Gruppe von Amazonen bildet das Monumento Nacional*

17

Antigua Estación Ferrocarril al Atlántico

F4 Calles 21 und 23, Avenida 3

Im Nordosten des Parque Nacional befindet sich die ehemalige Estación Ferrocarril al Atlántico (Bahnhof der Atlantischen Eisenbahn). Das an eine Pagode erinnernde Gebäude stammt von 1908 und war später Endstation des berühmten »Dschungelzugs«, der 1991 eingestellt wurde, weil ein verheerendes Erdbeben viele Teile der Bahnstrecke zerstört hatte. Das Gebäude beherbergte lange Jahre ein Museum. Inzwischen wurde hier wieder ein Bahnhof eingerichtet. Eisenbahnfreunde haben Spaß an den klassischen Waggons und Lokomotiven im hinteren und östlichen Teil. Zu sehen ist u. a. die Locomotora 59, eine schöne Dampflok aus Philadelphia von 1939. Vor dem Gebäude erinnert eine Büste an Tomás Guardia, der den Bau der Eisenbahnlinie (1871–90) vorantrieb. Ein Obelisk gedenkt der Abschaffung der Todesstrafe im Jahr 1877.

Steinbänke säumen die Pfade, die sich zwischen blühenden Bäumen, wiegenden Palmen und kühlen Bambushainen hindurchschlängeln.

18

Universidad de Costa Rica

B5 Calle Central, San Pedro +506-2511-4000

Die Universität erfüllt den Vorort San Pedro mit Leben. Der Eingang liegt an der Calle Central (bei der Avenida Central), wo auch Studentenbars und -cafés zu finden sind. Der Campus ist eher uninteressant, obwohl viele Büsten und Statuen im Gelände verstreut sind. In der Südwestecke erstreckt sich ein botanischer Garten.

Das 1962 eröffnete **Museo de Insectos** finden Sie im Keller der Musikfakultät in der nordöstlichen Ecke des Campus. Es besitzt eine exzellente Sammlung von Schmetterlingen und anderen Insekten – insgesamt sind es über eine Million. Besucher können sich telefonisch zu einer Verkostung essbarer Insekten anmelden.

↑ *Abstrakte Skulpturen am Seeufer im Parque Sabana*

Im **Planetario**, dem Planetarium in der Ciudad de la Investigación des Campus, kann man Costa Ricas biologische Vielfalt erkunden.

Museo de Insectos
+506-2511-5318
Mo–Fr 8–12, 13–16:45

Planetario
Mo–Fr 9–11:10, 13–19, Sa 13–19 planetario.ucr.ac.cr

19 Parque Sabana

B5 Calle 42 / Sabana Oeste, Avenida las Américas / Sabana Sur

Offiziell heißt der Park nach dem ersten Priester von San José Parque Metropolitano La Sabana Padre Antonio Chapuí (1710–1783). Bis 1955 war er Hauptflugplatz der Stadt, heute ist er ein Sport- und Freizeitpark. Die alten Flughafengebäude beherbergen das Museo de Arte Costarricense *(siehe S. 120)*. Überragt wird der Park im Norden vom Turm des ICE (costa-ricanisches Elektrizitätswerk) und im Süden von der seltsam schräg geneigten Controlaría de la República, der Verwaltungszentrale der Regierung.

Den Park erreicht man vom Zentrum über den breiten Paseo Colón. Er ist bei einheimischen Familien beliebt, die am Wochenende unter Eukalyptusbäumen und Kiefern picknicken. Zur Anlage gehören Basketball-, Volleyball- und Tennisplätze, Rad-, Jogging- und Reitwege, ein Swimmingpool, ein Fitnesscenter, Fußballplätze und das 2011 fertiggestellte Nationalstadion. Am östlichen Ende des Parks gibt es auch eine Rollschuhbahn.

Moderne Skulpturen umgeben den See auf der Südseite. Im Westen steht ein Kreuz zum Andenken an den Besuch von Papst Johannes Paul II. 1983 in Costa Rica.

Schon gewusst?

Für die Einheimischen ist der Parque Sabana die »Lunge von San José«.

Hotels

Hotel Grano de Oro
Das elegante Hotel, das beste der Stadt, hat ein exzellentes Restaurant.
B5 Calle 30, Avenidas 2 und 4 hotelgranodeoro.com
$$$

Hotel Auténtico
Das stylishe Haus in unmittelbarer Nähe des Parque Sabana ist schick eingerichtet.
B5 Calle 40, Avenidas 5 und 7 autenticohotel.com
$$

Casa de las Tías
Eine Familie führt das B&B in einer Villa in Escazú. Gutes Frühstück, üppiger Garten.
A5 San Rafael de Escazú casadelastias.com
$$

20

Museo de Arte Costarricense

B5 Calle 42, Paseo Colón +506-4060-2300 Di – So 9 –16 Feiertage mcj.go.cr

Costa Ricas führendes Kunstmuseum liegt auf der Ostseite des Parque Sabana *(siehe S. 119)* in dem im Kolonialstil errichteten ehemaligen Flughafenterminal, der in den 1950er Jahren geschlossen wurde. Ausgestellt werden über 3200 wichtige Kunstwerke von costa-ricanischen Bildhauern und Malern aus dem 20. Jahrhundert sowie von ausländischen Künstlern wie dem Mexikaner Diego Rivera (1886 –1957). Viele der Werke feiern einen romantisierten, idyllischen Lebensstil, so auch *El Portón Rojo* (1945) von Teodorico Quirós Alvarado.

Versäumen Sie nicht die Holzskulpturen und -schnitte von Francisco Amighetti. Den oberen Salón Dorado ziert ein Flachrelief in Bronze und Stuck des französischen Bildhauers Louis Ferron. Das Panorama reicht über alle vier Wände und stellt die idealisierte costa-ricanische Geschichte von der präkolumbischen Zeit bis zu den 1940er Jahren dar.

Im Jardín de Esculturas (Skulpturengarten) sind Werke bekannter Bildhauer sowie steinerne präkolumbische *esferas* (Kugeln) und Felszeichnungen zu sehen. Am faszinierendsten sind *Tres Mujeres Caminando* von Francisco Zúñiga und die Granitskulptur *Danaide* von Max Jiménez Huete.

21

Parque Diversiones (Pueblo Antiguo)

A4 1,5 km westl. des Hospital México, La Uruca +506-2242-9200, +506-2242-9322 (Pueblo Antiguo) Fr – So 9 –19 (Dez – Jan: tägl.) parquediversiones.com

Der schöne Park im Barrio La Uruca, drei Kilometer westlich vom Stadtzentrum, zieht Familien nicht nur mit den Achterbahnen, Wasserrutschen und anderen Fahrgeschäften an, sondern auch mit dem angrenzenden Pueblo Antiguo (Altstadt), der Nachbildung eines costa-ricanischen Dorfs aus dem frühen 20. Jahrhundert.

Pueblo Antiguo ist in drei Abschnitte unterteilt: Stadt, Land und Küste. Zu den traditionellen Bauten gehören eine Kirche, ein Markt, eine Bank, eine Feuerwache und ein Bahnhof. Es gibt mehrere originale Lehmziegelbauten, z. B. eine Kaffeemühle, eine Zuckermühle und eine Melkscheune, die aus ländlichen Gebieten hierher gebracht und vollständig wieder aufgebaut wurden. Auf dem Bauernhof gibt es Tiere.

Kinder werden den Elektrozug genießen, ebenso die Scherze der historisch gekleideten Schauspieler, die im ganzen Dorf Szenen aus der Vergangenheit aufführen. Freitag- und samstagabends gibt es Folkloreshows mit Musik und Tanz. Zudem locken ein Kunsthandwerksladen und ein Restaurant mit costa-ricanischer Küche.

↑ *Kunstinteressierte in einem Saal des Museo de Arte Costarricense*

Bars

ChepeCletas
Die Kulturorganisation führt abends durch die *cantinas* von San José.
chepecletas.com

Tintos y Blancos
Klassische Wein- und Tapasbar mit Livemusik.
A5 Centro Comercial Multiplaza
tintosyblancos.com

Stiefel
Gemütliche Kneipe in historischem Gebäude.
D3 Calles 13 und 15, Avenida 7
+506-8850-2119

Bebedero
Gemütliche Cocktailbar im Retrostil in einem Kulturzentrum.
C4 Calle 1, Avenida 1
+506-8529-4250

22

Escazú

A5 3 km westl. des Parque Sabana März: Día del Boyero

Das angesagte Viertel westlich des Parque Sabana ist über die Carretera Próspero Fernández erreichbar. Sein Charme beruht auf dem Mix aus Alt und Moderne sowie auf der Lage am Fuß des Cerro Escazú. Der Vorort hat seinen Namen vom Wort der Ureinwohner für Ruheplatz: *itzkatzu*. Er erstreckt sich mehrere Kilometer hügelaufwärts und ist in drei *barrios* unterteilt: San Rafael de Escazú, San Miguel de Escazú und San Antonio de Escazú.

Das Alltagsleben pulsiert im überlaufenen San Rafael de Escazú. Hier steht eine sehr schöne, von dem Costa-

Schaukästen und originelle Dioramen (Detail) *im Museo la Salle de Ciencias Naturales* ↑

Ricaner Teodorico Quirós Alvarado in den 1930er Jahren im Kolonialstil entworfene Kirche, die von Hochhäusern und Einkaufszentren überragt wird. Nur einen Kilometer entfernt, in San Miguel de Escazú, gibt es dagegen blau bemalte Lehmziegelhäuser – die Einwohner glauben auch heute noch, dass die blaue Farbe Hexen verscheucht.

San Antonio de Escazú ist eine ländliche Gemeinschaft. Am zweiten Sonntag im März ziehen am Día del Boyero (Ochsentreibertag) *carretas* (Ochsenkarren) mit Blumenschmuck durch die belebten Straßen. **Barry Biesanz Woodworks**, die Werkstatt des führenden Holzschnitzers und Kunsthandwerkers Costa Ricas, findet man in Bello Horizonte im östlichen Escazú. Er stellt Möbel, Schalen und Kisten aus den Harthölzern des Landes her. Seine Arbeiten können Sie in der Werkstatt und in guten Läden in San José erwerben.

Barry Biesanz Woodworks
Barrio Bello Horizonte +506-2289-4337
Mo–Fr 8–17 (Dez–Apr: auch Sa 9–15)
biesanz.com

23

Museo la Salle de Ciencias Naturales

B5 Sabana Sur
+506-2232-1306
Mo–Sa 8–16, So 9–17
museolasalle.ed.cr

Das in der früheren Colegio-La-Salle-Schule eingerichtete Museum der Naturwissenschaften beherbergt eine der weltweit umfangreichsten Sammlungen einheimischer und exotischer Pflanzen und Tiere, mehr als 70 000 Exponate von Weichtieren bis hin zu Seekühen. Die Fossilien-, Muschel- und Schmetterlingsabteilungen sind ebenfalls sehenswert.

Die meisten Exponate werden in Dioramen präsentiert: Schlangen setzen gerade zum Biss an, Fische schwimmen an unsichtbaren Drähten. Die Exponate wirken zwar etwas angestaubt, dennoch bietet das Museum eine interessante Einführung in die Natur Costa Ricas.

Spaziergang durch das Zentrum von San José

Länge 1,5 km **Dauer** 20 Min. **Bus** Calle 2, Avenida 1

San Josés Zentrum mit allen wichtigen Sehenswürdigkeiten besteht aus einem Gitternetz verkehrsreicher Einbahnstraßen. Hauptverkehrsader ist die breite Avenida 2, meist vollgestopft mit hupenden Taxis und Bussen, die sich am baumgesäumten Parque Central vorbei vorwärtskämpfen. Parallel dazu verläuft im Norden die Avenida Central, eine Fußgängerzone mit Kaufhäusern, Läden und Restaurants. Das Herz der Gegend bildet die kleine Plaza de la Cultura, ein beliebter Treffpunkt der jüngeren Einwohner San Josés. Hier wimmelt es von Straßenhändlern, Musikern und anderen Unterhaltungskünstlern.

Das **Teatro Melico Salazar** *(siehe S. 113)* aus den 1920er Jahren hat eine klassizistische Fassade.

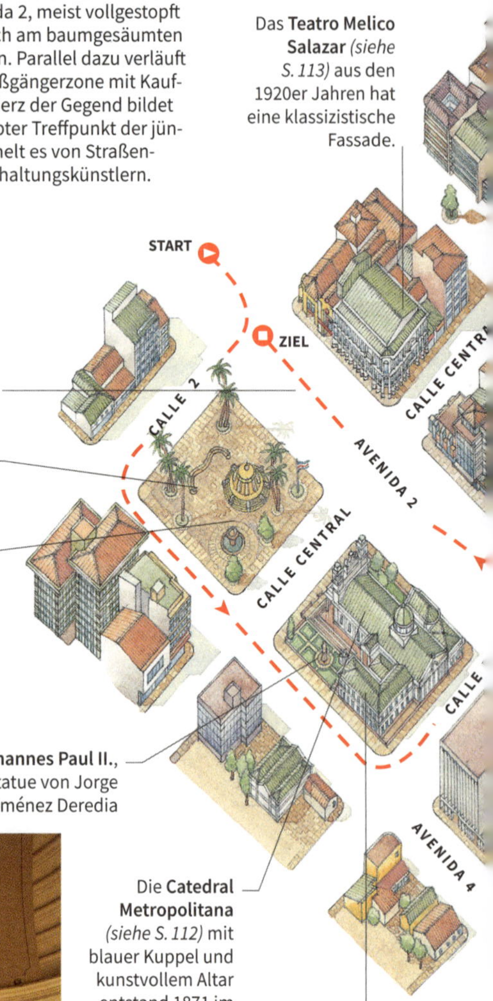

An der geschäftigen **Avenida 2** stehen wichtige Gebäude. Der Verkehr bewegt sich in Richtung Osten auf vier Spuren, die nach der Calle 3 stark abfallen.

Bronzestatue eines Straßenreinigers

Im kompakten, von Palmen und Guanacaste-Bäumen gesäumten **Parque Central** von 1885 steht ein ungewöhnlicher Pavillon mit Bogenstützen.

0 Meter 100 N

Papst Johannes Paul II., Marmorstatue von Jorge Jiménez Deredia

Die **Catedral Metropolitana** *(siehe S. 112)* mit blauer Kuppel und kunstvollem Altar entstand 1871 im griechisch-orthodoxen Stil.

La Curía (Bischofspalast)

←

Rast im Schatten des ungewöhnlichen Musikpavillons im Parque Central

↑ *Prächtiges Marmorfoyer des Teatro Nacional aus dem 19. Jahrhundert*

Zur Orientierung
Siehe Stadtteilkarte S. 104f

7500
Einwohner pro Quadratkilometer leben in San José.

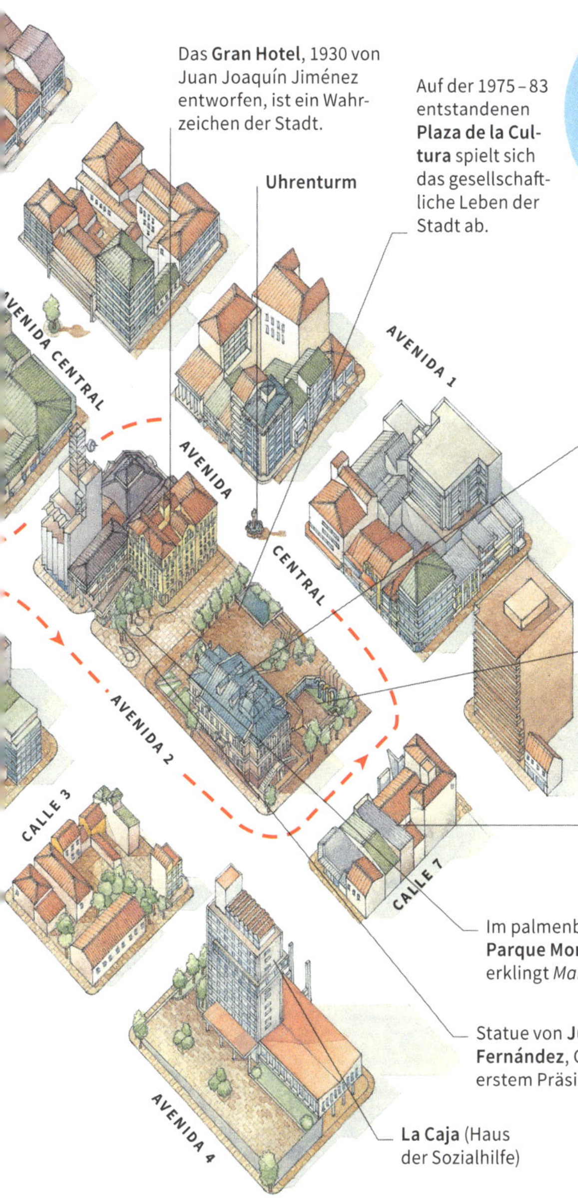

Spaziergang im Parque Nacional

Länge 1,5 km **Dauer** 20 Min.
Bus Parada Parque España

Auf einem Hügel im Osten des Zentrums bildet der Parque Nacional im Herzen von San José eine Oase mit Schatten spendenden Bäumen. Am Rand des Parks befindet sich eines der wichtigsten Regierungszentren Costa Ricas, der Komplex der Asamblea Legislativa. Ganz in der Nähe haben sich bedeutende kulturelle Sehenswürdigkeiten wie das Museo Nacional und das Centro Nacional de la Cultura angesiedelt. Hier kann man auch gut spazieren gehen und entspannen, vor allem in der Fußgängerzone südlich des Parks.

Biblioteca Nacional, die Nationalbibliothek, wurde 1969–71 errichtet.

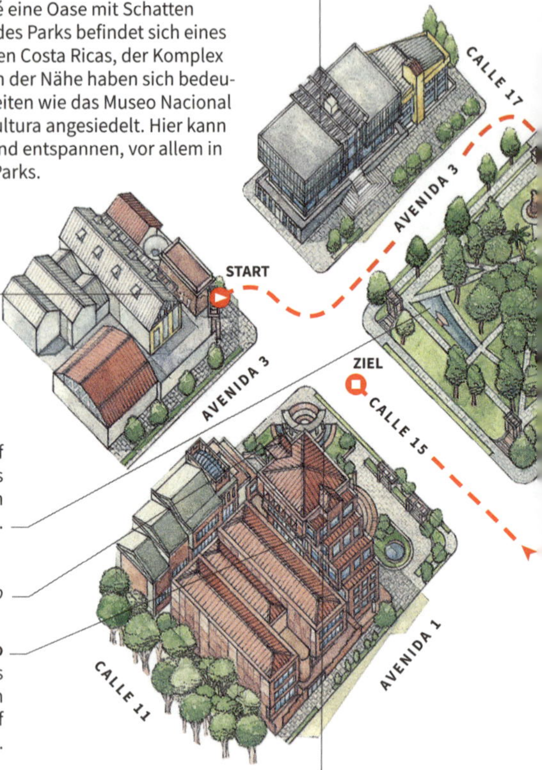

Das **Centro Nacional de la Cultura** *(siehe S. 117)* auf dem Gelände der ehemaligen staatlichen Likörfabrik beherbergt u. a. das Museo de Arte y Diseño Contemporáneo.

Im **Fischteich** auf der Westseite des Parks schwimmen Koi-Karpfen.

Statue *Epítome del Vuelo*

Im **Tribunal Supremo de Elecciones** hat das Regierungsorgan für den ordnungsgemäßen Ablauf der Wahlen seinen Sitz.

Die kleine halbrunde **Plaza de la Libertad Electoral** ehrt die Demokratie des Landes. Zwischen den klassizistischen Säulen steht die rosafarbene Granitstatue *Epítome del Vuelo* (1996) von José Sancho Benito.

← *Von Säulen eingerahmt: José Sancho Benitos* Epítome del Vuelo *(1996)*

Im um das eindrucksvolle Monumento Nacional (1892) herum angelegten **Parque Nacional** *(siehe S. 118)* gibt es viele Bäume und Büsten lateinamerikanischer Helden.

Zur Orientierung
Siehe Stadtteilkarte S. 104f

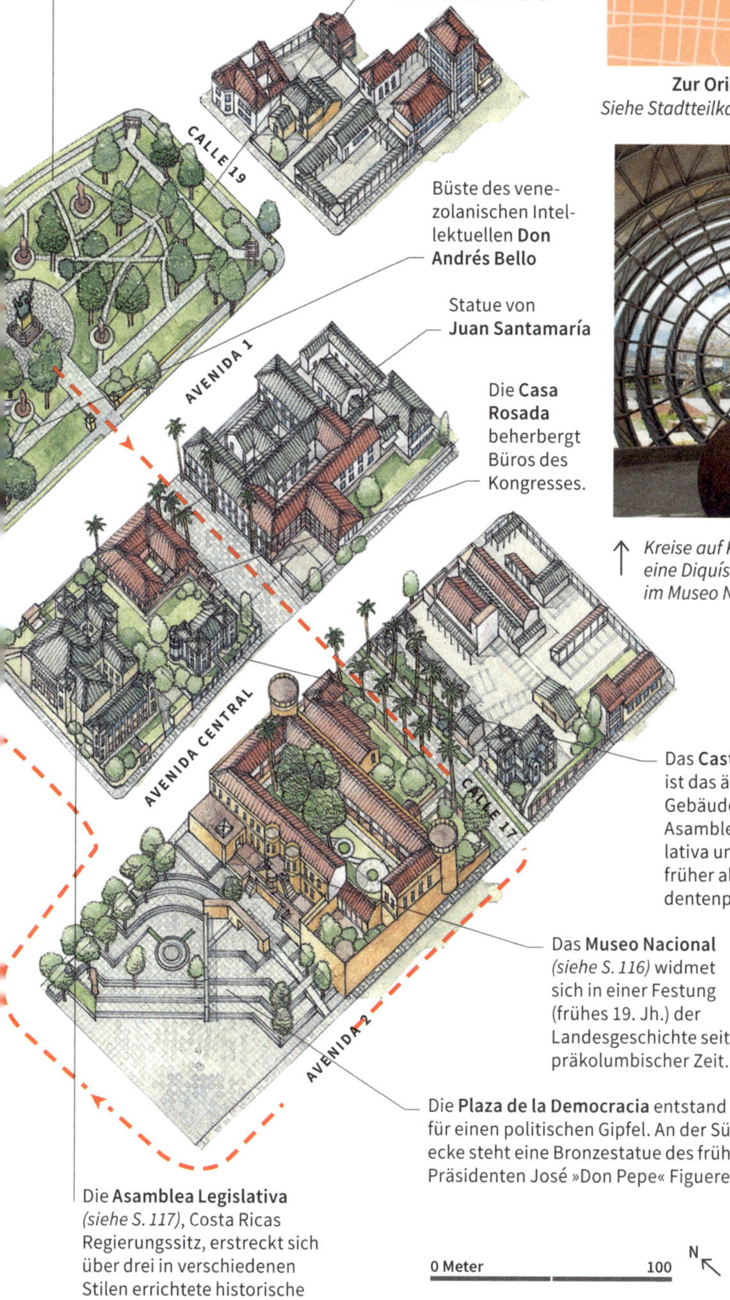

Büste des kubanischen Patrioten **José Martí**

Büste des venezolanischen Intellektuellen **Don Andrés Bello**

Statue von **Juan Santamaría**

Die **Casa Rosada** beherbergt Büros des Kongresses.

↑ *Kreise auf Kreisen – eine Diquís-Kugel im Museo Nacional*

Das **Castillo Azul** ist das älteste Gebäude der Asamblea Legislativa und diente früher als Präsidentenpalast.

Das **Museo Nacional** *(siehe S. 116)* widmet sich in einer Festung (frühes 19. Jh.) der Landesgeschichte seit präkolumbischer Zeit.

Die **Plaza de la Democracia** entstand 1989 für einen politischen Gipfel. An der Südwestecke steht eine Bronzestatue des früheren Präsidenten José »Don Pepe« Figueres.

Die **Asamblea Legislativa** *(siehe S. 117)*, Costa Ricas Regierungssitz, erstreckt sich über drei in verschiedenen Stilen errichtete historische Gebäude von 1914.

Carreta (Ochsenkarren), einst für den Kaffeetransport im Einsatz (siehe S. 142)

Zentrales Hochland

Schwelende Vulkane sind ein charakteristisches Merkmal der Landschaft des Zentralen Hochlands. Das breite Tal erstreckt sich auf einer Höhe von etwa 1000 Metern. Das milde Klima und der fruchtbare Boden der *meseta central*, der zentralen Hochebene, lockten bereits um 7000 v. Chr. präkolumbische Völker an. Guayabo, eine der am weitesten entwickelten Siedlungen, wurde allerdings vor der Ankunft der spanischen Siedler Anfang des 16. Jahrhunderts rätselhafterweise aufgegeben.

1563 gründete Juan Vázquez de Coronado Cartago, das bis 1823 Kolonialhauptstadt war. In den nächsten zwei Jahrhunderten blieb die Region ein koloniales Rückzugsgebiet, das sich um die bäuerlichen Siedlungen nahe Heredia und Orosí konzentrierte. Mit der Einführung des Kaffees aus Jamaika 1779 änderte sich das Schicksal der Region, und nach der Unabhängigkeit wurde der *grano de oro*, die »goldene Bohne«, zum wichtigsten Exportgut, was gegen Ende der 1830er Jahre den Aufstieg der Kaffeebarone, der neuen Führungselite, förderte.

Boca Arenal
La Fortuna
Aeropuerto Arenal
Muelle
Pital
La Virgen de Sarapiquí
Florencia
Ciudad Quesada
Norden
Seiten 194–211
Valle Azul
Bosque de Paz Rain/Cloud Forest Biological Reserve 13
Parque Nacional Volcán Poás 19
La Paz Waterfall Gardens 16
Los Ángeles Norte
Río Aranjuez
El Silencio de Los Ángeles Cloud Forest Reserve 17
Zarcero 15
Bajos del Toro
Vara Blanca
Poasito
Volcán Barva 2906 m
ALAJUELA
Doka Estate 18
Sacramento
HEREDIA
San Ramón
Naranjo
11 Sarchí
9 Grecia
Tacacorí
Miramar
Palmares
Alajuela 7
22 Barva
Rescate Wildlife Rescue Center 8
Café Britt 21
23 Heredia
La Garita
Aeropuerto Internacional Juan Santamaría
Espiritú Santo
Atenas 12
La Guácima 14
SAN JOSÉ
Aeropuerto Internacional Tobías Bolaños
Escazú
San Pedro
Orotina
Universidad de Paz 10
Ciudad Colón
Desamparados
Santiago de Puriscal
SAN JOSÉ
Aserrí
San Ignacio
San Gabriel
Tárcoles
Cangrejal
Quebrada Ganado
Zentrale Pazifikküste und Südliches Nicoya
Seiten 154–167
San Pablo de León Cortés
Mastatal
Caspirola
Río Parrita
Jacó
San Carlos
PUNTARENAS
Parrita
Aeropuerto La Managua
Quepos
Zentrales Hochland
Pazifischer Ozean

Zentrales Hochland

Highlights

1. Monumento Nacional Guayabo
2. Orosí-Tal
3. Basílica de Nuestra Señora de los Ángeles

Sehenswürdigkeiten

4. Parque Nacional Los Quetzales
5. Jardín Botánico Lankester
6. San Isidro de Coronado
7. Alajuela
8. Rescate Wildlife Rescue Center
9. Grecia
10. Universidad de Paz
11. Sarchí
12. Atenas
13. Bosque de Paz Rain / Cloud Forest Biological Reserve
14. La Guácima
15. Zarcero
16. La Paz Waterfall Gardens
17. El Silencio de Los Ángeles Cloud Forest Reserve
18. Doka Estate
19. Parque Nacional Volcán Poás
20. Parque Nacional Braulio Carrillo
21. Café Britt
22. Barva
23. Heredia
24. Parque Nacional Tapantí Macizo de la Muerte
25. Turrialba
26. Parque Nacional Volcán Irazú
27. San Gerardo de Dota
28. Parque Nacional Volcán Turrialba

1

Monumento Nacional Guayabo

E3 19 km nördl. von Turrialba +506-2559-0117 ab Turrialba
tägl. 8–15:30 sinac.go.cr

Guayabo am Südhang des Volcán Turrialba ist die bedeutendste präkolumbische Stätte des Landes. Sie besteht aus den Überresten einer Stadt, die nach heutigem Wissen einst 20 000 Einwohner hatte. Guayabo wurde 1973 zum Nationaldenkmal erklärt.

Guayabo ist zwar nicht so groß wie die Maya-Stätten in Mexiko oder Machu Picchu in Peru, dafür aber ebenso sagenumwoben. Der größte Teil des Areals wurde noch nicht freigelegt, dennoch sind die Archäologen davon überzeugt, dass die Stätte von großer kultureller und religiöser Bedeutung war. Guayabo soll zwischen 1000 v. Chr. und 1400 n. Chr. bewohnt gewesen sein. Man nimmt an, dass hier bis zu 20 000 Menschen lebten, bevor die Stadt aus unbekannten Gründen verlassen wurde. Der Dschungel überwucherte die Anlage, sie wurde erst im späten 18. Jahrhundert von dem Naturforscher Don Anastasio Alfaro wiederentdeckt. Die friedvolle Stätte umfasst Erdhügel, Reste von Petroglyphen (Felsritzungen) und ein System von gepflasterten Straßen. Am beeindruckendsten sind die ummauerten Aquädukte und die noch funktionierenden Zisternen. Tongefäße, Steinwerkzeuge, Goldornamente und andere Fundstücke sind im Museo Nacional *(siehe S. 116)* in San José ausgestellt.

↑ *Ein Führer erklärt die Stätte*

Expertentipp
Geheimnisvolle Nächte
Entdecken Sie den Ort auf einer Mystic Night Tour bei Dunkelheit und stimmungsvoller Beleuchtung. Zertifizierte Reiseführer (www.usurecr.org) lüften hierbei – zumindest teilweise – die Geheimnisse der Stätte.

Highlight

↑ *Blick von einem Aussichtspunkt auf den rätselhaften Straßendamm von Guayabo*

↑ *Königstauglich: der »Häuptlingshügel« mit 30 Meter Durchmesser und 4,50 Meter Höhe*

Petroglyphen

Bei Ausgrabungen in Guayabo entdeckte man eine Vielzahl von Petroglyphen. Für diese prähistorische Kunstform wurden Bilder in Steine geritzt, gepickt oder geschabt. Die interessantesten Petroglyphen finden Sie am Sendero de los Montículos. Der Monolito del Jaguar y el Lagarto trägt auf der einen Seite eine Eidechse und auf der anderen einen sehr dünnen Jaguar mit rundem Kopf.

↑ *Die runden und rechteckigen Erhebungen sollen einst als Fundamente für Holzstrukturen gedient haben*

2

Orosí-Tal

E4 14 000 17 km südl. von Cartago 400 m südl. der Kirche, Orosí +506-2533-3640 3. So im Apr: Romería Virgen de la Candelaria; Sep: Orosí Colonial Tourist Fair

Das von Kaffee- und Zuckerrohrplantagen umgebene Orosí-Tal ist landschaftlich reizvoll, aber auch historisch sehr interessant. Archäologische Ausgrabungen in der Gegend deuten darauf hin, dass sich hier bereits 1000 v. Chr. Menschen ansiedelten. Dies war einer der ersten Orte, die von den Spaniern in Costa Rica kolonisiert wurden. Dennoch blieb die Gegend vom Fremdenverkehr weitgehend unberührt.

Das Orosí-Tal fällt südlich von Cartago steil ab und trifft schließlich auf die Talamanca-Berge. Der Río Reventazón fließt durch das Tal und mündet in den Lago de Cachí. Dieser wird auch von anderen Bächen und reißenden Flüssen gespeist, die aus den von Nebelwald umgebenen Hügeln herunterstürzen. Das Orosí-Tal ist seit Jahrtausenden ein wichtiges Zentrum. Die indigenen Stämme Huetar, Viceita und Cabécar bewirtschafteten das Land und jagten dort bis zur Ankunft der Spanier Anfang des 16. Jahrhunderts. Die Spanier gründeten 1563 hier ihre Hauptstadt. Sie errichteten auch zwei der heute ältesten christlichen Stätten Costa Ricas – eine sind die Ruinen einer Kirche aus dem 17. Jahrhundert im Dorf Ujarrás am Rand des Lago de Cachí. Die Route 224 führt um das Orosí-Tal und an wichtigen Sehenswürdigkeiten vorbei, u. a. am Dorf Orosí, dem gesellschaftlichen Zentrum des Tals.

Entdeckertipp
Finca Cristina

Die kleine Biokaffeefarm (www.cafecristina.com) im Norden des Tals dient auch als eine Art Schutzgebiet für Vögel. Die Kaffeesträucher sind integriert in ein komplexes tropisches Ökosystem mit über 250 Schmetterlingsarten, 315 Vogelarten und einer großen Vielfalt von Säugetieren und Reptilien.

↑ *Kaffeepflanzen wachsen unter Mandelbäumen an den Talhängen*

Schon gewusst?

Im 16. Jahrhundert war das Tal bekannt für die Herstellung von Schnupftabak.

↑ *Der Fluss Orosí teilt das Tal auf seinem Weg zum Lago de Cachí und zum Cachí-Staudamm* (Detail)

Überblick: Orosí-Tal

①

Lago de Cachí

2 km östl. von Ujarrás

Der große künstliche See entstand 1959–63, als das Elektrizitätswerk (ICE) den Río Reventazón staute. Der Presa de Cachí (Cachí-Staudamm) führt Wasser kontrolliert zu riesigen hydroelektrischen Turbinen. Lokale Veranstalter bieten Kajak-, Kanu- und Bootsausflüge auf dem See an. Das Instituto Costarricense de Turismo unterhält den Paradero Lacustre Charrarra, einen Erholungskomplex am Nordufer des Sees. Neben Bootsausflügen sind auch Ausritte im Angebot. Am Südufer steht die **Casa el Soñador** (»Haus des Träumers«) des bekannten Bildhauers Macedonio Quesada Valerín (1932–1994). In den oberen Fenstern sieht man geschnitzte Figuren – sie symbolisieren Klatsch und Tratsch. Zudem ziert ein Flachrelief von Leonardo da Vincis *Letztem Abendmahl* das Äußere. Macedonios Söhne führen die väterliche Tradition fort und schnitzen Spazierstöcke und religiöse Figuren aus Kaffeestrauchwurzeln. Das Atelier dient zudem als Galerie für Werke einheimischer Künstler.

Casa el Soñador
8 km östl. von Orosí
+506-8955-7779
tägl. 9–17

②

Ujarrás

13 km südöstl. von Cartago

Der Ort Ujarrás liegt, umgeben von Kaffeeplantagen, am Ufer des Lago de Cachí und ist für die Ruinen der im Jahr 1693 errichteten Iglesia de Nuestra Señora de la Limpia Concepción bekannt. Sie stehen in einem zauberhaften Garten voller tropischer Blumen.

Ursprünglich beherbergte die Stätte den Schrein von La Parroquia de Ujarrás. Der Legende nach fand ein indigener *converso* (katholischer Konvertit) eine Statue der Jungfrau Maria. Er brachte sie nach Ujarrás, wo sie plötzlich zu schwer zum Tragen wurde. Der örtliche Priester deutete dies als Zeichen, Maria an Ort und Stelle ein Heiligtum zu widmen.

Als im Jahr 1666 Piraten unter Henry Morgan die Region angriffen, beteten die Einwohner am Marienheiligtum um ihre Rettung. Verteidigungstruppen des spanischen Gouverneurs Juan López de la Flor vertrieben die Piraten und erbauten eine Kirche zu Ehren der Virgen del Rescate de Ujarrás (Jungfrau der Rettung). Nach einem Hochwasser im Jahr 1833 wurde die Kirche aufgegeben. Im April pilgern Gläubige zu Ehren der Jungfrau Maria sechs Kilometer zum Schrein von Paraíso.

Schon gewusst?

Orosí ist nach Orocay benannt. Der Huetar-Häuptling herrschte zur Zeit der spanischen Eroberung.

↑ *Friedvolle Gärten rund um die malerischen Ruinen der Steinkirche von Ujarrás von 1693*

↑ *Costa Ricas älteste Kirche, die Iglesia de San José de Orosí, unter herrlich blauem Himmel*

③
Orosí

🏠 **10 km südlich von Paraíso**
9000

Das in einem dichten Wald gelegene Dorf am Río Grande de Orosí ist ein bedeutendes Kaffeezentrum. In den Hügeln entspringen die heißen Mineralquellen für die **Balnearios Termales Orosí**. Orosís ganzer Stolz ist die wunderschön erhaltene Iglesia de San José de Orosí, die älteste Kirche Costa Ricas. Franziskaner errichteten den Bau mit dem gedrungenen Glockenturm 1743–66. Der Lehmziegelbau hielt überraschenderweise mehreren Erdbeben stand.

Im Inneren sind Deckenbalken, ein Terrakottaboden und ein einfacher goldverzierter Holzaltar zu sehen. Im Franziskanerkloster nebenan befindet sich heute das **Museo de Arte Religioso** mit Möbeln und Altarbildern aus drei Jahrhunderten.

Balnearios Termales Orosí
+506-2533-2156
tägl. 7:30–16

Museo de Arte Religioso
+506-2533-3051
tägl. 8–12, 13–17

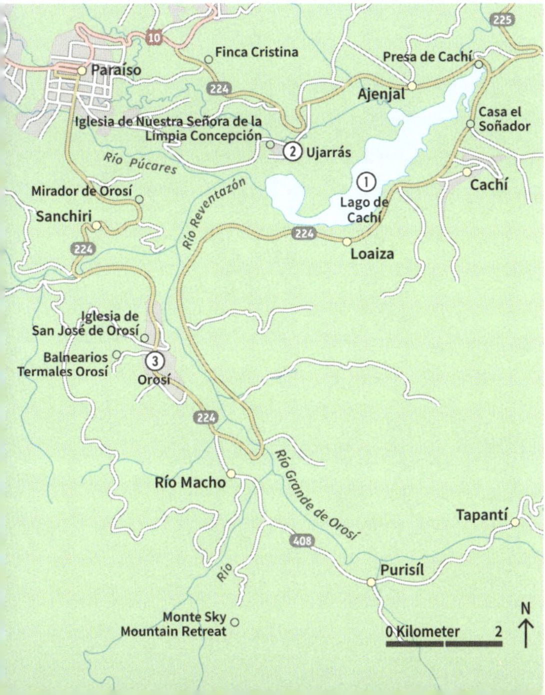

Highlight

Restaurants

Orosí Lodge
Genießen Sie das Frühstück im Freien und den Kaffee auf der Terrasse oder nachmittags Kuchen, Eis und Shakes.
🏠 Orosí
W orosilodge.com
$$$

La Casona del Cafetal
Sonntagsbrunch und Kaffee sind in diesem Restaurant einer Kaffeefarm am Lago de Cachí ausgezeichnet.
🏠 Lago de Cachí
W lacasonadelcafetal.com
$$$

Café y Panadería Suiza
Schon früh am Morgen gibt es hier frische hausgemachte Backwaren und gutes Frühstück.
🏠 Orosí W costaricamoto.com/caf-y-panaderia-suiza
$$$

Giardino
Dieses schlicht eingerichtete Restaurant serviert köstliche Pizzen und Pastagerichte.
🏠 Orosí
+506-2533-2022
$$$

Cafetería 1743
Genießen Sie Kuchen, Sandwiches und andere Spezialitäten und beobachten Sie dabei das Treiben auf dem Platz vor dem Café.
🏠 Orosí
+506-2201-6665
$$$

3 ♿

Basílica de Nuestra Señora de los Ángeles

E4 Calle 15 und 17, Avenidas Central und 1, Cartago +506-2221-3053
ab San José (Calle 5) Mo – Fr 8 – 12, 13 – 20, Sa 8 –11 santuarionacional.org

Die sorgfältig restaurierte Basilika von Cartago, 1639 erbaut und 1926 durch ein Erdbeben teilweise zerstört, bietet eine einzigartige Mischung aus Kolonialarchitektur und byzantinischem Stil des 19. Jahrhunderts. Das heutige Gebäude entstand größtenteils im Jahr 1939.

Die Basilika trägt ihren Namen zu Ehren der Schutzheiligen des Landes, Unserer Lieben Frau von den Engeln, und ist die bedeutendste Kirche Costa Ricas. Einer Legende zufolge fand 1635 ein Bauernmädchen die kleine Figur einer Schwarzen Madonna auf einem Felsen. Man schloss die Statue, »La Negrita« genannt, zweimal weg – und jedes Mal erschien sie auf rätselhafte Weise wieder auf dem Felsen. Heute ist die Figur, deren Entdeckung zum Bau der Kirche geführt haben soll, ein wichtiges Wallfahrtsziel. Sie steht in einem Schrein über dem Hauptaltar der Basilika, deren Fassade mit maurischen Bogen und kannelierten Pilastern mit Engeln geschmückt ist. Durch die Fenster der achteckigen Kuppel im Zentrum der Holzdecke strömt das Licht herein und erhellt das kunstvolle, mit floralen Motiven bemalte Kirchenschiff. Dieses besteht gänzlich aus Harthölzern und bildet die Form eines doppelten Kreuzes. Schreine in den Seitenaltären sind San Antonio de Padua, San Cayetano, San Vicente de Paul und dem schwarzen Heiligen San Benito de Palermo geweiht.

Cartago

Costa Ricas erste Stadt und ursprüngliche Hauptstadt wurde 1563 gegründet und im Lauf ihrer Geschichte oft von Erdbeben heimgesucht. Die Stadt ist nicht besonders attraktiv, die Ruinen der Iglesia de la Parroquia sind allerdings sehenswert. Die Kirche wurde seit ihrer Erbauung 1575 bereits fünfmal durch Beben zerstört. Die von Moos bedeckten Überreste stehen heute in einem hübschen kleinen Park in der Nähe des Hauptplatzes. Das Museo Municipal de Cartago in der ehemaligen Kaserne zeigt Kunstausstellungen. Dort kann man auch mehr über Natur und Kultur der Region erfahren.

Highlight

Schon gewusst?

Die Quelle, die unter der Basilika entspringt, soll heilende Kräfte haben.

↑ *Die Kuppel ruht auf einem achteckigen Tambour mit Bleiglasfenstern*

↑ *Auf einem der Bleiglasfenster sind betende bußfertige Bischöfe dargestellt*

← *Maurische Bogen und kannelierte Pilaster schmücken die sehr gut erhaltene Basilika von Cartago*

SEHENSWÜRDIGKEITEN

4

Parque Nacional Los Quetzales

E4 Panamericana, 76 km südöstl. von San José +506-2514-0403 bis km 80, dann zu Fuß tägl. 7:30–15:30 sinac.go.cr

Der Parque Nacional Los Quetzales grenzt an die Panamericana. Der 2006 aus den Schutzgebieten Los Santos, Cerro de las Vueltas und anderen Arealen in Staatsbesitz entstandene Park umfasst 5000 Hektar Nebelwald an den Ufern des Río Savegre. In dieser biologisch besonders vielfältigen Region Costa Ricas leben 116 Säugetierarten. Es gibt Mangrovensümpfe und aus Gletschern entstandene Lagunen. Ein Highlight ist der herrliche grün-rote Quetzal, nach dem der Park benannt ist.

Die Pfade der **Dantica Cloud Forest Lodge**, südöstlich vom Haupteingang des Parks, führen durch dichten Nebelwald, in dem man Pekaris, Hirsche, Tapire, Otter, Ozelots und Pumas beobachten kann.

Dantica Cloud Forest Lodge
4 km südl. von San Gerado de Dota +506-2740-1067 dantica.com

5

Jardín Botánico Lankester

E4 6 km südöstl. von Cartago +506-2511-7939 ab Cartago tägl. 8:30–16:30 jbl.ucr.ac.cr

Der botanische Garten, den die Universität von Costa Rica als Forschungszentrum betreibt, wurde 1917 von dem englischen Gartenbauer und Kaffeepflanzer Charles Lankester West gegründet. Etwa 3000 neotropische, nach Familien geordnete Pflanzenarten sind hier zu sehen. Besonderheit und Schwerpunkt der Forschung ist die Orchideensammlung. Die 1100 Spezies sind in der Trockenzeit, vor allem zwischen Februar und April, besonders schön.

Pfade schlängeln sich an einem Bambustunnel, an mehreren Wäldern sowie an einem Heilpflanzen-, einem Kakteen-, einem Schmetterlings- und einem japanischen Garten vorbei. Besucher erhalten zu Beginn einen Überblick über das Gelände.

↑ *Üppige neotropische Pflanzungen im Jardín Botánico Lankester*

6

San Isidro de Coronado

E3 18 000 10 km nordöstl. von San José 15. Mai: Festival de San Isidro Labrador

Das landwirtschaftliche Zentrum am Westausläufer des Vulkans Irazú *(siehe S. 150)* rühmt sich der größten gotischen Kirche des Landes. Die **Parroquia de San Isidro**, die sich über die von Bäumen beschattete Plaza der Stadt erhebt, wurde 1930 in Deutschland vorgefertigt, am Ort aufgebaut und 1934 fertiggestellt.

Zum Parque Nacional Volcán Irazú startet man von San Isidro aus über eine landschaftlich schöne Strecke via Rancho Redondo. Die Straße windet sich entlang den Berghängen und gewährt Blicke über San José und das Hochland.

Parroquia de San Isidro
Calle Polo Rodríguez
+506-2771-4281

↑ *Ein Kolibri sitzt auf einem dünnen Ast im Parque Nacional Los Quetzales*

↑ *Kaffeesortieren – von der reifen Kirsche bis zur gerösteten Bohne, nach Qualität, Größe und Form*

Kaffee aus Costa Rica

Die Geschichte von Costa Ricas berühmtem Kaffee begann 1779, als die ersten Pflanzen ins Land kamen. Ab den 1830er Jahren war der *grano de oro* (»goldene Bohne«) über ein Jahrhundert lang der wichtigste Exportartikel Costa Ricas. Die Einnahmen ermöglichten die Finanzierung wunderschöner Gebäude. Sie förderten auch den Aufstieg einer neuen Klasse – die sogenannten Kaffeebarone wurden die neue Führungselite.

Anbaubedingungen

Costa Ricas Berge sind ideal für die Kaffeepflanze, die warme Temperaturen, ausgeprägte Regen- und Trockenzeiten und fruchtbare, gut durchlässige Hänge bevorzugt. Bäume lassen die ideale Menge an Sonnenlicht durch, und der vulkanische Boden enthält die Nährstoffe, die der Kaffeestrauch braucht. Mehr als 1100 Quadratkilometer in einer Höhe zwischen 800 und 1500 Metern, vorwiegend im Zentralen Hochland, sind der Kaffeeproduktion vorbehalten.

↑ *Milchkaffee, frisch zubereitet aus costa-ricanischen Kaffeebohnen*

Von der Frucht zur Kaffeebohne

Ein Kaffeestrauch benötigt rund vier Jahre, um Früchte zu tragen. Mit den Regenfällen Anfang Mai knospen kleine weiße Blüten, die wie Jasmin duften. Die grünen Früchte mit den Bohnen werden beim Reifen allmählich rot. Im November beginnt die Ernte. Die roten Früchte werden handverlesen und in handgemachten Weidenkörben zum Wiegen gebracht. In einem *beneficio* wird das fleischige Äußere abgeschält und als Dünger zurück auf die Felder gegeben. Die Bohnen werden an der Sonne oder in Heißluftöfen getrocknet, dann von ihrer ledrigen Schale befreit und geröstet und schließlich nach Qualität, Größe und Form sortiert. Bohnen in Exportqualität werden in Folie vakuumverpackt, mindere Qualität kommt im Inland als *café puro* (rein) oder *café tradicional* (gemischt mit Zucker) auf den Markt.

Mühsamer Transport

Vor dem Bau der Eisenbahn (spätes 19. Jh.) wurden die Kaffeebohnen auf *carretas* (Ochsenkarren) zum Hafen transportiert. In Costa Ricas Bergen sah man ganze Konvois mit voll beladenen Ochsenkarren. Die Bohnen wurden nach Europa verschifft – die Reise dauerte drei Monate.

Hotels

Tacacori Ecolodge
Auf einem Hügel, umgeben von Kaffeefeldern und Wäldern, bietet diese Öko-Lodge Villen mit fantastischem Blick.
D3 Tacacorí
tacacori.com
$$$

Poás Volcano Lodge
Die Zimmer des Berghotels auf einer bewirtschafteten Rinderfarm sind wunderschön.
D3 Vara Blanca
poasvolcanolodge.com
$$$

Villa Blanca Cloud Forest Hotel & Nature Reserve
Schickes Remake einer kolonialen Hacienda in einem eigenen Waldreservat. In den Chalets stehen Whirlpools.
D3 San Ramón
villablanca-costarica.com
$$$

7

Alajuela

D3 48 000 19 km nordwestl. von San José 11. Apr: Día de Juan Santamaría; Juli: Festival de Mangos

Die lebhafte Marktstadt am Volcán Poás, die drittgrößte Stadt Costa Ricas, verdankt den Mangobäumen auf dem Hauptplatz, der Plaza del General Tomás Guardia, ihren Spitznamen »Stadt der Mangos«. Auf dem Platz stehen ein Brunnen, ein Musikpavillon und Bänke mit eingelassenen Schachbrettern. Er wird von der einfachen Catedral de Alajuela mit klassizistischer Fassade und ausgemalter Gewölbedecke überragt. Interessanter ist die barocke Iglesia Santo Cristo de la Agonía, fünf Blocks weiter östlich, mit faszinierenden Wandgemälden. Das frühere Gefängnis, einen Block nördlich vom Hauptplatz, beherbergt das **Museo Histórico Cultural Juan Santamaría**, das zu Ehren des Jungen gegründet wurde, der sich opferte, damit William Walker im Krieg von 1856 geschlagen werden konnte. Eine Tour und ein Video informieren über das Ereignis (telefonisch buchen).

Eine Bronzestatue Santamarías mit Waffe und Fackel steht im Parque Juan Santamaría, zwei Blocks südlich der Plaza.

← *Statue des Nationalhelden Juan Santamaría in Alajuela*

→ *Balzender Pfau im Rescate Wildlife Rescue Center*

Museo Histórico Cultural Juan Santamaría
Avenida 1, Calles Central und 2 +506-2441-4775 Di–So 10–17:30 museojuansantamaria.go.cr

8

Rescate Wildlife Rescue Center

D3 Hwy 3, La Garita, 3 km östl. der Panamericana +506-2433-8989 ab San José (Sa, So 8 Uhr) und Alajuela tägl. 9–17 rescatewildlife.org

Das Center (14 ha) präsentiert die größte Sammlung tropischer Vögel Mittelamerikas inmitten einer üppigen Vegetation. In riesigen Volieren leben über 60 einheimische Arten – auch der farbenprächtige Quetzal. Weltweit existiert nur noch ein einziger anderer Vogelpark mit Quetzals. Hier gibt es aber auch Säugetiere wie Hirsche, Pekaris, Pumas, Tapire und die vier einheimischen Affenarten, zudem Reptilien wie Krokodile, Kaimane und Schlangen. Viele Säugetiere und Vögel wurden vom National Wildlife Service vor Wilderern oder anderen

Gefahren gerettet. Der Zoo hat auch Zuchtprogramme und trägt damit zur Erhaltung der Hellroten Aras und Großen Soldatenaras bei.

Im nicht weit entfernten **Botanical Orchid Garden** gedeihen rund 150 Orchideenarten. Man bewegt sich in gepflegtem Ambiente mit Bambus und Helikonien sowie mit vielen Gewässern, wo man Schildkröten und Koi-Fische entdecken kann.

Botanical Orchid Garden
1,5 km westl. der Autopista General Cañas +506-2487-8095 Di–So 9–16 orchidgardencr.com

9 Grecia

D3 14 000 18 km nordwestl. von Alajuela

Highlight der ruhigen Marktstadt, die 1864 gegründet und wiederholte Male zur saubersten Stadt Costa Ricas gekürt wurde, ist die Iglesia de Grecia, die aus rostroten vorgefertigten Stahlplatten besteht. In dem mit Holz ausgestatteten Innenraum steht ein kunstvoll gestalteter Marmoraltar.

10 Universidad de Paz

D3 13 km westl. von Escazú +506-2205-9000 bis Ciudad Colón, dann Taxi Campus: Mo–Fr 8–16:30; Parque Recreativo: tägl. 8–16 upeace.org

Die Universität, eine Einrichtung der Vereinten Nationen, liegt idyllisch auf der Hacienda Rodeo (ehemals Viehfarm und Naturschutzgebiet). Sie wurde 1980 zur Erforschung und Förderung des Weltfriedens gegründet. Im Parque Recreativo um den Campus stehen Büsten von berühmten Persönlichkeiten wie Mahatma Gandhi, Alexei Tolstoi und Henry Dunant, dem Gründer des Roten Kreuzes. Sehr bewegend ist die lebensgroße Statue *Peace Pilgrim* von Fernando Calvo, die er Mildred N. Ryder (1908–1981) widmete. Sie marschierte ab dem Alter von 44 Jahren bis zu ihrem Tod für den Frieden. Spazierpfade führen in die zwölf Quadratkilometer große Reserva Forestal el Rodeo, in der Rotwild, Affen, Wildkatzen und über 300 Vogelarten zu Hause sind.

Schon gewusst?

1980 gründete Staatspräsident Rodrigo Carazo Odio die Universidad de Paz.

Am einem See südlich des Universitätsgeländes steht das *Monument to Disarmament, Work and Peace* der kubanischen Künstlerin Thelvia Marín. Jede der imposanten Stelen widmet sich einem Schlüsselmoment und einer Schlüsselperson in Costa Ricas Geschichte auf dem Weg zum Frieden.

↑ *Das* Monument to Disarmament, Work and Peace *auf dem Gelände der Universidad de Paz*

↑ *Werkstatt in der Stadt Sarchí, berühmt für traditionell hergestellte und dekorierte Produkte*

⓫

Sarchí

D3 11 000 29 km nordwestl. von Alajuela Plaza de la Artesanía, Sarchí Sur Feb: Festival de las Carretas

Die Stadt inmitten von Kaffeeplantagen am Südhang des Volcán Poás ist das wichtigste Kunsthandwerkszentrum des Landes und vor allem für ihre Holzmöbel, Lederschaukelstühle und von Hand bemalten Ochsenkarren bekannt. Die weiß getünchten Häuser im Stadtzentrum Sarchí Norte sind ähnlich verziert. Die lachs- und türkisfarbene Iglesia de Sarchí trägt auf einem ihrer Zwillingstürme ein Ochsenkarrenrad.

Kunsthandwerksläden und *mueblerías* (Möbelwerkstätten) konzentrieren sich im einen Kilometer östlich gelegenen Sarchí Sur. Schöne Souvenirs gibt es in der **Fábrica de Carretas Joaquín Chaverri**. In den *tallers* (Werkstätten) im hinteren Bereich werden Ochsenkarren bemalt. Die **Fábrica de Carretas Eloy Alfaro** stellt als Einzige Ochsenkarren her.

Fábrica de Carretas Joaquín Chaverri
Sarchí Sur +506-2454-4411 tägl. 8–17

Fábrica de Carretas Eloy Alfaro
150 m nördl. von Sarchí Norte +506-2215-1439 tägl. 8–17

Traditionelle Ochsenkarren

Die *carreta* (Ochsenkarren), das Wahrzeichen von Costa Rica, war in früheren Zeiten auf Farmen und zum Transport von Kaffeebohnen nicht wegzudenken. Mitte des 19. Jahrhunderts begann man, die Karren anzumalen und mit Mustern zu versehen. Metallringe an der Radkappe sorgten für den unverwechselbaren Klang. Heute werden die *carretas* noch immer auf traditionelle Weise hergestellt. Im Jahr 2005 wurden die Karren von der UNESCO zum immateriellen Welterbe erklärt.

⓬

Atenas

D3 5000 24 km westl. von Alajuela

Im äußersten Westen der Cordillera Central liegt die ruhige Bergstadt mit dem angeblich »besten Klima der Welt«. Sie war einst ein wichtiger Zwischenstopp auf dem alten *camino de carretas* (Ochsenkarrenpfad). Vor rund 100 Jahren fuhren die mit Kaffeebohnen beladenen Karren im Konvoi von Atenas hinab nach Puntarenas. Das Monumento al Boyero von Manuel Torrecillas López erinnert an die Fuhrleute, das Museo Ferroviario im alten Bahnhof am Río Grande zeigt historische Lokomotiven aus jener Zeit. Atenas ist auch heute noch ein wichtiges Zentrum der Kaffeeproduktion – die Biokaffeefarm El Toledo bietet Touren an, die COOPEATENAS-Genossenschaft veranstaltet Führungen durch die Produktionsstätte. Im Zentralpark der Stadt kann man unter zahlreichen Palmen in aller Ruhe entspannen.

⓭

Bosque de Paz Rain / Cloud Forest Biological Reserve

D3 14 km östl. von Zarcero nach Zarcero, dann Taxi tägl. 6–17 (nur nach Vereinbarung) bosquedepaz.com

Das zehn Quadratkilometer große Reservat im Tal des Río Toro an der Nordseite des Volcán Platanar verbindet den Parque Nacional Volcán Poás *(siehe S. 145)* mit dem abgelegeneren Parque

Nacional Juan Castro Blanco. Rund 22 Kilometer Pfade führen durch Primär- und Sekundärwälder, durch niedriger gelegenen Regenwald und höheren Nebelwald. Reichlich Niederschlag nährt die vielen Wasserfälle und die Flüsse und Bäche, die auch an einem Kolibri- und Schmetterlingsgarten vorbeirauschen.

An klaren Tagen bieten die *miradores* (Aussichtspunkte) atemberaubende Rundumblicke und die Chance, Faultiere, Wildkatzen und Affen zu entdecken. Das Schutzgebiet mit über 330 Vogelarten, darunter auch Quetzal und Dreilappenkotinga, ist ein Paradies für Vogelfreunde.

In einer rustikalen Lodge kann man essen und übernachten.

14 La Guácima

D3 15 500 12 km südl. von Alajuela

In der weitläufigen Gemeinde sind viele Gebäude mit Wandbildern von Schmetterlingen bemalt – Erinnerungen an die Butterfly Farm, die hier 23 Jahre lang Besucher erfreute. Pferdefreunde sind auf der **Rancho San Miguel** richtig. Hier werden Andalusier gezüchtet, Reitstunden gegeben und Dressuren – nach dem Vorbild der Spanischen Hofreitschule in Wien – vorgeführt. Auf dem Pferderücken kann man die Farm besichtigen.

Rancho San Miguel
4,5 km nördl. von La Guácima +506-2439-0003 tägl. 8–17 (nur nach Anmeldung)

15 Zarcero

D3 3800 25 km nordwestl. von Sarchí Feb: Feria Cívica

Der malerische Bergort liegt auf 1700 Meter Höhe inmitten von üppigen Weiden und bewaldeten Abhängen. Er ist vor allem für seinen *palmito* genannten Käse bekannt.

Hauptattraktion im Ortszentrum ist der weitläufige Parque Francisco Alvardo mit gepflegten Gärten und Ziersträuchern. Seit 1960 schneidet der Gärtner Don Evangelista Blanco die Zypressen des Parks in fantasievolle Formen: Ochsen mit Karren, ein Flugzeug, einen Stierkampf mit Matador und angreifendem Stier. Sogar ein Affe auf einem Motorrad ist zu sehen. Ein im Jugendstil erbauter Bogengang umrahmt den Hauptweg. Dieser führt zur Iglesia de San Rafael. Die Kirche aus dem 19. Jahrhundert besitzt einen wunderschön bemalten Innenraum.

Restaurants

Chubascos
Hier stehen herzhafte *gallotes* (große, bis zum Rand gefüllte Tortillas) auf der Speisekarte.
D3 Fraijanes de Poás +506-2482-2280
$

Fiesta del Maíz
Das beliebte Restaurant serviert leckere Gerichte mit und aus *maíz* (Mais), u. a. *tamales*.
D3 La Garita +506-2487-5757
$

La Lluna de Valencia
Das Lokal ist bekannt für seine *paella* und für seinen temperamentvollen katalanischen Besitzer Vicente Aguilar.
D3 San Pedro de Barva lallunadevalencia.com
$$

↑ *Fantasievoller Formschnitt im Parque Francisco Alvardo*

16

La Paz Waterfall Gardens

D3 Montaña Azul, 32 km nördl. von Alajuela +506-2482-2720 ab San José tägl. 8–17 waterfallgardens.com

Hauptattraktion sind die fünf Wasserfälle, die sich auf der Nordostseite des Volcán Poás donnernd in dicht bewaldete Schluchten stürzen. Auf den gepflasterten Wegen und den Aussichtsplattformen über, unter und vor den Fällen werden Besucher von der Gischt durchnässt. Einige Wasserfälle erreicht man nur über Metalltreppen, doch für den Weg zurück den Berg hinauf gibt es einen Shuttleservice.

Auf dem Gelände befindet sich der Hummingbird Garden, in dem 26 Kolibriarten leben. Mehr als 4000 Schmetterlinge, u. a. Bananenfalter, flattern durch den Butterfly Garden. Während einer Besichtigung der großen Voliere, einer riesigen netzüberspannten Kuppel, kann man viele Papageien, Tukane und andere Vögel entdecken. In einem anderen Gehege können Sie Jaguare bestaunen.

Weitere Attraktionen sind ein begehbarer Froschteich, ein Serpentarium und der Nachbau einer traditionellen Farm. Führungen werden von Ornithologen geleitet.

Vom Parkrestaurant aus hat man einen herrlichen Blick. Die Peace Lodge bietet luxuriöse Unterkünfte.

Schon gewusst?

Costa Ricas größte Schmetterlingsart ist der Bananenfalter mit bis zu 20 Zentimeter Flügelspannweite.

←

Auf der Aussichtsplattform spürt man die Gischt des Wasserfalls von La Paz

17

El Silencio de Los Ángeles Cloud Forest Reserve

D3 32 km nordwestl. von Sarchí +506-2461-0300 nach San Ramón, dann Taxi tägl. 6–17 villablanca-costarica.com

Das neun Quadratkilometer große Reservat bietet einfachen Zugang zum Nebelwald. Überall hört man die lauten Rufe von Arassaris, Dreilappenkotingas und drei Affenarten. Wildkatzen durchstreifen den bis 1800 Meter hoch gelegenen Nebelwald. Wolken ziehen um ein stattliches im Kolonialstil errichtetes Farmhaus, das über der Kontinentalspalte liegt und heute das Villa Blanca Cloud Forest

Hotel beherbergt. Von hier aus führen sachkundige Reiseleiter auf Wanderwegen durch das Reservat. Wer nicht im Hotel übernachtet, sollte seinen Platz im Voraus buchen. Man kann auch auf eigene Faust losziehen. In aller Früh darf man helfen, die Kühe des Hotels zu melken.

Zum Hotel gehört La Mariana, eine winzige Kapelle. Sie ist mit handbemalten Fliesen verziert, jede ist einer anderen Heiligen gewidmet. Vor der Kirche steht eine Statue des schwarzen Heiligen San Martín de Porres.

In der Nähe finden Sie den **Nectandra Cloud Forest Garden** mit gepflegten Wegen und schön angelegter üppiger costa-ricanischer Flora.

Nectandra Cloud Forest Garden

15 km nordwestl. von San Ramón tägl. 8–15 (nach Vereinbarung) nectandra.org

18 Doka Estate

D3 Sabanilla de Alajuela, 11 km nördl. von Alajuela +506-2449-5152 tägl. 9–15 ab Alajuela dokaestate.com

Die Kaffee-*finca* am unteren Hang des Volcán Poás wurde 1929 vom Kaufmann Don Clorindo Vargas gegründet. Das Anwesen in Familienbesitz verfügt über rund 15 Quadratkilometer Kaffeesträucherpflanzung.

Im Doka Estate werden die Kaffeebohnen noch auf traditionelle Weise getrocknet, indem man sie in der Sonne ausbreitet. Die Angestellten erzählen Besuchern alles von der Pflege der Arabica-Setzlinge bis zur Verarbeitung der Bohnen *(siehe S. 139)*. Die obligatorische Führung beginnt mit einer köstlichen Kaffeeprobe, zeigt sämtliche Stationen der Kaffeeherstellung und endet im Röstraum. Die Touren starten am Vormittag und am frühen Nachmittag und bieten einen herrlichen Blick auf die Hänge und das Tal. Nicht weit entfernt befindet sich ein kleines B&B-Hotel.

Die instabile Landschaft auf dem Gipfel des Volcán Poás, wo ein See mit säurehaltigem Wasser dampft

19 Parque Nacional Volcán Poás

D3 30 km nördl. von Alajuela +506-2482-1226 ab Alajuela und San José tägl. 8–16 bei vulkanischer Aktivität sinac.go.cr

Der meistbesuchte Nationalpark des Landes wurde am 25. Januar 1971 eingeweiht. Das Schutzgebiet (65 km²) umgibt den Volcán Poás (2708 m). Der ruhelose Riese entstand vor über einer Million Jahren und ist seitdem ununterbrochen aktiv. Die Eruptionen von 2017 führten dazu, dass der Park für einige Zeit schließen musste. Heute wird der Zugang unter hohen Sicherheitsvorkehrungen streng kontrolliert. Tickets müssen im Voraus online gekauft werden. Die Eintrittszeit ist festgelegt, und die Besuche sind auf 40 Minuten begrenzt. Für Kleinkinder oder Erwachsene mit eingeschränkter Mobilität oder Herz- oder Atembeschwerden ist ein Besuch wegen möglicher Evakuierungen nicht empfehlenswert.

Zugang zum Park hat man über das Bergdorf Poásito. Eine reizvolle Fahrt bringt Sie zum Gipfel des Vulkans. Dabei hat man eine atemberaubende Aussicht ins Tal. Vom Parkplatz führt ein kurzer gepflasterter Weg zur Aussichtsterrasse mit einem imposanten Blick in den 300 Meter tiefen, 1,6 Kilometer breiten Krater mit einem leuchtend türkisblauen See, Schwefelfumarolen und einem 75 Meter großen Kegel, der sich in den 1950er Jahren gebildet hat. An klaren Tagen kann man bis zur Pazifik- und zur Karibikküste sehen.

Spätvormittags ziehen meist Wolken auf, Sie sollten daher einen frühen Termin buchen. Tragen Sie warme Kleidung: Die Durchschnittstemperatur auf dem Gipfel beträgt nur 12 °C, sonnenlose Tage sind bitterkalt.

Das Schutzgebiet (65 km²) umgibt den Volcán Poás (2708 m). Der ruhelose Riese entstand vor über einer Million Jahren und ist seitdem ununterbrochen aktiv.

20 Parque Nacional Braulio Carrillo

E3 Guápiles Hwy, 37 km nördl. von San José San José – Guápiles

Der nach Costa Ricas drittem Staatsoberhaupt benannte Park (480 km²) reicht von 36 Meter (La Selva im nördlichen Tiefland) bis 2900 Meter Höhe (Volcán Barva). Er wird vom Guápiles Highway geteilt, der San José mit Puerto Limón verbindet. Der bergige Park mit seinem dichten Regenwaldbewuchs und den zahlreichen Wasserfällen gehört zu den zerklüftetsten Regionen Costa Ricas. Er wird immer wieder von sintflutartigen Regenfällen heimgesucht. Er umfasst fünf Ökozonen und eine Vielfalt an Wildtieren, u. a. 135 Säugetier- und 500 Vogelarten.

Haupteingang des Parks ist die Rangerstation **Puesto Quebrada González** 13 Kilometer nördlich der für Besucher geschlossenen Rangerstation Zurquí, nahe der Rainforest Aerial Tram *(siehe S. 210)*. Die besten Touren führen um den Gipfel des Volcán Barva auf der Westseite des Parks (mit Allradantrieb über die Rangerstation Puesto Barva oberhalb von Sacramento zu erreichen). Ein Weg bringt Sie zum Kraterrand. Der inaktive Barva umfasst mindestens 13 eruptive Kegel. Wanderer müssen sich bei den Rangern an- und abmelden. In San José kann man Halbtages- und Tagestouren buchen.

Bei **Sibú Chocolate** am Südhang gibt es ein schönes Gartencafé. Auf einer faszinierenden Verkostungstour lernt man, wie Schokolade hergestellt wird.

Puesto Quebrada González
Hwy 32 +506-2206-5000 tägl. 8–15:30

Schauspieler, als campesinos (Detail) *verkleidet, leiten die Touren des Café Britt bis zum Ziel – der Kaffeebar* ↓

Sibú Chocolate
180 m westl. vom Hwy 32, 8 km südl. vom Zurquí-Tunnel +506-2268-1335 Di – Sa 11–18 sibuchocolate.com

21 Café Britt

D3 Santa Lucía, 5 km westl. von Heredia Tourbusse ab San José tägl. 9–15 coffeetour.com

In diesem *beneficio*, einem Mekka für Kaffeeliebhaber, wird Gourmetkaffee geröstet und verpackt. Die Tour wird von als *campesinos* ausstaffierten Schauspielern geführt. Sie erzählen eine Liebesgeschichte sowie alles über Historie und Produktion vom Anbau bis zur Tasse Kaffee. Zudem wird die Bedeutung des *grano de oro*, der »goldenen Bohne«, für die costa-ricanische Demokratie und die Bildung einer nationalen Identität gewürdigt. Die Besucher werden über das 2,5 Hektar große Anwesen bis zum Verpackungsraum geführt, wo es nach frisch gerösteten Kaffeebohnen duftet. Die Tour endet in der Kaffeebar mit einer Tasse köstlichem Kaffee. Im Laden kann man alle möglichen Kaffeeprodukte, Schokolade, Souvenirs und Kunsthandwerk kaufen.

↑ *Am Standort von Barvas hübscher Kirche (1867) wurden bereits zwei Kirchen von Erdbeben zerstört*

22

Barva

D3 4900 3 km nördl. von Heredia ab Heredia 24. Aug: Festival de San Bartolomé

Das malerische Städtchen von 1613, eine der ältesten Siedlungen Costa Ricas, liegt am Fuß des Volcán Barva und besteht aus vielen einfachen roten Lehmziegelhäusern des 18. Jahrhunderts.

Der Marktplatz voller Blumen und Palmen entstand 1913. Die hübsche Iglesia de San Bartolomé de Barva erbaute man 1867 auf einem alten Indianerfriedhof.

Das **Museo de Cultura Popular** am Stadtrand gewährt einen Einblick in das Leben am Ende des 19. Jahrhunderts. Das Gebäude war Residenz des ehemaligen Präsidenten Alfredo González Flores. Die Küche serviert traditionelle Gerichte.

Museo de Cultura Popular
Santa Lucía de Barva, südl. von Barva Mo–Fr 8–16 (nur Gruppen), So 10–17 museo.una.ac.cr

23

Heredia

D3 42 500 11 km nordwestl. von San José Sa März/Apr: Osterumzug in San Joaquín de Flores

Die ruhige, ordentliche Stadt wurde 1706 gegründet. Im Zentrum stehen Kolonialgebäude. Studenten der Zweigstelle der Universidad de Costa Rica *(siehe S. 118f)* beleben die Stadt. Im zentralen Parque Nicolás Ulloa, kurz Parque Central, stehen zwischen großen, Schatten spendenden Mangobäumen Büsten, Denkmäler und die Kathedrale La Parroquia de la Inmaculada Concepción von 1797 mit schönen Buntglasfenstern und einem zweifarbigen Marmorboden.

Im Norden des Parks, im Vorhof der Stadtverwaltung, befindet sich das *Monumento Nacional a la Madre*, die Bronzeskulptur einer Mutter mit Kind von Miguel A. Brenes. Daneben, in der zu Kolonialzeiten erbauten **Casa de la Cultura** mit der Residenz des Ex-Präsidenten Alfredo González Flores (1877–1962), sind eine Kunstsammlung und ein kleines Museum untergebracht. Der runde Festungsturm El Fortín in der Nähe stammt von 1876.

Casa de la Cultura
Calle und Avenida Central +506-2261-4485 Mo–Fr 8–17:30, Sa 9–17

Umgebung: Eine Attraktion im lebhaften Santa Bárbara de Heredia nordwestlich von Heredia ist die **Ark Herb Farm**, deren Heilkräuter auch exportiert werden.

Ark Herb Farm
Santa Bárbara de Heredia, 5 km nordwestl. von Heredia +506-2269-4849 Mo–Sa 7–16, So 9–15 arkherbfarm.com

Hotels

Finca Rosa Blanca
Das Haus arbeitet nachhaltig und bietet Komfort mit Blick auf Kaffeeplantagen.
D3 Santa Bárbara de Heredia fincarosablanca.com
$$$

Hotel Chalet Tirol
Villen im Chaletstil stehen inmitten alter Zypressen und schöner Gärten.
D3 San Rafael de Heredia +506-2267-6222
$

Dantica Cloud Forest Lodge
Die umweltfreundlichen Bungalows sind perfekt für Vogelbeobachter.
E4 San Gerardo de Dota dantica.com
$$

Kühles Bad im Parque Nacional Tapantí Macizo de la Muerte ↑

24

Parque Nacional Tapantí Macizo de la Muerte

E4 · 9 km südl. von Orosí · +506-2771-3155 · nach Orosí, dann mit Jeep-Taxi · tägl. 8–16

Der üppig grüne Nationalpark südlich des Orosí-Tals schützt rund 583 Quadratkilometer der Talamanca-Berge. Zwischen 1200 und 2550 Meter Höhe gedeiht sehr unterschiedliche Vegetation, vom Regenwald in niedrigen Lagen bis zum Gebirgszwergwald an den höheren Hängen. Der Park wird fast das ganze Jahr lang von Niederschlägen überflutet, die reißende Flüsse speisen. Zwischen Februar und April regnet es am wenigsten. Der Park hat eine spektakuläre Fauna zu bieten: Ameisenbären, Jaguare, Affen, Tapire und Otter. In den dichten Wäldern leben zudem mehr als 260 Vogelarten. In der Nähe der Rangerstation mit ihrem kleinen Ausstellungsraum lassen sich manchmal sogar Quetzals blicken.

Das Terrain ist von gut ausgeschilderten Wegen durch-

Rafting

Viele Flüsse in Costa Rica sind perfekt für Raftingtouren geeignet. Die besten strömen von den Bergen des Zentralen Hochlands zur Karibikküste. Auf diesen Flüssen folgen nach zum Teil rasanten Stromschnellen auch immer wieder ruhigere Abschnitte. Professionelle Anbieter führen Gruppen in großen Schlauchbooten auf Trips (für Anfänger und Fortgeschrittene) von einem halben Tag bis zu einer Woche durch das ganze Land. Währenddessen gibt es viele Ruhe-, Wander- und Übernachtungspausen.

→ Adrenalinjunkies paddeln auf einer Raftingtour durch Stromschnellen zogen. Besonders schön ist der Sendero La Catarata, der zu einem Wasserfall führt. Von April bis Oktober darf man im Park auch angeln.

25

Turrialba

E3 32 000 44 km östl. von Cartago

Der hübsche Ort in einem breiten Tal des Río Turrialba 650 Meter über dem Meeresspiegel vor der Kulisse des Volcán Turrialba *(siehe S. 151)* war einst wichtiger Umschlagplatz zwischen San José und der Karibikküste. Heute erinnern verrostende Gleise an die Glanzzeit der Atlantic Railroad. Die Stadt selbst ist wenig interessant, jedoch ein guter Ausgangspunkt für Ausflüge ins Umland sowie für Kajak- und Raftingtouren auf dem Río Reventazón und dem Río Pacuaré.

↑ *Abseilen an einem der vielen Wasserfälle rund um Turrialba*

Umgebung: In der Talsohle südöstlich von Turrialba entstand beim Bau eines Staudamms der 255 Hektar große Lago Angostura. Das Wassersportzentrum, das mehr und mehr von Wasserhyazinthen überwuchert wird, lockt Wasservögel an. Unterhalb des Damms hat der Río Reventazón Stromschnellen der Kategorien III und IV. Der Fluss ist ebenso malerisch wie der nahe, ebenfalls bei Raftern beliebte Río Pacuaré. Östlich der Stadt ziehen sich gute Wanderwege durch den Wald.

Schon gewusst?

Besucher können unter dem 40 Meter hohen Aquiares-Wasserfall in Turrialba schwimmen.

Shopping

Señor y Señora Ese
Der riesige Laden verkauft überwiegend Kunsthandwerk und Schmuck, die vor Ort gefertigt wurden.

D3 Villa Bonita de Alajuela +506-2441-8333

Molas y Café
Der gut sortierte Souvenirladen führt die eigene Kaffeemarke Trilogy.

D3 Hwy 3, 300 m östl. des Monumento al Boyero, Atenas +506-8348-2121

Dantica Galerí de Arte
Die Galerie in der gleichnamigen Lodge *(siehe S. 138)* bietet hochwertiges Kunsthandwerk aus ganz Mittelamerika.

E4 San Gerardo de Dota dantica.com

Der Río Reventazón und der Río Pacuaré empfehlen sich mit besten Raftingbedingungen. Der Río Reventazón fließt durch das Orosí- und das Turrialba-Tal. Die Stromschnellen reichen von Kategorie II (leicht) bis V (sehr schwierig). Im Osten sorgt der reißende Río Pacuaré auf seinem Weg durch tierreiche Schluchten für Adrenalinkicks.

↑ *Rafting auf einem ruhigeren Flussabschnitt mit bewaldeten Ufern*

TOP 3 Rafting für Anfänger

Río Sarapiquí
Die Stromschnellen »für jedermann« führen durch dichten Regenwald.

Río Corobicí
Einfache Stromschnellen und lange ruhige Abschnitte – der Fluss ist auch für Kinder geeignet.

Río Reventazón
Ruhige Strecken wechseln sich ab mit langen rasanten Stromschnellen.

↑ *Ein Weg mit Geländer* (Detail) *führt zum Kratersee des Volcán Irazú*

26 Parque Nacional Volcán Irazú

E3 · 30 km nördl. von Cartago · +506-2200-5025 · ab Avenida 2, Calle 1 und 3, San José (tägl. 8 Uhr) · tägl. 8–16 · sinac.go.cr

Der 1955 angelegte Park rund um die oberen Hänge des Volcán Irazú ist 18 Quadratkilometer groß. Der Name »Irazú« leitet sich ab vom indigenen Wort *istarú*. Es bedeutet »Berg des Donners« und ist eine passende Beschreibung des aktivsten Vulkans in Costa Rica. Das erste schriftliche Zeugnis eines Ausbruchs stammt von 1723. Zwischen 1917 und 1921 folgten mehrere katastrophale Eruptionen, am 13. März 1963 die berühmteste, als John F. Kennedy das Land besuchte, um am Gipfeltreffen der mittelamerikanischen Präsidenten teilzunehmen.

Der 3432 Meter hohe, von Wolken umgebene Irazú ist auch Costa Ricas höchster Vulkan. Von der Aussichtsplattform auf dem Gipfel blickt man auf einen grünen See im 300 Meter tiefen und einen Kilometer breiten Krater. In der Trockenzeit kann der See austrocknen. Vier weitere Krater sind zugänglich, allerdings auch aktiv – bleiben Sie daher auf den ausgeschilderten Wegen.

Zur mondähnlichen Landschaft gehört die riesige Hochebene Playa Hermosa voller Eschen. Widerstandsfähige Vegetation, z. B. Myrten und *Gunnera insignis*, trotzt in der bitteren Kälte den sauren Niederschlägen. Tiere gibt es kaum, manchmal entdeckt man Vögel. Das **Museo de Volcanes** erklärt Vulkane als solche und geht dabei besonders auf die Aktivitäten des Irazú ein.

> Schöne Aussicht
> **Gipfelblick**
> Der Volcán Irazú liegt zwar häufig im Nebel, der Gipfel ragt jedoch oft aus den Wolken heraus. Wer früh am Gipfel ankommt, hat bessere Chancen, im strahlenden Sonnenschein die Fernsicht zu genießen.

Museo de Volcanes
1,5 km unterhalb des Parkeingangs · +506-2530-8013 · tägl. 9–15 · museocostarica.go.cr

27 San Gerardo de Dota

E4 · 1000 · 9 km westl. der Panamericana bei km 80 · bis km 80, dann wandern oder Abholservice (+506-8367-8141)

Die kleine Gemeinde in einem tiefen Tal am Río Savegre bietet die landesweit beste Möglichkeit, Quetzals zu beobachten. Sie erreichen den Ort über eine Nebenstraße der Panamericana. San

Gerardo de Dota wurde 1954 von Don Efraín Chacón und seiner Familie gegründet.

Heute steht das **Savegre Hotel Natural Reserve** der Chacóns in einem Gebiet von 400 Hektar Nebelwald. Auf dem Gelände befindet sich auch das Quetzal Education Research Center (QERC), eine Tropenzweigstelle der Southern Nazarene University von Oklahoma.

Brutzeit des Quetzals ist von April bis Mai. Dann kann man die meisten Vögel beobachten. Außer dem Quetzal leben hier, je nach Saison, bis zu 170 andere Vogelarten.

Besucher, die den steilen Abstieg ins Dorf San Gerardo de Dota nicht scheuen, werden mit atemberaubender Landschaft und wohltuender Einsamkeit belohnt. Zwischen den uralten Eichen erstrecken sich Wiesen und Obstgärten.

Den Wald durchziehen rund 30 Kilometer Wanderwege verschiedener Schwierigkeitsgrade, die alle vom Hotel ausgehen. Zu den Angeboten zählen u. a. eine geführte Wanderung vom Cerro Frío (3450 m) nach San Gerardo de Dota (2200 m) und ein Spaziergang am Fluss, in dem sich Regenbogenforellen tummeln.

Savegre Hotel Natural Reserve
12 km südl. der Panamericana +506-2740-1028 savegre.com

28 Parque Nacional Volcán Turrialba

E3 34 km nordwestl. von Turrialba +506-2557-2122 bis Santa Cruz, dann Taxi sinac.go.cr

Der 1955 gegründete Nationalpark umfasst 13 Quadratkilometer, meist Nebelwald. Der östlichste Vulkan Costa Ricas, der 3338 Meter hohe Turrialba, war nach Ausbrüchen in den 1860er Jahren fast 150 Jahre lang ruhig. Im Januar 2010 wurde er wieder aktiv. Der Park war zwischen 2014 und 2020 wegen Eruptionen für Besucher geschlossen, noch heute werden einige Bereiche in der Nähe des Vulkans immer wieder gesperrt. Der Radius der Sperrzone kann je nach Aktivitätsgrad variieren. Prüfen Sie vor dem Besuch die Website.

»Turrialba« kommt von den indigenen Wörtern *turiri* und *abá*, die kombiniert »Fluss aus Feuer« bedeuten. Der Sage nach verlief sich ein Mädchen namens Cira. Ein junger Mann eines rivalisierenden Stamms fand sie, und die beiden verliebten sich ineinander. Als der erboste Vater den Verehrer seiner Tochter töten wollte, hielt der Turrialba ihn durch eine hohe Rauchsäule davon ab.

Auf unbefestigten Straßen, später auf Pfaden, gelangt man – sobald das Gelände wieder zugänglich ist – bis zum Gipfel. Achtung: Diese Strecke eignet sich nicht für Untrainierte. Von oben sieht man an klaren Tagen die Cordillera Central und die Karibikküste. Ein Pfad führt zum Boden des größten Kraters mit Schwefelgasen, Fumarolen und einer höheren Bodentemperatur. Der Zugang ist nur während inaktiver Phasen gestattet.

Es gibt keine Verkehrsmittel im Park, aber Reisebüros in Turrialba bieten Transfers und geführte Touren an.

Aktivität des Volcán Turrialba

Seit 2010, nach einer annähernd 150 Jahre langen Ruhephase, ist der Turrialba wieder aktiv. Die sich nahezu täglich ereignenden Ascheregen und Lavaströme erfordern immer wieder Evakuierungen der umliegenden Siedlungen. Der Parque Nacional Volcán Turrialba musste daraufhin Anfang 2014 langfristig geschlossen werden. Im Dezember 2020 wurde der Park wieder für Besucher geöffnet.

Rundfahrt auf der Ruta de los Santos

Länge 153 km **Rasten** Kaffeepause im Beneficio Coopetarrazú in San Marcos de Tarrazú oder im La Casona de Sara in Santa María de Dota

Zur Orientierung
Siehe Regionalkarte S. 128f

Südlich von San José zwischen Desamparados und Aserrí erhebt sich der steile Cerro de Escazú. Die Straßen schlängeln sich an San Gabriel, San Pablo de León Cortés, San Marcos de Tarrazú, Santa María de Dota und San Cristóbal Sur vorbei durch das steile Kaffeegebiet, das als »Tarrazú« bekannt ist. Die abgelegenen Dörfer sind nach Gabriel, Paulus, Markus, Maria und Christophorus benannt. Ihnen verdankt die Hochlandtour ihren Namen: »Straße der Heiligen«.

Start und Ziel ist der Ort **Desamparados** mit seiner hübschen Kirche.

Von den Bergen oberhalb von **Aserrí** hat man einen traumhaften Blick auf die Vulkane Barva, Irazú und Turrialba.

San Gabriel liegt auf einem Bergausläufer oberhalb des Río Tarrazú.

Bei **San Cristóbal Sur** liegt die Bergfarm, wo die Revolution von 1948 vorbereitet wurde.

Die Iglesia de San Juan de la Cruz von 1997 überragt den Hauptplatz von **San Pablo de León Cortés.**

San Marcos de Tarrazú, die wichtigste Stadt der Region, ist von Kaffeesträuchern umgeben. Buchen Sie vorab einen Besuch des Beneficio Coopetarrazú.

In **Santa María de Dota** steht ein Denkmal für die Toten des Bürgerkriegs von 1948.

Außerhalb von San Marcos de Tarrazú trocknen Kaffeekirschen in der Sonne ↑

Vom Wind gepeitscht: Meer und Felsen vor Puntarenas (siehe S. 160f)

Zentrale Pazifikküste und Südliches Nicoya

Der indigene Stamm der Matambú besiedelte um 500 n. Chr. die Halbinsel Nicoya und die Zentrale Pazifikküste. Die Matambú waren der Sklaverei aus dem Süden Mexikos entkommen und wurden vom Reichtum des Meeres und von den fruchtbaren Hügeln in die Region gelockt.

Im frühen 16. Jahrhundert erkundeten Spanier die Gegend und gründeten kurzlebige Siedlungen, deren Bewohner Tropenkrankheiten und den Angriffen der Matambú gleichermaßen zum Opfer fielen. Letztendlich konnten die spanischen Truppen die indigene Bevölkerung jedoch überwältigen.

Puntarenas wurde 1522 gegründet und war bis Anfang des 19. Jahrhunderts die wichtigste Stadt der Region. Es florierte aufgrund des Kaffeehandels und entwickelte sich zum Hauptexporthafen für den Handel mit Europa. Anfang des 20. Jahrhunderts wurden entlang der schmalen Küstenebene weiter südlich Bananen angepflanzt. In den 1970er Jahren ersetzte man diese durch Ölpalmen, die auch heute noch die Wirtschaft bestimmen und deren Wälder sich kilometerweit zwischen Küste und Bergen erstrecken. Ein Großteil der Region, vor allem das Südliche Nicoya, wurde im letzten Jahrhundert stark ausgebeutet, doch mittlerweile werden Naturschutz und Aufforstung auch außerhalb der Reservate vorangetrieben.

GUANACASTE
Cañas
Quesara
Santa Elena
Las Juntas
Norden
Seiten 194–211
Guanacaste und Nördliches Nicoya
Seiten 168–193
Guacimal
Río Aranjuez
Manzanillo
San Gerardo
Pitahaya
Miramar
Isla Chira
Punta Morales
PUNTARENAS
Carmona
Isla Bejuco
Isla Vanado
Isla Caballo
Puntarenas
3
Espiritú Santo
Barranca
Jicaral
Lepanto
Naranjo
Isla San Lucas
Coyolar
Playa Pájaros
Isla Cedros
Río Bongo
Guadalupe
Paquera
Reserva Biológica Islas Negritos
Parque Nacional Carara
10
Refugio Nacional de Vida Silvestre Curú
4
2
Isla Tortuga
Golfo de Nicoya
Tárcoles
Aeropuerto Nacional de Tambor
Bijagual
Río Ario
6
Tambor
Quebrada Ganado
Playa Manzanillo
Manzanillo
Playa Tambor
Herradura
Cóbano
Playa Herradura
8
Montezuma
Playa Santa Teresa
Carmen
Jacó
9
Malpaís
5
Playa Jacó
Cabuya
7
Reserva Natural Absoluta Cabo Blanco
Playa Hermosa
Isla Cabo Blanco
702
145
1
18
606
144
601
21
17
131
163
755
27
160
34
Zentrale Pazifikküste und Südliches Nicoya

Zentrale Pazifikküste und Südliches Nicoya

Highlight

1 Parque Nacional Manuel Antonio

Sehenswürdigkeiten

2 Isla Tortuga
3 Puntarenas
4 Refugio Nacional de Vida Silvestre Curú
5 Malpaís
6 Tambor
7 Reserva Natural Absoluta Cabo Blanco
8 Montezuma
9 Jacó
10 Parque Nacional Carara
11 Boca Damas
12 Santa-Juana-Bergtour
13 Valle del Río Savegre
14 Quepos

1

Parque Nacional Manuel Antonio

D5 160 km südl. von San José und 8 km südl. von Quepos
+506-8745-5658 ab San José und Quepos Mi–Mo 7–16
manuelantoniopark.com

Der 1972 gegründete Parque Nacional Manuel Antonio ist mit 16 Quadratkilometer Fläche der kleinste Nationalpark Costa Ricas, aber auch der beliebteste, nicht zuletzt wegen seiner fünf schönen und sicheren Badestrände.

Das Meer auf der einen und bewaldete Hügel auf der anderen Seite rahmen den wunderschönen, nach einem spanischen Eroberer benannten Park ein. Er bietet eine bemerkenswerte Naturvielfalt mit Flüssen, zahlreichen Tierarten und traumhaften Stränden. Markierte Pfade durchziehen den Regenwald und die felsige Landzunge hinter den weißen Sandstränden. Nasenbären, Faultiere, Tukane und Hellrote Aras bekommt man fast immer zu Gesicht. Manuel Antonio ist einer der meistbesuchten Parks des Landes. Die tägliche Besucherzahl ist begrenzt, dennoch kommen vormittags jede Menge vollbesetzter Reisebusse an.

Baden im Meer bei Sonnenuntergang ↑

↑ *Wildtiere beobachten während einer Führung auf einem der markierten Wege*

← *Kleine Totenkopfäffchen sind im Park heimisch*

Manzanillobaum

Der Manzanillobaum *(Hippomane mancinella)* kommt an den Stränden des Parque Nacional Manuel Antonio häufig vor – er kann unwissenden Besuchern, die seinen Schatten aufsuchen, gesundheitliche Probleme bereiten. Die immergrüne, ausgesprochen toxische Pflanze erkennt man an ihrem kurzen Stamm und den hellgrünen ellipsenförmigen Blättern. Saft und Rinde rufen Hautentzündungen hervor, in schwereren Fällen bilden sich Blasen. Die kleinen apfelähnlichen Früchte sind giftig. Wird das Holz des Baums verbrannt, kann der Rauch die Lunge schädigen.

Türkisfarbenes Meer, weißer Sand und sattgrüner Regenwald prägen die Parkidylle ↑

SEHENSWÜRDIGKEITEN

2 Isla Tortuga

C4 3 km südöstl. von Curú ab Puntarenas

Das wunderschöne sonnengebleichte Eiland vor Curú besteht eigentlich aus zwei Inseln: der Isla Tolinga und der unbewohnten Isla Alcatraz. Das Naturschutzgebiet befindet sich in Privatbesitz. Auf der Isla Tolinga kann man nicht übernachten. Sie ist aber bei Tagesausflüglern sehr beliebt.

Die Insel lockt mit weißen Stränden, türkisfarbenem Meer und Kokospalmen, das hügelige Landesinnere ist von Laubwäldern bedeckt. Ein kurzer, steiler Pfad führt zum höchsten Punkt (175 m). Schilder weisen auf seltene Harthölzer hin.

Eine der Lieblingsbeschäftigungen hier ist es, in einer Hängematte zu liegen und dabei den »Inselcocktail« *coco loco* aus Rum, Kokosmilch und Kokoslikör zu schlürfen. Die himmlische Ruhe wird nicht von Jetskis gestört, diverse andere Wassersportmöglichkeiten stehen zur Verfügung.

Die ersten Ausflüge zur Isla Tortuga wurden 1975 von Calypso Cruises organisiert, die heute für die Überfahrt ab Puntarenas einen 21 Meter langen motorisierten Hochgeschwindigkeitskatamaran einsetzen. Andere Veranstalter organisieren Hoteltransfers, Rundreisen und ein Mittagsbuffet. Schon die 90-minütige Überfahrt lohnt wegen der Wale und Delfine, die man hier häufig sieht. An den Wochenenden ist es oft recht voll. Planen Sie, wenn möglich, Ihren Ausflug unter der Woche.

3 Puntarenas

C3 135 000 120 km westl. von San José letzte Woche im Feb: Carnaval; Mitte Juli: Festival de la Virgen del Mar

Obwohl Puntarenas heute das Image des Provinziellen anhaftet, war der »Sandige Fleck« früher ein bedeutender Hafen. 1522 wurde der Ort erstmals von den Spaniern besiedelt, später stieg Puntarenas zum Haupthandelshafen für Kaffeebohnen auf. Der Stern der Stadt sank 1890 mit dem Bau der Atlantic Railroad. Viele der Holzhäuser verfielen. Heute lebt Puntarenas vornehmlich von der Fischerei. Der Ort ist

> **Eine der Lieblingsbeschäftigungen hier ist es, in einer Hängematte zu liegen und dabei den »Inselcocktail« *coco loco* aus Rum, Kokosmilch und Kokoslikör zu schlürfen.**

←

Ankunft auf der Isla Tortuga, einem malerischen Inselparadies

auch der wichtigste Ausgangspunkt für Ausflüge zur Isla Tortuga und für Fähren nach Paquera und Naranjo auf der Halbinsel Nicoya.

Puntarenas liegt auf einer fünf Kilometer langen, schmalen Halbinsel mit einem Strand am südlichen Ende. Die Mangroven in der breiten Flussmündung im Norden bieten Wasservögeln wie Rosalöfflern, Störchen,

↑ *Pelikane am Abendhimmel im Hafen von Puntarenas*

Entdeckertipp
Isla San Lucas

Kaum zu glauben: Diese Palmenidylle war einst eine Gefängnisinsel. Von Puntarenas aus fahren Boote hierher (www.bayislandcruises.com). Sehen Sie sich die Graffiti in den alten Zellen an und beobachten Sie die Wildtiere.

Pelikanen und Fregattvögeln Schutz. Viele Einwohner von San José kommen am Wochenende zum Baden hierher und zum Flanieren auf dem Paseo de los Turistas. Das **Museo Histórico Marino** im einstigen Gefängnis zeigt Ausstellungen zu indigenen Kulturen, zur Schifffahrt und zum Kaffeeboom.

Museo Histórico Marino
Paseo de los Turistas +506-2661-1394 Di–So 9–16:30

4

Refugio Nacional de Vida Silvestre Curú

C4 3 km südl. von Paquera +506-2641-0100 Paquera–Cóbano tägl. 7–16 (nach Vereinbarung) curu.org

Das eher selten besuchte, rund 85 Hektar große Reservat ist lediglich Teil einer viel größeren Hacienda in Privatbesitz. Es umfasst fünf Lebensräume, die sich vom Golfo Curú aus landeinwärts erstrecken.

Den Großteil des hügeligen Areals bedecken tropische Laub- und Mischwälder, in denen Kapuziner- und Brüllaffen, Ameisenbären, Agutis, Faultiere, mehrere Wildkatzenarten sowie rund 220 Vogelspezies leben. Auch die gefährdeten Klammeraffen sind hier erfolgreich ausgewildert worden. Dank der wenigen Besucher ist die Chance, Tiere zu sehen, in Curú wesentlich größer als in anderen Schutzgebieten.

Die drei schönen Strände Playa Colorada, Playa Curú und Playa Quesera erstrecken sich über fünf Kilometer an der Küste. Nachts kommen Echte Karett- und Oliv-Bastardschildkröten an Land, um im weichen Sand ihre Eier abzulegen. Vor der Küste kann man mit etwas Glück auch Wale und Delfine beobachten, in den Mangrovensümpfen und Lagunen des Río Curú bekommt man auch Kaimane zu Gesicht.

Shopping

Dantica Gallery

Schmuck, Hängematten und Kunsthandwerk stammen von indigenen Völkern aus ganz Amerika, zum reichhaltigen Sortiment gehören u. a. Boruca-Masken und Wounaan-Körbe.

C4 Jacó Walk, Jacó danticagallery.com

The Cigar Shop

Eine in Kuba geborene *torcedora* rollt costaricanische Tabakblätter zu edlen Zigarren. Es gibt auch kubanische Zigarren.

D4 Quepos +506-2777-2208

Regaleme

Die Galerie für Kunst und Kunsthandwerk im Hotel Sí Como No führt wunderschöne Hartholzschalen, naive Kunst, erlesenen Goldschmuck und vieles mehr.

D5 Manuel Antonio +506-2777-7707

5 Malpaís

B4 10 km nordwestl. von Montezuma ab Cóbano malpais.net

Malpaís bedeutet »schlechtes Land«, aber das Stück Pazifikküste ist an wildromantischer Schönheit kaum zu überbieten. Bis in die 1990er Jahre war die Region noch relativ unbekannt, heute ist sie ein Paradies für Surfer.

Drei Orte, die nach ihren grauen Sandstränden benannt sind, liegen an der unbefestigten Küstenstraße. Sie warten mit bunten Hotels, Restaurants und Bars auf. Vom Hauptort Carmen führt die Straße drei Kilometer nach Süden durch Santa Teresa zum Fischerdorf Malpaís. In Malpaís hocken Geier auf Fischerbooten, dahinter läuft der Strand zwischen bizarr geformten Felsen nahe dem Zugang zum Cabo Blanco aus. Sie benötigen ein Auto mit Allradantrieb.

Der beste Surferstrand, die Playa Santa Teresa, geht im Norden in drei fast unberührte Strände über: Los Suecos, Hermosa und Manzanillo.

6 Tambor

C4 18 km südwestl. von Paquera

Das gemütliche Fischerdorf mit dem breiten silbergrauen Strand liegt an der Bahía Ballena (Walbucht), wo sich im Winter Wale versammeln. Der Palmenstrand reicht von der Bucht im Norden bis hinüber zu den Mangrovensümpfen. Das Dorf selbst ist eher verschlafen, doch zwei moderne Ferienanlagen ganz in der Nähe ziehen Urlauber und Josefinos an, die meisten fliegen mit einer inländischen Linie hierher.

Im **Tango Mar Resort** kann man Golf (9-Loch-Platz) oder Tennis spielen, der **Los Delfines Golf and Country Club** verfügt über einen gut gepflegten 18-Loch-Golfplatz. **Seascape Kayak Tours** bietet von Oktober bis Mai Touren durch die Bucht und die Mangrovenwälder an.

Tango Mar Resort
Playa Quizales, Tambor +506-2683-0001 tangomar.com

Los Delfines Golf and Country Club
1,5 km östl. von Tambor +506-2683-0332 delfines.com

Seascape Kayak Tours
+506-8576-1262 seascapekayaktours.com

7 Reserva Natural Absoluta Cabo Blanco

B4 10 km westl. von Montezuma +506-2642-0093 Montezuma – Cabuya Mi – So, Feiertage 8 – 16

Das zehn Quadratkilometer große Reservat wurde 1963 zum ersten Naturschutzgebiet des Landes erklärt. Cabo Blanco verdankt seine Entstehung dem unermüdlichen Einsatz des ermordeten

Traumstrand: Playa Santa Teresa in Malpaís, dem beliebten Ziel für Surfer (Detail) ↓

↑ *Abkühlung im Becken an einem Wasserfall bei Montezuma*

Nicolas Wessberg und seiner Frau Karen Mogenson. Sie halfen auch bei der Gründung des Costa Rican National Park Service. Ursprünglich war Cabo Blanco ein »absolutes« Reservat, also nicht für Besucher geöffnet. Heute kann man den östlichen Teil der tropischen Wälder auf der Spitze der Halbinsel Nicoya besichtigen. Rund 85 Prozent des Gebiets bestehen aus Sekundär- und tropischem Tieflandwald mit Affen, Ameisenbären, Nasenbären und Hirschen. Der fünf Kilometer lange Sendero Sueco führt zur Playa Cabo Blanco und anderen Stränden. Cabo Blanco erreichen Sie über Cabuya und eine 1,6 Kilometer lange unbefestigte Straße oder über Malpaís. Veranstalter bieten Ausflüge in das Reservat an.

8

Montezuma

B4 500 32 km westl. von Paquera ab Paquera

Vor allem Besucher mit begrenztem Reisebudget schätzen den abgelegenen Strandort wegen des sagenhaften Meerblicks, seiner schönen Strände und der relaxten Bars. Das Dorf zwischen steilen Hügeln öffnet sich zu einer Felsenbucht hin, in der Fischerboote vor Anker liegen. Die palmengesäumten Strände Playa Montezuma und Playa Grande schließen sich vor dichter Waldkulisse gen Osten an. Badende seien vor der Strömung gewarnt!

Sun Trails organisiert Canopy-Touren, bei denen man an einer Zipline durch die Bäume rast, Angelausflüge, Touren mit dem Geländewagen, Wanderungen und Scooter-Rennen. Achtung: Eine Klettertour zu den Wasserfällen westlich des Dorfs ist riskant. Kühlen Sie sich lieber am Fuß der Wasserfälle ab. Das **Rainsong Wildlife Sanctuary** kümmert sich um verletzte Tiere und wildert sie nach ihrer Gesundung wieder aus. Freiwillige Helfer sind willkommen.

Sun Trails
1,5 km westl. von Montezuma +506-2642-0808 Canopy-Tour: tägl. 9, 13, 15 suntrails.com

Rainsong Wildlife Sanctuary
8 km westl. von Montezuma +506-2642-1265 rainsongsanctuary.com

Restaurants

Nectar
Asiatisch-pazifische Gourmetgerichte.
B4 Santa Teresa florblanca.com/nectar
$$$

Tacobar
Leckere Limonaden, Tacos und mehr.
C4 Jacó +506-2203-6989
$

El Gran Escape
Einheimische lieben das Seafood und die Livemusik.
D4 Quepos elgranescapequepos.com
$$

Arbol
Fusionsküche in romantischer Umgebung.
D5 Manuel Antonio arbolrestaurant.com
$$$

Hotels

Villa Caletas
Luxuriöses Boutiquehotel in erhabener Berglandschaft mit Meerblick.
C4 Playa Herradura
hotelvillacaletas.com
$$$

Ylang Ylang Beach Resort
Romantik am Strand mit Pool und Restaurant.
B4 Montezuma
ylangylangbeachresort.com
$$$

El Mono Azul
Beliebtes preiswertes Hotel in prächtiger Lage.
D5 Manuel Antonio
+506-6448-2903
$$$

Hotel Sí Como No
Skurriles Berghotel mit Pool und Kino.
D5 Manuel Antonio
sicomono.com
$$$

9

Jacó

C4 15 000 65 km südl. von Puntarenas Juli / Aug: Festival de Música Credomatic

In erster Linie lebt Jacó von den Surfern und den »Überwinterern« aus Kanada. Inzwischen ist es der größte Badeort des Landes und eine Partyhochburg – auch wenn der graue Sand und das schlammig-braune Wasser wenig attraktiv sind und Strömungen das Badevergnügen trüben. Es gibt jedoch keinen Mangel an Aktivitäten – von Jeeptouren bis hin zu Ausritten – und ein spannendes Nachtleben. Ansonsten ist und bleibt Jacó ein Surferparadies. Shops verleihen Boards, und der Jacó Surf Club bietet Kurse für jedermann an.

Umgebung: Außerhalb der Stadt bringt die **Pacific Rainforest Aerial Tram** Besucher in 90 Minuten und unter fachkundiger Führung in Gondeln zum Dach des Regenwalds. Die Seilbahn erhebt sich über die riesigen Bäume, führt an Wasserfällen vorbei und gewährt eine grandiose Aussicht auf die Pazifikküste. Täglich gibt es vier Fahrten, und es ist ratsam, im Voraus zu buchen.

Hier leben zahlreiche Tierarten aus dem Amazonasgebiet, darunter der gefährdete Klammeraffe und der Pfeilgiftfrosch.

Zudem werden Wandertouren, z. B. auf dem »Poison-dart Frog Trail« (»Pfeilgiftfroschweg«), angeboten.

An der ruhigeren Playa Herradura, einer breiten Bucht nördlich von Jacó, kann man schwimmen, schnorcheln, tauchen und sportfischen. Südlich von Jacó, an der Playa Hermosa, gibt es spezielle Surferhostels. Sandbänke sorgen für konstant gute Wellen.

Pacific Rainforest Aerial Tram
3 km östl. von Jacó +506-2224-5961 tägl. 9–17 rainforestadventure.com

10

Parque Nacional Carara

C4 50 km südöstl. von Puntarenas +506-2637-1054 ab San José und Jacó Mai – Nov: tägl. 8–16; Dez – Apr: tägl. 7–16 sinac.go.cr

Der Parque Nacional Carara ist relativ klein (52 km²), bietet aber eine große Tiervielfalt. Hier leben zahlreiche Tierarten aus dem Amazonasgebiet, darunter der gefährdete Klammeraffe und der Pfeilgiftfrosch. Vor allem lohnt sich die Vogelbeobachtung. Hauptattraktion ist der Hellrote Ara. Man kann ihn zweimal am Tag auf seinem

←
Sportfischerboote an der Playa Herredura nördlich von Jacó

↑ *Auf der Suche nach Aras* (Detail) *auf einer Brücke im Parque Nacional Carara*

Flug zwischen dem Wald und den küstennahen Mangroven sichten. Die einfachen Wanderwege beginnen am Besucherzentrum an der Straße (der längste ist acht Kilometer lang). Von einem Führer kann man sich die präkolumbischen Stätten zeigen lassen. Veranstalter in San José offerieren Tagesausflüge.

Umgebung: *Carara* ist das Wort der Huetar für »Krokodil«. Die Reptilien kann man vom Highway aus am Ufer des Río Tárcoles liegen sehen. In Tárcoles, drei Kilometer südwestlich von Carara, werden Safaris angeboten.

Expertentipp
Krokodilsafaris

Verzichten Sie auf Safaris, bei denen die Krokodile mit Hühnern angelockt werden; dies stört das Verhalten der Tiere. Eco-Jungle Cruises (www.ecojunglecruises.com) respektiert deren natürliche Lebensweise.

11

Boca Damas

D4 70 km südöstl. von Jacó

Zickzackförmig durchzieht der riesige Mangrovensumpf *(manglare)* den Küstenabschnitt zwischen Parrita und Quepos an der Mündung des Río Damas. In den dichten Wäldern leben Nasenbären, Pumas, Kapuzineraffen und Schlangen, im säurehaltigen Wasser lauern Krokodile und Kaimane. Stelzenläufer und Kahnschnäbel, erkennbar an den auffälligen kielförmigen Schnäbeln, suchen in den Schlammpfützen nach Weichtieren.

Veranstalter in Quepos bieten Kajaktouren durch die Mangrovenwälder an, im Hafen von Damas kann man Bootsausflüge buchen.

12

Santa-Juana-Bergtour

D4 11 km südöstl. vom Hwy 34, 50 km südl. von Jacó +506-2777-0777 Shuttleservice siconomono.com/toursantajuana

Die Tour führt tief in die Fila-Chonta-Berge im Landesinneren. Start ist frühmorgens vom Sí Como No Wildlife Resort im Parque Nacional Manuel Antonio. Es können auch Shuttleservices mit anderen Hotels organisiert werden. Zentrum der Aktivitäten ist ein kleines abgelegenes Anwesen, Teil eines Ökoprojekts, das einheimische Familien mit Ökotourismus vertraut machen und ländliche Bräuche bewahren will.

Es gibt Wanderwege und einen Flussweg mit Wasserfällen und Pools zum Baden und Abkühlen. Man besucht Projekte zur Tierhaltung, Schmetterlingszucht und Wiederaufforstung, lernt im Serpentarium Schlangen kennen und besucht eine von Ochsen angetriebene Zuckermühle. Man kann bei der Kaffeeernte helfen oder Tilapia angeln. Ein geführter Reitausflug ist eine weitere Option. Das Panoramarestaurant serviert lokale Kost.

13

Valle del Río Savegre

E4 66 km östl. von Quepos ab Quepos

Das Tal des Río Savegre bildet eine tiefe Schneise durch die Fila-San-Bosco-Berge und ist in den niederen Lagen mit afrikanischen Ölpalmen bepflanzt. Weiter oben liegt das ländliche El Silencio. Dort unterhält die bäuerliche Kooperative die **El Silencio Rural Tourism Lodge**. Dort kann man in Hütten übernachten, ausreiten und die Tierrettungsstation mit Aras, Hirschen und Affen besichtigen.

An derselben Straße – auf der Allradantrieb benötigt wird – auf einem Grat oberhalb des Savegre liegt die **Rafiki Safari Lodge**, eine ideale Basis für Wanderungen, Vogelbeobachtungen, Ausritte sowie Rafting- und Kajaktouren auf dem Río Savegre.

El Silencio Rural Tourism Lodge
40 km südöstl. von Quepos turismoruralcr.com/el-silencio

Rafiki Safari Lodge
55 km östl. von Quepos +506-8368-9944 rafikisafari.com

14

Quepos

D4 20 000 55 km südöstl. von Jacó
Feb / März: Carnaval
quepolandia.com

Das traditionelle Zentrum für Sportangler und die Palmölproduktion hat sich seit dem Zugang zum Parque Nacional Manuel Antonio auch zu einem Urlaubsort gemausert. Die Bars und Restaurants von Quepos sind sehr belebt.

Umgebung: Südlich von Quepos führt eine Straße nach Manuel Antonio mit der Playa Espadilla. In einer Lagune am Nordende des Strands leben Krokodile. An der Straße liegen Hotels, Restaurants und die Bar El Avión, ein umgebautes Fairchild-C-123-Transportflugzeug. Das **Greentique Wildlife Refuge**, vom Hotel Sí Como No *(siehe S. 164)* gegenüber betrieben, bietet Spaziergänge, Wildtiere und eine prächtige Vogelwelt.

Das Río-Naranjo-Tal östlich von Quepos reicht bis in die Fila-Nara-Berge. Am Straßenrand stehen die Ruinen einer spanischen Mission. Rafting ist hier sehr beliebt. **Tucanes Tours** ist ein Spezialist für Rafting, Kajaktouren, Reiten, Walbeobachtung und Schnorcheln.

Greentique Wildlife Refuge
1,5 km südl. von Quepos tägl. 8–16 (Abendtour: 17:20) sicomono.com/refugeatrium

Tucanes Tours
Marina Pez Vela, Quepos +506-2777-0775 tucanestours.com

Bars

Habaneros
Zum Drink genießt man den Sonnenuntergang.
B4 Playa Santa Teresa
+506-2640-1106

Cuban Republik Disco-Lounge
Cocktails im Überfluss, nach 23 Uhr laufen DJ-Hymnen.
D4 Quepos
+506-2777-7438

Jacó Blu Beach Club
Bar am Strand mit DJs, tollen Cocktails und grandiosem Flair.
C4 Jacó
+506-2643-1179

←
Entspannung im Schatten der Palmen an der Playa Espadilla

Die Vorbereitungen für einen Tag auf einem kleinen Sportfischerboot laufen

Sportfischen an der Pazifikküste

Die Gewässer vor Costa Ricas Pazifikküste sind die ultimative Attraktion für begeisterte Sportfischer. Jedes Jahr vermeldet die International Game Fish Association von hier neue Rekorde.

An der Pazifikküste Costa Ricas erwartet begeisterte Sportangler eine große Vielfalt an Fischen. In der Regenzeit (Mai–Nov) eignen sich die Gewässer nördlich der Halbinsel Nicoya am besten. In der Trockenzeit (Dez–Apr) liegen die besten Fischgründe dann vor Quepos und der Südspitze Nicoyas. Charterläden und Angler-Lodges organisieren neben den Booten auch Angellizenzen für Besucher. Sportfischerboote fahren meist 30 Kilometer oder noch weiter aufs Meer hinaus. Die meisten Veranstalter halten sich an die Praxis des Fangens und dann Freilassens.

Angler im Kampf mit einem »dicken« Fisch

Große Fische

Gelbflossenthun
Der sehr kräftige Warmwasserfisch wiegt bis zu 160 Kilogramm.

Wahoo
Der lange, schlanke und unglaublich schnelle Fisch lebt in den Gewässern im Norden.

Goldmakrele
Die Schuppen des »Mahi Mahi« schillern in vielen Farben.

Fächerfisch
Selbst am Haken vollführt der kämpferische Riese noch spektakuläre Sprünge.

Blauer Marlin
Die Weibchen des »Bullen des Ozeans« wiegen bis zu 455 Kilogramm.

Wasserfall im Parque Nacional Rincón de la Vieja (siehe S. 182)

Guanacaste und Nördliches Nicoya

Eine Kette von Vulkanen durchzieht diese Region und schuf im Osten riesige fruchtbare Ebenen. Das zerklüftete Pazifikufer im Westen ist von tiefen Buchten geprägt. Angezogen von der Fülle natürlicher Ressourcen, gründeten die matriarchalischen Matambú um 500 n. Chr. Fischerdörfer. Das Volk zog später ins Landesinnere und hinterließ als Vermächtnis hervorragende handwerkliche Keramik – noch heute in der Region Guaitíl zu bewundern.

Guanacaste wurde im 16. Jahrhundert unter nicaraguanischer Herrschaft von spanischen *sabaneros* (Cowboys) kolonisiert. Dies war auch der Beginn der großen Haciendas, von denen noch heute viele in der Nähe von Santa Cruz und Liberia zu sehen sind. 1825 spaltete sich Guanacaste von Nicaragua ab und trat Costa Rica bei; die daraus resultierenden Grenzstreitigkeiten wurden erst im Grenzvertrag von 1896 gelöst. Die Viehzucht führte im Lauf des 20. Jahrhunderts zu starker Abholzung. In den 1970er Jahren begann man, allmählich den Naturschutz zu fördern. Diese Bemühungen wurden in den 1990er Jahren stark forciert. Heute gibt es in der Region vier Nationalparks, Wildtierreservate und weitere Schutzgebiete.

Guanacaste und Nördliches Nicoya

Highlights

1. Monteverde und Santa Elena
2. Parque Nacional Santa Rosa

Sehenswürdigkeiten

3. Tilarán
4. Cañas
5. Reserva Biológica Lomas Barbudal
6. Zona Protectora Volcán Miravalles
7. Parque Nacional Palo Verde
8. Parque Nacional Rincón de la Vieja
9. Bahía Salinas
10. Liberia
11. Parque Nacional Guanacaste
12. Bahía Culebra
13. Playa Flamingo
14. Tamarindo
15. Nosara
16. Playas del Coco
17. Islita
18. Refugio Nacional de Vida Silvestre Ostional
19. Sámara
20. Nicoya
21. Santa Cruz
22. Guaitíl
23. Parque Nacional Barra Honda

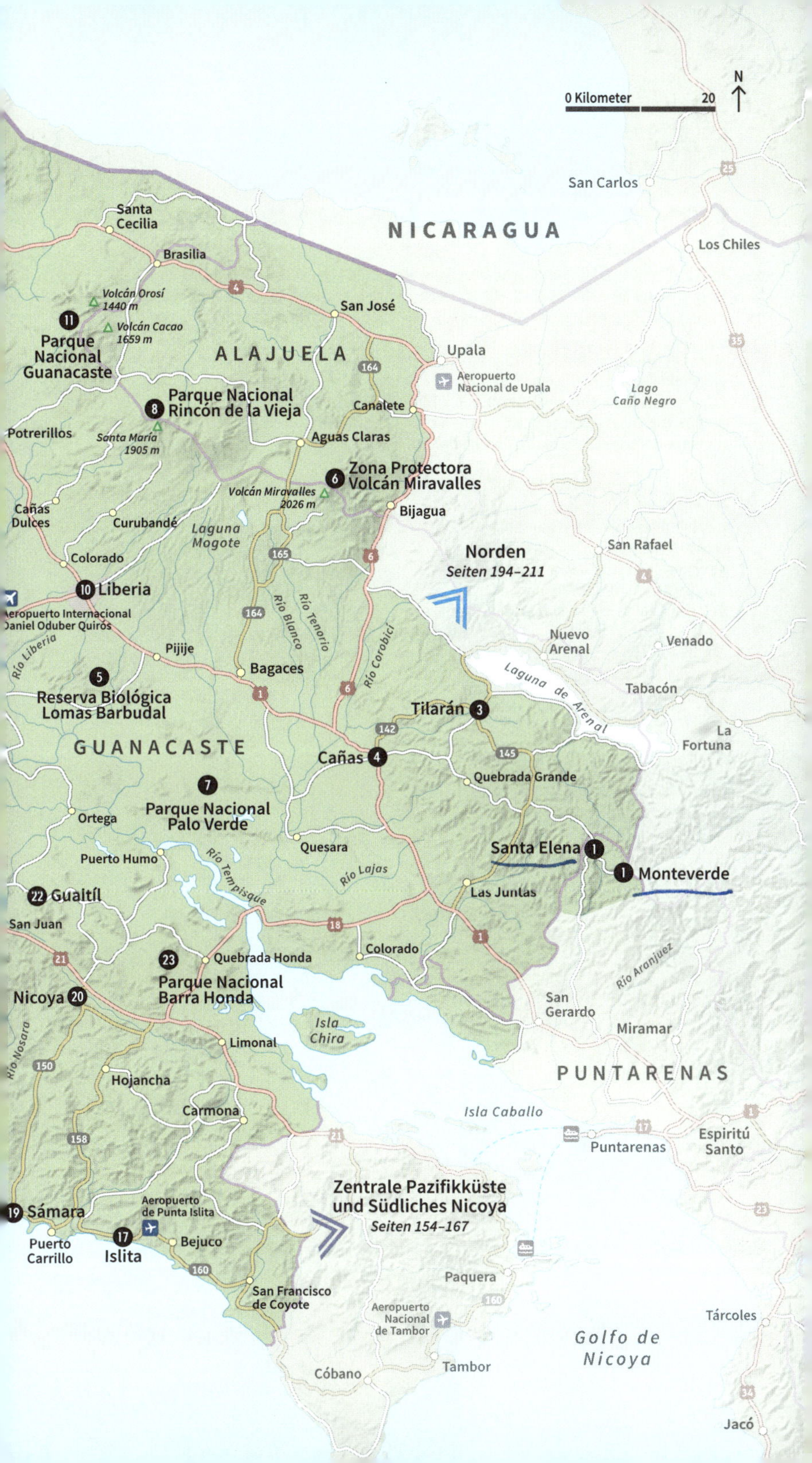
0 Kilometer 20
N
San Carlos
NICARAGUA
Los Chiles
Santa Cecilia
Brasilia
Volcán Orosí 1440 m
Volcán Cacao 1659 m
11 Parque Nacional Guanacaste
San José
ALAJUELA
Upala
Aeropuerto Nacional de Upala
Lago Caño Negro
8 Parque Nacional Rincón de la Vieja
Canalete
Potrerillos
Santa María 1905 m
Aguas Claras
6 Zona Protectora Volcán Miravalles
Volcán Miravalles 2026 m
Bijagua
Cañas Dulces
Curubandé
Laguna Mogote
Norden
Seiten 194–211
San Rafael
Colorado
10 Liberia
Aeropuerto Internacional Daniel Oduber Quirós
Río Blanco
Río Tenorio
Río Corobicí
Río Liberia
Pijije
Nuevo Arenal
Venado
5 Reserva Biológica Lomas Barbudal
Bagaces
Laguna de Arenal
Tabacón
Tilarán 3
La Fortuna
GUANACASTE
Cañas 4
Quebrada Grande
7 Parque Nacional Palo Verde
Ortega
Puerto Humo
Río Tempisque
Quesara
Santa Elena 1
1 Monteverde
Río Lajas
22 Gualtíl
Las Juntas
San Juan
Colorado
23 Quebrada Honda
Parque Nacional Barra Honda
Río Aranjuez
Nicoya 20
San Gerardo
Miramar
Río Nosara
Limonal
Isla Chira
PUNTARENAS
Hojancha
Carmona
Isla Caballo
Puntarenas
Espiritú Santo
19 Sámara
Aeropuerto de Punta Islita
Zentrale Pazifikküste und Südliches Nicoya
Seiten 154–167
Puerto Carrillo
17 Islita
Bejuco
San Francisco de Coyote
Paquera
Aeropuerto Nacional de Tambor
Tárcoles
Golfo de Nicoya
Tambor
Cóbano
Jacó

1

Monteverde und Santa Elena

C3 6500 68 km nördl. von Puntarenas, ab der Panamericana 35 km den Berg hinauf +506-2645-5122 nach Santa Elena und weiter zur Reserva Biológica Bosque Nuboso Monteverde cloudforestmonteverde.com

Monteverde ist ein kühler und grüner Ort mit zahlreichen interessanten Sehenswürdigkeiten. Viele davon finden Sie an der unbefestigten kurvenreichen Straße, die sich sanft von der erstaunlich lebhaften Stadt Santa Elena den Berg hinauf bis zur Reserva Biológica Bosque Nuboso Monteverde schlängelt. Weitere kleinere Schutzgebiete sind über Nebenstraßen zu erreichen.

Monteverde ist in der ganzen Welt für seinen einzigartigen Nebelwald berühmt, der Costa Ricas Ruf als Vorreiter des »sanften Tourismus« mitbegründet hat. Das Reservat erstreckt sich auf 1400 Meter Höhe im Herzen der Cordillera de Tilarán. Das nordwestlich gelegene Santa Elena ist das Wirtschaftszentrum. Die Zona Protectora Arenal-Monteverde umfasst auch noch weitere Schutzgebiete. Monteverdes Ruhm hat alle möglichen »grünen« Aktivitäten mit sich gebracht, darunter auch Canopy-Touren. Sie eröffnen dem Besucher Einblicke in das Dach des Regenwalds, der trotz der ständig wachsenden Angebote und Verlockungen unberührt bleibt. Wandern ist ein Vergnügen, die stark befahrenen Straßen können jedoch je nach Wetter schlammig oder staubig sein. Hotels und Restaurants säumen die steile Piste zur Reserva Bosque Nuboso Santa Elena. Unterwegs warten Attraktionen wie Bat Jungle *(siehe S. 175)* und Sky Walk / Sky Trek *(siehe S. 176)*.

In der Reserva Biológica Bosque Nuboso Monteverde kommt man dem Dach des Regenwalds auf der Brücke oder an der Zipline (Detail) *nah* ↑

1

2

1 *Die Vegetation im Nebelwald zeichnet sich durch einen besonderen Reichtum an Farben und Formen aus.*

2 *Farbenfrohe Arten wie das Goldbauchtrogon-Männchen locken Vogelbeobachter in dieses Schutzgebiet.*

3 *Ein schlanker Puma hat sich zum Schutz vor der Hitze des Tages auf ein schattiges Plätzchen in einem Baum zurückgezogen.*

3

Schöne Aussicht

Aussichtsfenster

Der Sendero Bosque Nuboso (Cloud Forest Trail) führt hinauf zu La Ventana (»das Fenster«). Hier hat man den atemberaubenden Blick auf die Kontinentale Wasserscheide, wo sich die Hänge zum Atlantik und zum Pazifik berühren.

Wanderer vor einem uralten Baum im Nebelwald von Monteverde ↑

Überblick: Monteverde und Santa Elena

①

Reserva Biológica Bosque Nuboso Monteverde

6 km südöstl. von Santa Elena +506-2645-5122 Sa, So 7–16 cloudforestmonteverde.com

Von Santa Elena führt eine unbefestigte Straße hinauf in dieses Juwel der Schutzzone Arenal-Monteverde. Es gehört dem Tropenzentrum von Costa Rica und wird auch von diesem geleitet. Das Reservat umfasst sechs ökologische Zonen entlang den zum Pazifik und zur Karibik hin abfallenden Bergen. Die Wälder der Hochlagen liegen fast immer im Nebel, der durch die feuchten atlantischen Winde erzeugt wird. Die dem Wind ausgesetzten Bäume sind zwergwüchsig.

Tiere gibt es zuhauf: über 150 Amphibien- und Reptilienarten, über 500 Schmetterlingsspezies und mehr als 100 Säugetierarten, darunter Jaguar, Jaguarundi, Puma, Ozelot und Baumozelot. Zu den mehr als 400 Vogelarten gehören Quetzals, Kolibris und die gefährdeten Dreilappenkotingas. 120 Kilometer Wanderwege durchziehen das Reservat. Eine Broschüre enthält die beliebtesten Routen mit Holzstegen. Schwierigere Wanderwege führen auf der karibischen Seite die Berge hinab. Dafür benötigt man einen ganzen Tag. Gummistiefel kann man sich ausleihen.

Goldkröte

1964 entdeckten Wissenschaftler im Nebelwald von Monteverde eine neue Krötenart. Sie wurde nach dem leuchtend orangefarbenen Körper der männlichen Tiere *sapo dorado* (»Goldkröte«) genannt. Heute gilt die Art als ausgestorben.

Schon gewusst?

Der Nebelwald von Monteverde beherbergt 2,5 Prozent aller Tier- und Pflanzenarten der Welt.

②

Reserva Bosque Nuboso Santa Elena

6 km nordöstl. von Santa Elena +506-2645-5390 Park: tägl. 7–15; Touren: 4:50, 7:30, 9:15, 11:30, 13 und 16:50 reservasantaelena.org

Das fünf Quadratkilometer große Reservat, von der Gemeinde finanziert und geleitet, liegt höher und ist nebliger als der berühmtere Bosque Nuboso Monteverde. Klammer- und Brüllaffen sowie Quetzals, Trogons und Agutis sieht man oft. Scheuer sind Tapire, Jaguare und Pumas. Man hat eine tolle Sicht auf den Volcán Arenal.

→

Ein scheuer Jaguar streift durch eines der Reservate von Monteverde

③
Monteverde Butterfly Garden

2 km südl. von Santa Elena +506-2645-5512 tägl. 9–15 monteverdebutterfly gardens.com

Das Naturzentrum informiert mit lehrreichen Ausstellungen und einem Schmetterlingsgehege mit 40 Arten über den Lebenszyklus des Schmetterlings. Zudem gibt es Gespenstschrecken, Taranteln, Riesenkäfer, 13 Zentimeter lange Raupen und Blattschneiderameisen in ihrem Bau zu sehen.

④
Frog Pond Monteverde

300 m südwestl. von Santa Elena +1-888-328-5893 tägl. 9–20:30 monteverdeinfo.com

Besucher begegnen hier 28 Arten von Fröschen und anderen Amphibien sowie Schlangen, Eidechsen, Salamandern und anderen faszinierenden Arten, darunter Pfeilgiftfrösche, Rotaugenlaubfrösche, Glasfrösche und riesige Kröten. Die beste Besuchszeit ist abends.

⑤
Herpetarium Adventures

500 m südl. von Santa Elena +506-2479-4100 Zeiten der Website entnehmen skyadventures.travel

Mehr als 20 Schlangenarten, aber auch Schildkröten, Frösche, Leguane und Chamäleons sind hier zu sehen.

⑥
Bat Jungle

3 km südl. von Santa Elena +506-2645-9999 tägl. 9–18 batjungle.com

In Costa Rica leben 110 Fledermausarten, in Monteverde allein schon 65. Diese Ausstellung zeigt alles über die faszinierenden Lebewesen. Ein verglaster Flugkorridor ist die Wohnstatt von acht Fledermausarten. Es gibt interessante Filme zu sehen, Besucher erhalten riesige künstliche Ohren, um ein Gefühl für das Hörvermögen der Tiere zu bekommen.

Highlight

Hotel

Monteverde Lodge
Übernachten Sie mitten im Nebelwald von Monteverde in dieser umweltbewussten Lodge mit traumhaftem Dschungelblick. Die Touren mit einem der hauseigenen Reiseleiter sind ein Muss.

Santa Elena
monteverdelodge.com

$$$

⑦
Monteverde Orchid Garden

50 m südl. der Banco Nacional in Santa Elena +506-2645-5308 tägl. 9–17 monteverdeorchid garden.net

Mehr als 450 einheimische Orchideenarten säumen den Lehrpfad. Für die kleinsten benötigen Sie eine Lupe.

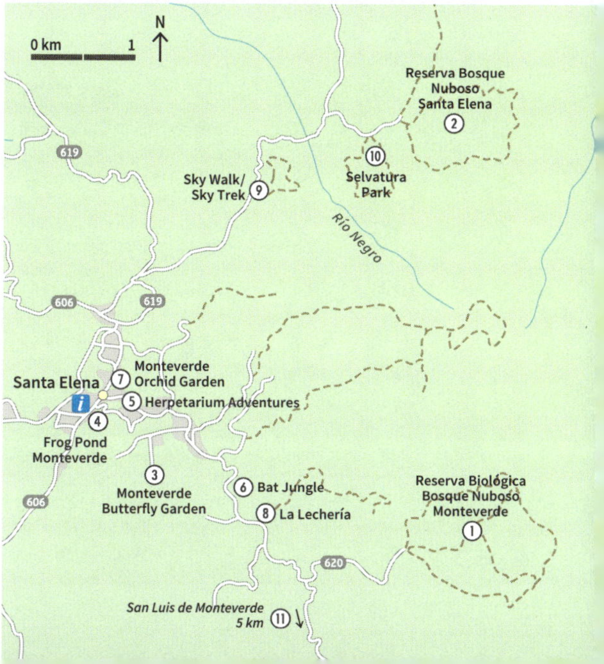

⑧
La Lechería

3 km südöstl. von Santa Elena Zeiten der Website entnehmen monteverdetours.com/monteverde-cheese-factory.html

Die 1953 von Quäkern gegründete »Käserei« produziert heute täglich mehr als 1000 Kilogramm Käse aus pasteurisierter Milch. Es gibt über 20 Sorten, u. a. Gouda, Parmesan und den Bestseller Monte Rico. Ein Video erzählt die Firmengeschichte. Im Laden werden Käse und Eiscreme verkauft.

⑨
Sky Walk / Sky Trek

5 km nordöstl. von Santa Elena +506-2479-4100 tägl. 7–15 skyadventures.travel

Mit Baumwipfelpfaden, Ziplines und Hängebrücken bietet das Projekt am Rand der Reserva Bosque Nuboso Santa Elena viele Optionen, den Nebelwald zu erkunden. Beim zweistündigen Sky Trek saust man gut gesichert an 1,5 Kilometer Ziplines von Plattform zu Plattform über die Baumwipfel hinweg. Zwei Aussichtstürme öffnen einen Panoramablick. Der einen Kilometer lange Sky Walk mit diversen Hängebrücken ist ruhiger, aber ebenso geeignet, um Tiere zu beobachten.

⑩
Selvatura Park

6 km nordöstl. von Santa Elena +506-4001-7895 Zeiten der Website entnehmen selvatura.com

Im Selvatura Park gibt es einen drei Kilometer langen Baumwipfelpfad mit Hängebrücken sowie eine Zipline-Tour über 14 Plattformen. Auf dem Boden befinden sich ein Kolibri- und ein Schmetterlingsgarten.

Das Ecological Awareness Center besitzt die größte private Insektensammlung der Welt mit Schmetterlingen, Wespen, Käfern und anderen Insekten. Es sind auch Krustentiere sowie menschliche Schädel vom Australopithecus bis zum Homo sapiens zu sehen. Per Videolink kann man Wissenschaftlern bei der Arbeit zusehen.

Quäker

Die ersten Siedler in Monteverde waren 44 Mitglieder der pazifistisch-protestantischen Gemeinde der Quäker. Sie kamen aus Alabama (USA), wo man sie eingesperrt hatte, weil sie den Militärdienst verweigert hatten, ließen sich 1951 in Costa Rica nieder (das seit dem Bürgerkrieg 1948 keine Armee mehr hatte) und züchteten Rinder in der Cordillera de Tilarán. Quäker kämpfen beim Naturschutz an vorderster Front.

⑪
San Luis de Monteverde

8 km südöstl. von Monteverde +506-2645-7363 ugacostarica.org

In der Forschungseinrichtung der University of Georgia kann man Vögel beobachten und in der Ecolodge San Luis übernachten.

←
Unterwegs auf dem Sky Trek über dem Nebelwald von Santa Elena

↑ *Wie eine Decke legt sich der Nebel über die Wipfel der Bäume*

Costa Ricas Nebelwälder

Costa Ricas Nebelwälder – benannt nach dem Nebel bzw. den dichten Wolken, die sie fast immer einhüllen – sind außergewöhnlich artenreich. Präzise gesagt sind es tropische Bergregenwälder, da sie meist in Höhen von über 1000 Metern liegen.

Der Nebelwald gehört zu den weltweit vielfältigsten Wäldern, was die Flora betrifft. Auf den exponierten Gebirgskämmen schützen Bäume und Sträucher die Erde und bilden Wälder mit viel Unterholz. In den geschützteren Regionen wachsen Epiphyten wie Orchideen und Bromelien an den Zweigen, außerdem gedeihen Flechten, Pilze und Moose. Im Nebelwald werden die Bäume nur selten höher als 30 Meter.

Die Fauna ist ebenso artenreich. Hier leben u. a. Pekaris und Tayras, die man durch den Nebel und das dichte Blattwerk allerdings kaum sieht. Das charakteristische Jodeln des Azteken-Bartvogels und die lauten Brüllaffen sind dagegen oft und kilometerweit zu hören.

↑ *Schirmlinge wachsen an einem bemoosten Baumstamm*

Expertentipp
Bekleidung

In Nebelwäldern ist es recht kühl. Kleiden Sie sich nach dem Zwiebelprinzip, die Hose sollte leicht und lang sein. Für Regen sollten Sie einen Poncho oder einen Regenmantel und eine Hülle für den Rucksack parat haben.

← *Ein Mantelbrüllaffenmännchen mitten beim Brüllen*

2

Parque Nacional Santa Rosa

A1 35 km nördl. von Liberia +506-2666-5051 Santa-Rosa-Sektor: ab Liberia; Murciélago-Sektor: ab Santa-Rosa-Parkeingang über Cuajiniquíl Fahrzeuge: tägl. 8–15:30; Camper: 24 Std. acguanacaste.ac.cr

Santa Rosa, der erste Nationalpark des Landes, wurde 1971 eröffnet und erstreckt sich über 492 Quadratkilometer der Halbinsel Santa Elena sowie des angrenzenden Gebiets. Der Park ist zweigeteilt: in den wenig besuchten Murciélago-Sektor (Fledermaus-Sektor) und den beliebten historisch bedeutsamen Santa-Rosa-Sektor.

Der Santa-Rosa-Nationalpark schützt einige der letzten verbliebenen tropischen Trockenwälder der Welt sowie neun weitere einzigartige Lebensräume. Der Murciélago-Sektor im Norden mit vielen einsamen Stränden wie der Playa Blanca ist über einen steinigen Feldweg erreichbar. Der viel größere Santa-Rosa-Sektor im Süden war Schauplatz mehrerer Kämpfe um die nationale Unabhängigkeit und hat die meisten Sehenswürdigkeiten. Höhepunkt ist die Hacienda La Casona, wo 1856 die Schlacht von Santa Rosa geschlagen wurde. An der gesamten Küste gibt es großartige Möglichkeiten zum Surfen, vor allem am Witch's Rock, wo eine Sandbank bis zu fünf Kilometer lange Wellen erzeugt.

115 Säugetierspezies, darunter 20 Fledermausarten, und 250 Vogelarten – im Parque Nacional Santa Rosa kann man die Tierwelt ganz hervorragend beobachten.

↑ *Ein Leguan, der trotz seiner schimmernden blauen und grauen Markierungen versucht »unterzutauchen«*

↑ *Der geheimnisvoll benannte Witch's Rock an der Playa Naranjo*

Contra-Connection

In den 1980er Jahren wurde die abgelegene Nordküste des Murciélago-Sektors (Fledermaus-Sektors) als geheimes Trainingsgelände für die von der CIA unterstützten nicaraguanischen Contras in ihrem Kampf um den Sturz der sandinistischen Regierung genutzt. Auf Befehl von Colonel Oliver North *(unten)*, selbst ein wichtiger Akteur in der Iran-Contra-Affäre, die 1983–88 die USA erschütterte, wurde hier illegal eine Landebahn errichtet. Die Straße zum Parkeingang führt daran vorbei. Das Land war vom nicaraguanischen Diktator Anastasio Somoza Debayle konfisziert worden.

Schon gewusst?

Der Sage nach lebt eine Hexe auf dem Witch's Rock. Wenn der Wind weht, hört man sie pfeifen.

Das ruhige Wasser um die Islas Murciélagos im nördlichen Teil des Parks ↑

Die von Stränden und versteckten Buchten gesäumte Küste der Laguna de Arenal ↑

SEHENSWÜRDIGKEITEN

3 Tilarán

C2 · 9000 · 22 km östl. von Cañas · Apr–Juni: Feria del Día Cívica

Die hübsche kleine Stadt mit frischer Luft und einem Hauptplatz mit Kiefern und Zypressen bietet sich auf dem Weg zur Laguna de Arenal *(siehe S. 198–200)* als Stopp an. Sehenswert ist die moderne, mit Intarsien verzierte Kathedrale aus den 1960er Jahren. In der von Feldern umgebenen Stadt finden jährlich ein Viehmarkt und Rodeos statt. Zwischen Tilarán und Tejona liegt ein großer Windpark.

4 Cañas

B2 · 30 000 · 86 km nördl. von Puntarenas · März/Apr: Feria Domingo de Resurrección

Die staubige Stadt der *sabaneros* (Cowboys) erhebt sich im Schutz der Cordillera de Guanacaste. Sie ist von den Vieh-Haciendas der extrem heißen Tempisque-Ebene umgeben und fungiert aufgrund ihrer Lage an der Panamericana als Tor zum Parque Nacional Palo Verde und zur Laguna de Arenal.

Umgebung: Im Norden kümmert sich das **Centro de Rescate y Santuario Las Pumas** um gerettete Pumas, Jaguare, Jaguarundis, Ozelots, Baumozelots und Ozelotkatzen. Manche von ihnen sind recht zahm, da sie von der verstorbenen Gründerin des Zentrums, Lilly Bodmer de Hagnauer, aufgezogen wurden. Man kann nah an die Käfige herangehen – seien Sie jedoch vorsichtig!

Der nahe Río Corobicí eignet sich für Raftingtouren, die u. a. von Rincón Corobicí Rafting angeboten werden. Man kann auch geruhsamer in mit Luft gefüllten Gummireifen flussabwärts schwimmen: Kleine Stromschnellen sorgen für etwas Spannung.

Centro de Rescate y Santuario Las Pumas

Panamericana, 5 km nördl. von Cañas · tägl. 8–16 · centrorescatelaspumas.org

5 Reserva Biológica Lomas Barbudal

B2 · 6 km südwestl. der Panamericana, 16 km südwestl. von Bagaces · +506-2200-5336 · nach Bagaces, dann Jeep-Taxi · tägl. 8–17 (Änderungen möglich)

Obwohl das 23 Quadratkilometer große Reservat für seine Insektenpopulation, u. a. 250 verschiedene Bienenarten, und den seltenen tropischen Trockenwald bekannt ist, trifft man nur wenige Besucher. Hier leben fast ebenso viele Tiere wie im Parque Nacional Palo Verde. Am Besucherzentrum Casa de Patrimonio am Ufer des Río Cabuyo beginnen gut markierte Wanderwege.

6 Zona Protectora Volcán Miravalles

B2 26 km nördl. von Bagaces ab Bagaces

Der aktive Vulkan erhebt sich 2028 Meter hoch über der Ebene von Guanacaste. Ruhige Wanderwege durchziehen das 109 Quadratkilometer große Waldreservat Miravalles an den oberen Hängen. Hauptattraktion ist jedoch Las Hornillas (»Kleine Öfen«), ein Gebiet voller zischender Dampflöcher und Schlammpfützen an den westlichen Hängen. Das Elektrizitätswerk (ICE) nutzt den heißen Wasserdampf im Proyecto Geotérmico Miravalles – lokale Betreiber organisieren Werksführungen. Fumarolen und Schlammpfützen kann man am besten vom **Las Hornillas Volcanic Activity Center** aus sehen. Ein kurzer Weg führt in den Vulkankrater. Besucher können in warmem Heilschlamm »baden«, eine Wasserrutsche endet in einem Pool mit Blick auf den Vulkan.

Las Hornillas Volcanic Activity Center
1,5 km südöstl. des Proyecto Geotérmico Miravalles +506-2100-1233 tägl. 8–17 hornillas.com

> **Hauptattraktion ist jedoch Las Hornillas (»Kleine Öfen«), ein Gebiet voller zischender Dampflöcher und Schlammpfützen an den westlichen Hängen.**

7 Parque Nacional Palo Verde

B2 42 km westl. von Cañas +506-2200-0125 nach Bagaces, dann Jeep-Taxi tägl. 8–16 sinac.go.cr

Palo Verde schützt mehr als 130 Quadratkilometer Mangrovensümpfe, Feuchtgebiete, Savannen und tropischen Trockenwald an der Mündung des Río Tempisque. Die trockenheitsresistente Vegetation besteht aus Guajak- und Sandbüchsenbäumen sowie der immergrünen Baumart *Palo Verde*, die dem Park den Namen gab.

In der Trockenzeit (Dez–Apr) blühen die Bäume. Die Früchte ziehen Affen, Nasenbären, Hirsche, Pekaris, Pumas und andere Säugetiere an. In der Regenzeit wird ein Großteil des Gebiets überschwemmt. Dann fühlen sich auch Reiher, Jabirus, Ibisse und Rosalöffler hier besonders wohl. Im Park gibt es zudem über 300 Vogelarten, u. a. Hellrote Aras und Tuberkelhokkos. Die Isla de Pájaros in der Mitte des Río Tempisque ist ihr Hauptnistplatz.

In der Trockenzeit, wenn die Laubbäume ihre Blätter abwerfen, sieht man die Tiere am besten. Sie sammeln sich an Wasserstellen, die von Aussichtspunkten einsehbar sind. Wer einen Tag vorher reserviert, kann in dem einfachen Restaurant vor Ort zu Mittag essen.

Shopping

Talabartería La Estrella
Kaufen Sie handgenähte Cowboystiefel und mehr.
B2 Calle 9 und Avenida 3, Liberia +506-8837-4388

Hidden Garden Art Gallery
Rund 70 costa-ricanische Künstler stellen hier aus.
B2 16 km westl. von Liberia hiddengardenart.com

Oven Store
Eine Familie führt die Töpferei in der Tradition der Chorotega.
B3 Guaitíl +506-2681-1696

Nativa Gallery
Jennifer Stone fertigt alle Accessoires selbst.
A3 Nosara jenstonesonline.com

→ *Eine Schar von Pfeifgänsen im Parque Nacional Palo Verde*

←
Abenteurer im Parque Nacional Rincón de la Vieja, beobachtet von Kapuzineraffen (Detail) *und anderen Wildtieren*

8

Parque Nacional Rincón de la Vieja

B1 30 km nordöstl. von Liberia +506-2666-0630 nach Liberia, dann Jeep-Taxi Di–So 8–16 acguanacaste.ac.cr

Der 140 Quadratkilometer große Park umfasst neun Krater, von denen nur noch der Rincón de la Vieja selbst (1800 m) aktiv ist. Der höchste Gipfel ist der Krater Santa María (1900 m), den Von-Seebach-Krater füllt ein türkisfarbener See. Die östlichen Abhänge des Rincón de la Vieja sind das ganze Jahr über von Regen durchnässt. Dagegen hat die Westseite eine ausgeprägte Trockenzeit, und die Landschaft reicht vom Laubwald in niedrigeren Lagen bis zum Nebelwald unterhalb des Gipfels.

Kapuziner-, Brüll- und Klammeraffen, Ameisenbären, Faultiere, Wickelbären und über 300 Vogelarten, darunter auch Quetzals und Dreilappenkotingas, leben im Park. Am erbsengrünen Lago Los Jilgueros halten sich oft Tapire auf.

Wanderwege ab der Aufsichtsstation Hacienda Santa María (19. Jh.) und ab der Rangerstation Las Pailas führen an Schlammpools, heißen Schwefelquellen, Wasserfällen und Fumarolen vorbei. Wanderer müssen sich in einer der beiden Rangerstationen an- und abmelden. Beide erreicht man von Liberia aus mit Jeep-Taxis. Zudem sind sie durch einen Weg miteinander verbunden.

Umgebung: Lodges an den Vulkanhängen veranstalten einige Aktivitäten. Die Hacienda Lodge Guachipelín im Südwesten erreicht man von Liberia aus über Curubandé. Die Viehranch ist auf Ausritte spezialisiert. Zur Rincón de la Vieja Lodge gehört ein 350 Hektar großes privates Waldschutzgebiet. Beide Lodges bieten Canopy-Touren an. Von Liberia führt eine Straße über Cañas Dulces zu Buena Vista Mountain Lodge and Adventure Center an der Nordwestseite des Vulkans mit einer 400 Meter langen Wasserrutsche. Im **Hotel Borinquen Mountain Resort and Spa** kann man wunderbar entspannen.

Hotel Borinquen Mountain Resort and Spa
30 km nordöstl. von Liberia über Cañas Dulces +506-2690-1900 borinquenresort.com

Hotels

La Posada del Tope
Dies ist ein überaus einladendes und überaus komfortables B&B nahe Rincón de la Vieja.
B2 Curubandé
aromadecampo.com
$

Hotel Río Perdido
In dieser Lodge mit luxuriösem Spa erwartet Sie atemberaubendes zeitgenössisches Design.
B2 San Bernardo de Bagaces
rioperdido.com
$$$

Hacienda Lodge Guachipelín
Eine bewirtschaftete Rinderfarm mit gemütlichen Zimmern – ideale Basis für Touren in den Parque Nacional Rincón de la Vieja.
B2 Curubandé
guachipelin.com
$$

9

Bahía Salinas

A1 62 km nordwestl. von Liberia nach La Cruz, dann Jeep-Taxi

Die Bucht ist eingerahmt von Klippen im Norden, Salzmarschen im Osten und mangrovengesäumten Stränden im Süden. Von Dezember bis April weht fast immer eine angenehme Brise. Die Hotels in La Coyotera und Playa Copal sind Surfzentren. In La Cruz finden Sie ein Informationsbüro.

Fregattvögel nutzen die Winde um das Refugio Nacional de Vida Silvestre Isla Bolaños zum Abheben. Die Insel, Nistplatz für Pelikane und Austernfischer, ist für Besucher nicht zugänglich.

10

Liberia

B2 60 000 32 km nördl. von Bagaces 25. Juli: Día de la Anexión de Guanacaste

Guanacastes alte Hauptstadt gilt oft nur als Zugang zum Parque Nacional Rincón de la Vieja und zu den Stränden des Nördlichen Nicoya *(siehe S. 186)*. Dabei ist die 1769 gegründete »Weiße Stadt« – wegen ihrer weiß getünchten Lehmziegelhäuser mit Dächern aus Terrakottaziegeln – selbst attraktiv. Die schönsten Häuser stehen in der Calle Real. Typisch sind die *puertas del sol* – die Türen an beiden Seiten einer Hausecke werden je nach Sonnenstand geöffnet. Der Cowboykultur Liberias sind das Monumento Sabanero an der Hauptstraße, das **Museo de Guanacaste** im alten Gefängnis und ein rauschendes Fest im März gewidmet. Auf dem Hauptplatz steht die moderne Iglesia Inmaculada Concepción de María. Über dem *ayuntamiento* (Rathaus) weht die Flagge Guanacastes, die einzige Provinzflagge des Landes. Am 25. Juli feiern die Einheimischen die Unabhängigkeit der Provinz von Nicaragua (1824) mit Paraden und einem Rodeo.

Cowboykultur

In Guanacaste verdienen viele ihren Lebensunterhalt als *sabaneros* (Cowboys). *Sabaneros* sitzen sehr aufrecht in ihren kunstvoll verzierten Sätteln, selbst im schnellen Galopp. Die wichtigsten Veranstaltungen für einen Cowboy sind *topes* (Pferdeshows) und *recorridos de toros* (Stierkämpfe, bei denen die Stiere nicht getötet, sondern am Ende mit dem Lasso eingefangen werden).

Museo de Guanacaste
Avenida 1, Calles 2 und 4 +506-2665-7114
Mo–Sa 8–16

↓ *Fassade der Iglesia Inmaculada Concepción de María in Liberia*

↑ *Wildromantisch: Biegung des Río Celeste im Parque Nacional Guanacaste*

Restaurants

Restaurante Sofía
Nuevo-Latino-Küche und Livejazz.
C3 Cerro Plano, Monteverde
+506-8315-5652
$$$

Tierra Mar
Lokal mit großer Auswahl an Seafood.
B2 Liberia
+506-6335-5407
$$$

Ginger
Asiatisch inspirierte Gerichte in einem offenen Baumhaus.
A2 Playa Hermosa
gingercostarica.com
$$$

Lola's
Entspanntes Strandlokal mit regionaler Küche.
A3 Playa Avellanas
lolascostarica.info
$$$

11 Parque Nacional Guanacaste

B1 35 km nördl. von Liberia +506-2666-5051 nach Liberia, dann Jeep-Taxi tägl. 8–17 (nur mit Anmeldung) acguanacaste.ac.cr

Der Park, 1989 auf Initiative des Biologen Daniel H. Janzen angelegt, ist ein »biologischer Korridor« zwischen dem Parque Nacional Santa Rosa und den Nebelwäldern auf den Vulkanen Cacao und Orosí. Er ermöglicht es der Tierwelt, sich frei zu bewegen, und erweitert die Reviere für Säugetiere wie den Jaguar. Das abgelegene Reservat umfasst über 840 Quadratkilometer aufgeforstete Wälder und Wiesen. Es gibt kaum Einrichtungen, doch der Besuch lohnt sich, denn hier sieht man häufig Tiere. In den biologischen Stationen Cacao, Pitilla und Maritza stehen spartanische Unterkünfte bereit. Cacao und Maritza sind nur zu Fuß oder zu Pferd erreichbar.

Von Maritza aus führt ein zweistündiger Marsch zu präkolumbischen Petroglyphen am Llano de los Indios am Westhang des Volcán Orosí.

Das abgelegene Reservat umfasst über 840 Quadratkilometer aufgeforstete Wälder und Wiesen. Es gibt kaum Einrichtungen, doch der Besuch lohnt sich.

12 Bahía Culebra

A2 31 km westl. von Liberia

Grandiose Klippen und Strände in vielen Schattierungen – die Bahía Culebra (»Schlangenbucht«) bildet die Kulisse für das Proyecto Papagayo, ein umstrittenes Tourismusprojekt, das den Zugang zur Bucht eingeschränkt hat. Hier stehen große Hotels wie das Four Seasons Resort. Im Trockenwald betreibt **Witch's Rock Canopy Tour** Ziplines und einen Steg über den Wipfeln. In der Bucht darunter warten präkolumbische Siedlungen noch auf ihre Freilegung.

Witch's Rock Canopy Tour
37 km westl. von Liberia + 506-2696-7101 tägl. 8–15 witchsrockcanopy.com

Costa Ricas Trockenwälder

Die tropischen Wälder müssen einer bis zu acht Monate andauernden Trockenzeit standhalten. Dennoch sind sie Heimat einer vielfältigen Pflanzen- und Tierwelt.

Guanacaste beherbergt einen der größten tropischen Trockenwälder Amerikas. Dieser bedeckte einst die Tiefebene der pazifischen Küste von Mexiko bis Panama. In den 1980er Jahren war er fast vollständig verschwunden, vor allem fiel er Weideland für Rinder und Bränden zum Opfer. Naturschutzbemühungen, angeführt vom Biologen Dr. Daniel Janzen, führten zur Schaffung der Guanacaste Conservation Area und erweiterten den Parque Nacional Santa Rosa *(siehe S. 178f)*, um Savannen- und Weidegebiete in ihren alten Zustand zurückzuversetzen.

↑ *Ein einsamer Guanacaste-Baum im buschbedeckten Trockenwald*

Flora im Trockenwald

Guanacaste-Baum
Ausladende Äste spenden kostbaren Schatten in der sengenden Mittagshitze.

Weißgummibaum
Der Indio desnudo verbirgt unter der kupferroten Rinde einen olivfarbenen Stamm.

Akazien
Dornensträucher wie Akazien halten mit ihren Dornen Tiere davon ab, Blätter und Samen zu fressen.

Jakaranda
In der Trockenzeit ziehen die süß duftenden Bäume mit leuchtenden Farben Vögel an.

Flammenbaum
Von März bis September hängen leuchtend rote löffelförmige Blütenblätter von der ausladenden Krone herab.

Trockenwald an der Küste des Parque Nacional Santa Rosa ↑

↑ *Surfer auf einem Shortboard an der beliebten Playa Nosara*

Surfstrände im Nördlichen Nicoya

In Costa Rica (»Hawaii Lateinamerikas«) kann man jederzeit erstklassig in warmem Wasser surfen. Die meisten Surfstrände liegen im Nördlichen Nicoya, wo das ganze Jahr pazifische Brecher auf das Land zurollen. An Dutzenden Stränden finden Surfer garantiert ihre Herausforderung. Die Gezeiten sorgen für unterschiedlich hohe Wellen – ideal für Anfänger und Fortgeschrittene.

↑ *Brandung vor der Playa Naranjo am Golfo de Papagayo*

Abgelegene Strände

Die abgelegene Playa Naranjo am Golfo de Papagayo rühmt sich sagenhafter Wellen am Witch's Rock. Naranjo kann man mit dem Geländewagen oder per Boot vom Nördlichen Nicoya aus erreichen. Noch abgelegener sind die Playa Bongo, Playa Arío und Playa Manzanillo weiter südlich. Schon die Anfahrt selbst macht Spaß. Dort angekommen, garantiert die Kombination aus großen Wellen und Einsamkeit das richtige Surferfeeling.

Verlässliche Surfspots

An Tamarindos *(siehe S. 187)* langer, einfach zugänglicher Playa Grande brechen sich permanent hohe Wellen. Sie ist als Eiablageplatz der Lederschildkröten geschützt. Bei Surfern besonders beliebt ist der fantastisch gelegene, von Mangroven und Gezeitenbecken mit warmem Wasser gesäumte Strand von Nosara *(siehe S. 188f)*.

Preiswerte Strände

Die Brandung schwemmt silbrigen Sand an die Playa Bejuco und die Playa San Miguel. Die beiden abgelegenen Strände sind auf preisbewusste Reisende ausgerichtet. Außer preisgünstigen B&Bs gibt es kaum Einrichtungen.

Costa Ricas Surfgeschichte

Trotz der gewaltigen Wellen an der Küste kam das Surfen erst in den 1960er Jahren nach Costa Rica – durch Touristen aus den USA. Die 1999 gegründete Federación de Surf de Costa Rica unterstützt Profisurfer und richtet jedes Jahr die Meisterschaft aus.

13

Playa Flamingo

A2 · 2000 · 74 km südwestl. von Liberia

Mit ihrem sanft geschwungenen weißen Sandstrand auf einer zerklüfteten Landzunge macht die großartige Playa Flamingo ihrem offiziellen Namen »Playa Blanca« (Weißer Strand) alle Ehre. Die große Bucht ist ein begehrter Ankerplatz für Yachten und Sportfischerboote. Vereinzelt stehen Luxusvillen auf den Felsen. Die meisten Hotels sind recht teuer, und Partygänger meiden den Strand trotz des schönen Sands.

Umgebung: An der Punta Flamingo nördlich der Playa Flamingo ist wenig los, obwohl es überraschend gute Point Breaks gibt, vor allem zur Mittagszeit. Ein Stück weiter öffnet sich die Mündung des Río Salinas zur Playa Penca, wo man Rosalöffler und andere Vögel in den Mangroven sehen kann.

Südwestlich der Playa Flamingo liegt die Playa Conchal (Muschelstrand). Das diamantartige Glitzern des Sands wird von Muschelschalen erzeugt. Der Strand fällt sanft ins türkisfarbene Wasser ab, das sich ideal zum Schnorcheln eignet.

14

Tamarindo

A3 · 7000 · 23 km südl. von Playa Flamingo · Juli / Aug: Festival de Música Credomatic

Das Fischerdorf hat sich zum wichtigsten Ferienort der Region entwickelt. Das Surferparadies ist wegen der gleichmäßigen Wellen und Winde in der Bucht auch für Anfänger geeignet. Surfschulen wie das **Witch's Rock Surf Camp** unterrichten u. a. auch kleine Kinder.

Tamarindo ist auch bei Sportfischern, Tauchern, Schnorchlern und Rucksackreisenden weltweit bekannt. Es gibt Cafés, Restaurants und Hotels. Die Stadt liegt im 1990 gegründeten **Parque Nacional Marino Las Baulas**, der 220 Quadratkilometer Ozean und 450 Hektar Land – die Playa Grande – schützt. An diesem Strand legen Lederschildkröten, gelegentlich auch Oliv-Bastardschildkröten und Echte Karettschildkröten ihre Eier ab. In dieser Zeit darf nach Sonnenuntergang niemand den Strand betreten – außer geführten Gruppen. Diese Touren hängen von Ebbe und Flut ab, die Zeiten sind daher von Tag zu Tag unterschiedlich. Plätze müssen telefonisch oder im Parkbüro reserviert werden. Gruppen dürfen nur dann an den Strand, wenn die Wachen Schildkröten sichten, ansonsten müssen sie es in einer anderen Nacht versuchen.

Witch's Rock Surf Camp
witchsrocksurfcamp.com

Parque Nacional Marino Las Baulas
+506-2653-0470
März – Sep: tägl. 6 –18; Okt – Feb: tägl. 6 –17

Ungetrübtes Badevergnügen an der malerischen Playa Flamingo ↑

Bars und Café

Volcano Brewing Company
Das ultimative Surfer-Pub liegt am Witch's Rock Surf Camp.
A3 · Tamarindo
volcanobrewingcompany.com

Lo Que Hay
Diese einladende Strandbar ist nicht nur wegen ihrer guten Cocktails sehr beliebt.
A4 · Sámara
+506-2656-0811

La Luna
In der Strandbar an einer Flussmündung kann man gemütlich den Tag ausklingen lassen.
A3 · Nosara
+506-2682-0122

La Bodega
Das Café bietet erstklassigen Kaffee und gutes Frühstück – ideal nach einer langen Partynacht.
A3 · Tamarindo
+506-8395-6184

→ *Innehalten beim herrlichen Sonnenuntergang am Strand von Nosara*

15

Nosara

A3 · 5800 · 5 km südl. von Ostional
nosara.com

Die abgelegene Gemeinde an der Küste von Nicoya besteht aus zwei Dörfern. Bocas de Nosara liegt fünf Kilometer landeinwärts am Río Nosara. In dem hübschen Dorf sieht man noch Ochsenkarren auf staubigen Straßen. An den Nosara-Stränden im Süden leben vornehmlich Nichteinheimische. In den warmen Gezeitenbecken der schönen Playa Guiones weiter südlich kann man manchmal sogar Affen beim Baden beobachten. Das Baden im Meer ist sehr gefährlich, obwohl die Brecher zum Surfen ideal sind. Die Playa Pelada im Norden ist von Klippen um-

Eiablage der Oliv-Bastardschildkröte

Die massenhafte Eiablage *(arribada)* ist typisch für die Oliv-Bastardschildkröten. Die Tiere suchen regelmäßig drei Strände in Costa Rica auf: Playa Nancite, Playa Ostional und Playa Camaronal. Bis zu 20 000 Meeresschildkröten versammeln sich nachts hinter den Brechern und lassen sich an Land spülen.

↑ *Geschlüpfte Oliv-Bastardschildkröten machen sich auf den Weg ins Meer*

Massenankunft

Die *arribadas* finden zwischen April und Dezember (überwiegend im September und Oktober) alle zwei bis vier Wochen statt, meist im letzten Viertel des Mondzyklus. Sie dauern drei bis acht Tage. Die Schildkröten klettern in ihrem Bemühen, am überfüllten Strand ein Plätzchen für ihre Eier zu finden, sogar übereinander.

Eiablage

Die Schildkröten suchen sich zur Eiablage sandige Plätze oberhalb der Flutlinie. Während jeder *arribada* werden Millionen Eier gelegt – wohl eine evolutionäre Anpassung zur Sicherung des Fortpflanzungserfolgs. Jedes Weibchen legt durchschnittlich 100 Eier. Die Grube für das Gelege ist einen Meter tief und wird mit den Hinterbeinen gegraben. Mit den Vor-

Schon gewusst?

Plättchenseeschlangen werden häufig an den Stränden von Nicoya angespült.

geben. Die **Reserva Biológica Nosara** in der Nähe umfasst 50 Hektar tropischen Trockenwald an der Mündung des Río Nosara. Hier nisten u. a. Waldstörche und Fregattvögel, zudem kann man Krokodile sehen.

Reserva Biológica Nosara
Bocas de Nosara
+506-2682-0035
lagarta.com

16

Playas del Coco

A2 3000 35 km südwestl. von Liberia Jan: Fiesta Cívica; Juli: Festival de la Virgen del Mar

Der breite Strand ist traditionelles Fischerdorf und

↑ *Krake im Gewässer vor Playas del Coco*

Ferienort in einem. Der von Pelikanen bevölkerte Strand ist vor allem bei costa-ricanischen Familien beliebt, hat aber auch ein ausgeprägtes Nachtleben. An den Wochenenden, wenn aus jeder Bar Musik erschallt, verwandeln Nachtschwärmer den Strand in eine Partymeile.

Lokale Veranstalter bieten Aktivitäten wie Sportfischen und -tauchen vor den Islas Murciélagos und der Isla Catalina an, wo man Schwärme von Rochen dabei beobachten kann, wie sie durchs Wasser gleiten.

Umgebung: Die abgeschiedene Playa Ocotal, westlich von Playas del Coco, ist der beste Tauchplatz der Region und hervorragend zum Sportfischen geeignet. Landschaftlich schön sind auch die Playas Hermosa und Panamá nördlich von Coco.

Bars

Coconutz Cervecería
Die lebhafte Mikrobrauerei bietet eine tolle Auswahl an Biersorten. Zudem gibt es hier das beste Bierhähnchen der Stadt.

A2 Playas del Coco coconutzbar.com

Potrero Brewing Co
Craftbeer und Streetfood sind gleichermaßen exzellent.

A2 2 km nordöstl. der Playa Flamingo +506-4080-3783

derbeinen schaufeln die Tiere Sand auf die Eier, um sie vor Waschbären, Nasenbären und anderen Räubern zu schützen. Weniger als zehn Prozent der Jungtiere schlüpfen.

Jungtiere

Die Jungtiere schlüpfen nach rund 50 Tagen. Die Umgebungstemperatur bestimmt das Geschlecht: Bei kühleren Temperaturen gibt es männlichen Nachwuchs, bei wärmeren weiblichen. Die Schildkröten schlüpfen nachts und suchen schnell Schutz im Meer. Nur etwa ein Prozent der Jungtiere überlebt.

→ *Eine Oliv-Bastardschildkröte schleppt sich auf den Sand der Playa Ostional*

↑ *Dekorierte Bäume und Häuser im »Künstlerdorf« Islita*

17

Islita

B4 1000 21 km östl. von Sámara nach Sámara, dann Jeep-Taxi

Das reizvolle Dorf im Schutz der Punta Islita ist bekannt für einsame palmengesäumte Strände. Das Hotel Punta Islita auf einem Hügel beherbergt die Galería de Arte Contemporáneo Mary Anne Zürcher, in der Arbeiten von Berufs- und Hobbykünstlern zum Verkauf angeboten werden. Das Hotel unterstützt auch das Museo de Arte Contemporáneo al Aire Libre.

Im Rahmen dieses Projekts wurden im ganzen Dorf Häuser, Bäume und sogar der Fußballplatz mit Malereien und anderen spontanen ästhetischen Kunstformen verziert. Im Hotel befindet sich auch das Lapa Lookout Education and Viewing Center, ein bedeutendes Zuchtzentrum und Standort des Macaw Recovery Network, das sich dem Erhalt Hellroter Aras und Großer Soldatenaras verschrieben hat. Sie können das Zentrum besuchen, um mehr über dessen Arbeit zu erfahren, und zusehen, wie die freilebende Schar zur Fütterungszeit wieder einfliegt.

18

Refugio Nacional de Vida Silvestre Ostional

A3 55 km südl. von Tamarindo +506-2682-0400 ab Santa Cruz und Nicoya über Nosara

Das Schutzgebiet, Schauplatz eines Naturspektakels, umfasst zehn Quadratkilometer Land und Meer um die Playa Ostional. Der Strand ist einer der wenigen weltweit, wo die Oliv-Bastardschildkröten in massenhaften *arribadas (siehe S. 188)* ihre Eier ablegen. In kleinerer Zahl kommen auch Grüne Meeres- und Lederschildkröten hierher. Ostional ist der einzige Ort im Land, in dem die Einwohner nach strengen gesetzlichen Richtlinien in den ersten 36 Stunden einer *arribada* Eier »ernten« dürfen. Besucher dürfen den Strand während der Eiablage nicht betreten, es sei denn, sie werden von einem Führer begleitet. Die Schildkröten dürfen nicht berührt werden. Taschenlampen und Blitzlicht sind verboten.

Expertentipp
Naturschutz

Im ganzen Land gibt es zahlreiche Maßnahmen zum Schutz der Meeresschildkröten. Das Refugio Nacional de Vida Silvestre Ostional bei Nosara ist eine der weltweit besten Brutstätten der Oliv-Bastardschildkröte. Melden Sie sich an und unterstützen Sie das Team, das die Schildkröten kennzeichnet, Eier zählt und das Areal mit seiner bloßen Präsenz schützt.

In der Regenzeit erreicht man Ostional nur mit dem Jeep. Da der Ort so abgelegen ist, ist sein ursprünglicher Zustand erhalten, obwohl es mittlerweile einige wenige Hotels gibt.

19

Sámara

A4 4000 26 km südl. von Nosara Carrillo

Sámara ist bei Surfern, Rucksackreisenden und bei Costa Ricas Mittelschicht gleichermaßen beliebt. Am Südende der Playa Sámara leben die Dorfbewohner vom Meer. Sehenswürdigkeiten gibt es im Ort kaum – das Leben spielt sich am Strand ab. An der Playa Carrillo drei Kilometer südlich von Sámara kann man gut angeln, **Flying Crocodile Lodge and Flying Center** im Norden bietet Flüge in Ultraleichtflugzeugen an.

→ *Palmen am weißen Sandstrand Playa Carrillo südlich von Sámara*

Flying Crocodile Lodge and Flying Center
Esterones, 5 km nördl. von Sámara
+506-8988-6368
tägl. 7–15

20

Nicoya

B3 25 000 80 km südwestl. von Liberia
Dez: Fiesta de la Yegüita

Nicoya verströmt verschlafenen kolonialen Charme. Der in der Mitte des 17. Jahrhunderts gegründete Ort ist nach dem Chorotega-Häuptling *(cacique)* benannt, der 1523 den spanischen Eroberer Gil González Dávila empfing. Der Mix aus indigenem und katholischem Glauben gipfelt jährlich am 12. Dezember in der Fiesta de la Yegüita. Die Stadt voller *campesinos* (Bauern) und Cowboys ist das Verwaltungszentrum der gleichnamigen Halbinsel.

Fiesta de la Yegüita

Das Fest, auch als »Fest der Jungfrau von Guadelupe« bekannt, vermischt katholische Traditionen mit denen der Chorotega. Laut einer Sage kämpften Zwillingsbrüder erbittert um die Liebe einer Chorotega-Prinzessin. Als die umstehende Menge zur Jungfrau betete und sie um Hilfe bat, erschien plötzlich eine *yegüita* (kleine Stute) und beendete den Kampf. Gefeiert wird mit traditionellem Essen, Stierkämpfen, Rodeos, Prozessionen, Feuerwerk, Musik, Tanz und alten Ritualen.

Das Leben spielt sich um den alten Parque Central herum ab. An der Nordostecke steht die kleine Iglesia Parroquia San Blas von 1644 mit einem Museum für historische und religiöse Artefakte.

Umgebung: 27 Kilometer nordöstlich liegt Puerto Humo. Dort legen die Boote zum Parque Nacional Palo Verde *(siehe S. 181)* ab. Von Nicoya aus fahren Busse. Das Schutzgebiet Rancho Humo Estancia grenzt an den Nationalpark. In dem Feuchtgebiet kann man hervorragend Vögel beobachten. Es werden Wanderungen sowie Ausflüge an Land oder mit dem Boot angeboten.

↑ *Chorotega-Motive auf einem Pavillon auf der Plaza Bernabela Ramos*

21

Santa Cruz

A3 25 000 22 km nordwestl. von Nicoya Jan: Fiesta Patronal de Santo Cristo; 25. Juli: Fiesta de Santiago

Santa Cruz ist tief in der Tradition der Gegend verwurzelt. Der Ort ist offizielle Ciudad Folklórica (Folklorestadt). Der Highway 160 verbindet Santa Cruz mit Tamarindo und den berühmten Surfstränden im Nördlichen Nicoya *(siehe S. 186)*. Viele der kolonialen Gebäude wurden durch einen Brand zerstört, doch der Ort hat sich sein zauberhaftes Ambiente bewahrt. Auf der Plaza de los Mangos finden Feste statt, die Besucher mit Marimba-Musik und Tanz anlocken. *Topes* (Pferdeshows) und *recorridos de toros* (Stierkämpfe) werden ebenfalls abgehalten.

Architektonisches Highlight ist die Plaza Bernabela Ramos. An der Ostseite steht eine moderne Kirche mit sehenswerten Buntglasfenstern. Daneben ragt die Ruine des Glockenturms einer Kirche aus der Kolonialzeit auf, die ein Erdbeben 1950 zerstörte. Weitere Attraktionen des Platzes sind eine Statue des Chorotega-Häuptlings *(cacique)* Diría in der Südwestecke und die eines *montador* (Stierreiters) in der Nordostecke.

22

Guaitíl

B3 2500 11 km östl. von Santa Cruz

Das Dorf bietet Einblick in das traditionelle Kunsthandwerk. Fast die ganze Gemeinde ist in die Herstellung von Keramik im präkolumbischen Stil eingebunden. Selbst Vorlagen zeitgenössischer Stücke beziehen ihre Inspiration aus den alten Mustern der Chorotega.

Die meisten Haushalte besitzen einen traditionellen mit Holz betriebenen *horno* (Brennofen). Straßenstände bieten die Waren zum Verkauf an. Besucher können den Kunsthandwerkern dabei zusehen, wie sie den roten Ton bearbeiten. Das kleine **Ecomuseo de la Cerámica Chorotega** in San Vicente ermöglicht einen kulturellen und historischen Einblick in die Tradition der Keramikherstellung.

Ecomuseo de la Cerámica Chorotega
1 km östl. von Guaitíl +506-2681-1563 Mo–Sa 8:30–16 ecomuseosanvicente.org

Chorotega-Töpferarbeiten

Auch heute noch verwenden die Kunsthandwerker von Guaitíl die gleichen einfachen Werkzeuge und Techniken wie ihre Vorfahren, um Töpferwaren herzustellen. Die dekorativen Schüsseln, Kannen und Figuren werden mit *zukias* (antiken Mahlsteinen) poliert, von Schamanen gesegnet und anschließend mit schwarzen, roten und weißen Tiermotiven bemalt. Besonders typisch sind die dreibeinigen Gefäße in Kuhform.

Schon gewusst?

Barra Hondas Höhlenformationen tragen vielsagende Namen wie »Spiegeleier« und »Haizähne«.

23 Parque Nacional Barra Honda

B3 14 km östl. von Nicoya +506-2659-1551 Nicoya – Santa Ana (1 km vom Parkeingang entfernt), dann Jeep-Taxi Park: tägl. 8–16 (letzter Einlass 14 Uhr); Höhlen: tägl. 8–13

Der 1974 gegründete Nationalpark mit einem der größten Höhlensysteme in Costa Rica erstreckt sich über 23 Quadratkilometer. Das Trockenwaldgebiet wurde einst als Viehweide genutzt, wird nun aber systematisch aufgeforstet.

Der Park ist am besten mit dem Geländewagen zu erreichen. Exzellente Wanderwege führen zum Aussichtspunkt Mirador Nacaome auf dem durch massive tektonische Kräfte entstandenen 440 Meter hohen Cerro Barra Honda. Der Berg ist durchzogen von einem Labyrinth aus Kalksteinhöhlen, die erosive Wasserläufe in Millionen von Jahren schufen. Von den 40 bislang entdeckten Höhlen wurden erst 20 erforscht. In einigen der Höhlen fand man indigene Artefakte, Zeugnisse präkolumbischer Höhlenkunst wurden noch nicht entdeckt.

Die meisten Höhlen weisen gewaltige Stalaktiten und Stalagmiten auf, doch jede hat ihren eigenen Reiz. Santa Ana, die größte, ist 240 Meter hoch. In der Cueva Terciopelo erzeugt eine Tropfsteinformation namens El Órgano (Die Orgel) Töne, wenn man daran klopft. El Pozo Hediondo (»Stinkender Brunnen«) verdankt seinen Namen dem Kot der hier hausenden Fledermäuse. In anderen Höhlen leben blinde Salamander und Fische.

Die 30 Meter lange Leiter in die Cueva Terciopelo darf man nur mit einem lizenzierten Führer hinabsteigen. Für die anderen Höhlen braucht man eine Erlaubnis. Die Ausrüstung kann man leihen.

Führer sind auch für den Las-Cascadas-Weg, der zu spektakulären Wasserfällen führt, vorgeschrieben. Wanderer müssen sich vor der Einfahrt in den Park in der Rangerstation melden, auch wenn sie nicht dem Las-Cascadas-Weg folgen wollen.

Hotels

Capitán Suizo
Fliehen Sie an diesen romantischen Ort mit netten Bungalows, Gourmetrestaurant und fantastischem Pool.

A3 Tamarindo
hotelcapitansuizo.com
$$

Tree Tops B&B Inn
Gäste genießen in gut ausgestatteten Bungalows einen perfekt abgestimmten persönlichen Service.

A3 San Juanillo
costaricatreetopsinn.com
$$

Hotel Punta Islita
Das Boutiquehotel eröffnet den Blick auf die grüne Hügellandschaft.

B4 Punta Islita
hotelpuntaislita.com
$$$

← *Die 30-Meter-Leiter hinab in die Cueva Terciopelo, Parque Nacional Barra Honda*

Pferde grasen auf Feldern in der Nähe von La Fortuna (siehe S. 202f)

Norden

Im Norden liegen die Ebenen Costa Ricas – eine sanfte Landschaft mit Weideflächen, Obstplantagen und feuchtem Regenwald, dominiert vom Volcán Arenal, dem jüngsten der Vulkane Costa Ricas. Vermutlich hat das Volk der Corobicí um 1000 n. Chr. die unteren Berghänge besiedelt.

Als die Spanier gut 500 Jahre später ins Land kamen, befanden sich die Corobicí im Krieg mit ihren Nachbarn in Nicaragua. In der Kolonialzeit waren die Siedlungen auf das Gebiet um den Fluss konzentriert – und wurden damit Opfer plündernder Piraten. Die Region erhielt Anfang des 19. Jahrhunderts Anschluss an den Rest des Landes, als eine Handelsroute zwischen einer Flusssiedlung, dem heutigen Puerto Viejo, und den Bergdörfern entstand. Ciudad Quesada wurde Verwaltungssitz der Region. Eine Siedlungskampagne in den 1950er Jahren führte zur Abholzung großer Teile der Wälder, um Platz für Viehfarmen, Bananen- und Zitrusplantagen zu schaffen. Mittlerweile gibt es aber Bestrebungen, die Region wieder aufzuforsten.

Norden

Highlight

1. Laguna de Arenal

Sehenswürdigkeiten

2. Parque Nacional Volcán Arenal
3. La Fortuna
4. Tabacón Thermal Resort and Spa
5. Sky Adventures Arenal Park
6. Mistico Arenal Hanging Bridges Park
7. Cavernas de Venado
8. Refugio Nacional de Vida Silvestre Caño Negro
9. Parque Nacional Volcán Tenorio
10. Sarapiquí Rainforest Lodge
11. Ciudad Quesada (San Carlos)
12. Puerto Viejo de Sarapiquí
13. La Selva Biological Station
14. Refugio Nacional de Vida Silvestre Corredor Fronterizo
15. Selva Verde
16. Rainforest Aerial Tram
17. Heliconia Island
18. Rara Avis

Norden
NICARAGUA
Río San Juan
Boca San Carlos
14
Refugio Nacional de Vida Silvestre Corredor Fronterizo
Trinidad
Río San Juan
Coopevega
Río San Carlos
Boca Tapada
HEREDIA
San Marcos
Las Medias
Río Sarapiquí
LIMÓN
Pangola
250
745
751
745
Karibikküste
Seiten 212–225
Puerto Viejo de Sarapiquí
12
Pital
Cooper
4
Sarapiquí Rainforest Lodge
10
15
Selva Verde
13
La Selva Biological Station
17
Heliconia Island
La Virgen de Sarapiquí
Río Corinto
Cariari
140
Aguas Zarcas
140
126
Río Cuarto
Las Horquetas
18
Rara Avis
248
Parque Nacional del Agua Juan Castro Blanco
Rita
Aeropuerto de Guápiles
Parque Nacional Braulio Carrillo
4
Guápiles
Guácimo
Zarcero
Bajos del Toro
Zentrales Hochland
Seiten 126–153
16
Rainforest Aerial Tram
Las Cusingas
32
126
Naranjo
Grecia
Alajuela
Barva
Heredia
San Isidro de Coronado
CARTAGO
Aeropuerto Internacional Juan Santamaría
Atenas
23
Aeropuerto Internacional Tobías Bolaños
Guadalupe
239
SAN JOSÉ
Escazú
N
0 Kilometer 15
SAN JOSÉ

1

Laguna de Arenal

C2 · 18 km westlich von La Fortuna am Hwy 142 · ab La Fortuna

Costa Ricas größter Binnensee liegt am Fuß des Volcán Arenal. Er ist bei Anglern und Wassersportlern beliebt, mit seinem Wasser wird im Kraftwerk in Presa Sangregado aber auch umweltfreundliche Energie erzeugt.

Schon gewusst?

Drei Krater sind beim Ausbruch des Volcán Arenal 1968 entstanden. Heute existiert nur noch einer.

Eingerahmt von Hügeln, im Osten ragt der Volcán Arenal empor – eine atemberaubende Kulisse für Laguna de Arenal auf 540 Meter Höhe. Sie entstand in den 1970er Jahren, als das Instituto Costarricense de Electricidad (ICE) im Osten des Tals einen Staudamm baute. Der 85 Quadratkilometer große See füllt eine tektonische Spalte zwischen Tilarán und der Cordillera de Guanacaste.

Archäologen haben in der Region Überreste präkolumbischer Siedlungen entdeckt. Heute ist der See von kleinen Dörfern umgeben, die einzige Stadt ist Nuevo Arenal *(siehe S. 200)* am Nordufer. Wer mit dem Auto unterwegs ist, kann in den Hotels und Restaurants auf dieser Seite des Sees eine Pause einlegen. Die östlichsten Ufer sind bewaldet, im Süden und Westen erstrecken sich riesige Weideflächen.

Die Route 142 schlängelt sich im Westen und Norden um den Arenal-Stausee und verbindet Tilarán mit La Fortuna. Östlich von Nuevo Arenal wird die Straße schlechter und ist dort häufig durch Erdrutsche blockiert.

Die konstant guten Windbedingungen am See sind ideal zum Windsurfen. Die größte Attraktion der Gegend ist allerdings das Postkartenpanorama mit dem majestätisch wirkenden Volcán Arenal, das man vor allem vom Südwestufer des Sees aus genießen kann.

Der Volcán Arenal dominiert die Landschaft und sorgt für eine weitere Attraktion: heiße Quellen rund um den See. Dank ihrer kann man nach einem Wandertag oder einem Tag voller Aktivitäten am See im warmen Wasser eines seichten Pools entspannen oder sich in einem Spa-Resort richtig verwöhnen lassen.

①

Rancho Margot

3 km südwestl. von El Castillo +506-4000-2108 nach La Fortuna, dann Jeep-Taxi tägl. 8:30 – 17 ranchomargot.com

Die unbefestigte Straße am Südostufer führt am Parque Nacional Volcán Arenal vorbei zu dieser Biofarm mit Hotel und Freizeitzentrum neben dem Río Caño Negro. Bei Führungen durch den Ökobetrieb erhält man nicht nur faszinierende Einblicke in die nachhaltige Landwirtschaft, man darf sogar Kühe melken. Der Ranch ist ein Rettungs- und Aufzuchtzentrum für Wildtiere angeschlossen. Sportbegeisterte kommen hierher, um Kajak zu fahren, zu angeln oder um im Waldreservat des Rancho Margot zu wandern. Es gibt zudem Yoga-Stunden, Spa-Anwendungen und Spanischkurse. In einem Gehöft im Kolonialstil werden Mahlzeiten serviert.

↑ *Der Volcán Arenal ragt mächtig am Rand der Laguna de Arenal auf*

Windkraftanlage

Auf zwei parallel verlaufenden Bergkämmen auf der Westseite des Sees stehen 100 Windräder, jedes davon 35 Meter hoch. Der Windpark liegt in der Nähe des Dorfs Tejona, in dem eine der weltweit höchsten Windgeschwindigkeiten gemessen wurde. Er ist der größte in ganz Mittelamerika und erzeugt jährlich bis zu 70 Megawattstunden. Der Strom, der vom staatlichen Instituto Costarricense de Electricidad (ICE) abgenommen wird, sorgt mit für die beachtlichen Mengen an nachhaltiger Energie im Land.

Windsurfer nutzen die perfekten Bedingungen auf der malerischen Laguna de Arenal

②
Nuevo Arenal

46 km westl. von La Fortuna 2500

Der Ort, ein beliebter Anziehungspunkt für Auswanderer aus Europa und Nordamerika, ist heute das Servicezentrum der Seeregion, etwa mit der einzigen Tankstelle weit und breit. Hier gibt es einige gute Restaurants. Eine unbefestigte Straße führt nach Norden zum Río Quequer und nach San Rafael am Highway 4.

③
Tico Wind

16 km westl. von Nuevo Arenal +506-8383-2694 ticowind.com

Zwischen November und März machen stetige starke Nordostwinde die Laguna de Arenal zu einem der weltbesten Windsurfgewässer. Das Center Tico Wind südwestlich von Nuevo Arenal richtet sich an Wind- und Kitesurfer vom Anfänger bis zum Profi. Es vermietet nicht nur Boards zum Surfen und Stand-up-Paddeln, zwischen November und April werden auch Kurse sowie mehrtägige Pauschalarrangements angeboten. Der Wasserstand schwankt im Lauf des Jahres, weshalb es sein kann, dass Inseln auf- und abtauchen und so bei Niedrigwasser die Navigation zu einem Teil des Vergnügens werden lassen.

④
Presa Sangregado

28 km südöstl. von Nuevo Arenal

Der 88 Meter lange, 56 Meter hohe Erddamm wurde 1979 über dem Verlauf des Río Arenal errichtet, um den See zu schaffen. Heute werden hier zwölf Prozent der erneuerbaren Energie Costa Ricas erzeugt.

Expertentipp
Nasenbären

Obwohl sie niedlich sind, widerstehen Sie dem Drang, Nasenbären am Straßenrand zu füttern. Dies wäre nicht nur illegal, Sie würden auch die Gesundheit der Tiere gefährden.

⑤
Toad Hall

12 km südöstl. von Nuevo Arenal +506-2692-8181

Die gut erhaltene Hacienda mit atemberaubendem Blick auf den See und den umliegenden Wald bietet u. a. Führungen in den Parque Nacional Volcán Arenal *(siehe S. 202)*, ein beliebtes Café und einen Laden für Künstlerbedarf.

Farbenfroher Eingang zur Toad Hall – Zwischenstopp für ein wenig Kunstgenuss

Vulkane in Costa Rica

Costa Rica hat sieben aktive Vulkane, mindestens 60 weitere sind derzeit entweder untätig oder erloschen. Besonders hoch ist die Vulkandichte im Nordwesten und in der Mitte von Costa Rica. Meist bildet das an Kieselerde reiche Magma steile hochexplosive Kegel. Der Arenal ist der aktivste Vulkan des Landes.

Vulkane entstehen durch die Bewegung aneinandergrenzender tektonischer Platten, die die Erdkruste bilden und auf Magma (geschmolzenem Gestein) unter der Erdoberfläche schwimmen. Die meisten Vulkane bilden sich dort, wo Magma durch Risse an die Erdoberfläche austritt.

Die Landmasse Costa Ricas liegt auf der Karibischen Platte, unter der die östlich driftende Cocosplatte eine Subduktionszone bildet. Aufgrund des immensen Drucks schmilzt das Gestein, das als Lava an die Erdoberfläche dringt.

Rauch und Asche werden von aktiven Vulkanen wie dem Volcán Arenal stetig ausgestoßen. Manchmal sieht man rauchende Gesteinsbrocken die Abhänge hinunterkollern. In seinen aktivsten Phasen bricht der Arenal alle paar Stunden aus. Die Lavaströme – Lawinen aus Gas, Asche und Gestein – ergießen sich mit erstaunlicher Geschwindigkeit hügelabwärts.

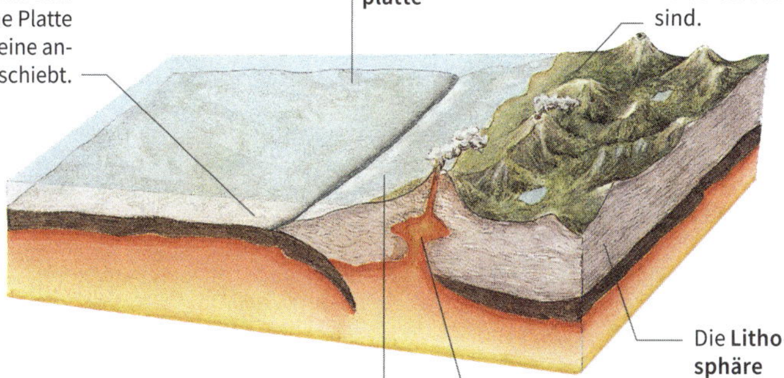

Darstellung der Platten unterhalb der Erdkruste ↑

↑ *Wolken aus Rauch und Wasserdampf steigen über dem Kratersee des seit 1828 40-mal ausgebrochenen Volcán Poás auf*

Der perfekt konische Gipfel des einst aktiven (Detail) *Volcán Arenal* ↑

SEHENSWÜRDIGKEITEN

2

Parque Nacional Volcán Arenal

C2 · 18 km westl. von La Fortuna · +506-2200-4192 · nach La Fortuna, dann Jeep-Taxi · tägl. 8–16 (letzter Einlass 14:30) · sinac.go.cr

Der Nationalpark, der den aktivsten Vulkan des Landes umschließt, erstreckt sich über 120 Quadratkilometer. Der majestätische Arenal, von präkolumbischen Völkern als »Sitz des Feuergotts« verehrt, erhebt sich über den Ebenen von San Carlos. Zwischen dem 13. und 16. Jahrhundert stellte der Vulkan seine Tätigkeit ein und blieb ruhig, bis ihn am 29. Juli 1968 ein Erdbeben weckte. Der perfekt konisch geformte, 1670 Meter hohe Arenal ist seit 2010 nicht mehr ausgebrochen. Er ruht, ist aber nicht erloschen.

Besucher können bis zum Fuß des Vulkans gehen oder fahren und dann einem alten Lavastrom bis in den Regenwald folgen. Am westlichen Rand, an der Laguna de Arenal, befindet sich ein asphaltierter (rollstuhlgerechter) Weg durch den Wald mit Aussichtspunkten und einem Aussichtsturm. Toiletten und Landkarten gibt es in der Rangerstation am Parkeingang. Reiseveranstalter und Hotels in La Fortuna bieten geführte Touren an.

Zum Park gehört auch der ruhende Volcán Chato im Osten. Die Arenal Observatory Lodge und das Museum für Vulkanologie an der Westflanke des Chato bieten einen atemberaubenden Blick auf den Volcán Arenal und den See. Von hier aus führen Pfade durch den Wald zum Gipfel des Chato, wo man auf dem jadegrünen Kratersee Kanu fahren kann.

3

La Fortuna

C2 · 15 000 · 131 km nordwestl. von San José

Das Agrar- und Tourismuszentrum (offiziell: La Fortuna de San Carlos) wird vom Volcán Arenal überragt. Die malerische Stadt liegt auf einem sanften Hügel und ist schachbrettförmig um den bepflanzten Hauptplatz angelegt. Der hohe Turm der modernen Kirche eifert dem Arenal dahinter nach. Es gibt Restaurants und Hotels, Agenturen bieten Ausritte, Höhlentouren, Angeln, Radfahren und Rafting an. Ein beliebter Ausflug zu Pferd führt nach Monteverde *(siehe S. 172–176)* – er ist für die Tiere allerdings anstrengend. Achten Sie also darauf, dass Ihr Pferd gut versorgt ist.

Umgebung: Besucher der **Finca Educativa Don Juan** im Südosten der Stadt erhalten eine informative und unterhaltsame Einführung in nachhaltige ökologische Landwirtschaft. Die Veranstaltung endet mit einem für die Region typischen Abendessen. Bei **Natura Eco Park** weiter westlich gibt es einen Froschgarten und ein Reptilienhaus. Um 18 Uhr starten Touren für Vogelbeobachter

und Abendwanderungen. **Arenal Mundo Aventura** bietet auf fünf Quadratkilometern Wanderwege, Abseilen und Canopy-Touren. Wer es geruhsamer möchte, kann die Thermalbecken im **Baldi Hot Springs Hotel Resort and Spa** oder im **The Springs Resort and Spa** genießen.

Finca Educativa Don Juan
1,5 km südöstl. von La Fortuna +506-2479-1130 tägl. 8–17

Natura Eco Park
6,5 km westl. von La Fortuna +506-2479-1616 tägl. 8–20 arenalnatura.com

Arenal Mundo Aventura
1,5 km südl. von La Fortuna +506-2479-9762 tägl. 8–17 arenalmundoaventura.com

Baldi Hot Springs Hotel Resort and Spa
5 km westl. von La Fortuna +506-2479-2190 tägl. 9–22 baldihotsprings.cr

The Springs Resort and Spa
10 km westl. von La Fortuna +506-2401-3313 tägl. 8–22 thespringscostarica.com

4

Tabacón Thermal Resort and Spa

C2 13 km westl. von La Fortuna +506-2519-1999 ab La Fortuna tägl. 10–22 tabacon.com

Das Wasser der heißen Quellen vom Fuß des Arenal fließt durch das schön angelegte *balneario* von Tabacón. Der Río Tabacón speist Thermalbecken, die zwischen 27 und 39 °C warm sind. Im Hauptpool steht eine Swim-up-Bar. Das Restaurant Ave *(siehe S. 204)* und das Grand Spa sind großartig.

Hotels

Arenal Observatory Lodge
Die komfortable Lodge verfügt über Zimmer von einfach bis luxuriös. Der Blick auf den Volcán Arenal ist fantastisch.
C2 Parque Nacional Volcán Arenal arenalobservatorylodge.com
$$$

Naraya Springs
Das traumhafte asiatisch inspirierte Hotel bietet Blick auf den Vulkan, Gourmetküche und ein luxuriöses Spa.
C2 La Fortuna nayarasprings.com
$$$

Casitas Tenorio B&B
Die costa-ricanisch-australische Familie serviert auf ihrer Farm mit privaten *casitas* (Bungalows) leckeres Frühstück.
C2 10 km vom Parque Nacional Volcán Tenorio casitastenorio.com
$$$

Lucky Bug
Das gemütliche, von einem deutschen Künstler geführte B&B schmücken wunderschöne Kunstwerke.
C2 Nuevo Arenal luckybugcr.net
$$$

←
Entspannung in einem der Thermalbecken des Tabacón Thermal Resort and Spa

Restaurants

Don Rufino
Das rustikale und doch elegante Lokal bringt Gerichte der Biofusionsküche auf den Tisch.
C2 La Fortuna donrufino.com
$$$

Pizza John's Jardin Escondido
Genießen Sie im Freien köstliche Pizza vom heißen Stein und hausgemachte Eiscreme.
C2 El Castillo +506-8801-0967
$$$

Tom's Pan
Die deutsche Bäckerei serviert hausgemachte Strudel und costaricanische Klassiker.
C2 Nuevo Arenal +506-2694-4547
$$$

Gingerbread
Die Kreationen des israelischen Kochs Eyal reichen von *quesadillas* mit Ente bis zu Risotto mit Shrimps.
C2 Nuevo Arenal gingerbreadarenal.com
$$$

Ave
Hier gibt es Klassiker aus Costa Rica mit Blick auf den Vulkan.
C2 Tabacón tabacon.com
$$$

5 Sky Adventures Arenal Park

C2 El Castillo, 22 km westl. von La Fortuna +506-2479-4100 nach La Fortuna, dann Jeep-Taxi tägl. 7:30–17 skyadventures.travel

Teleféricos (Seilbahnen) führen vom Südufer der Laguna de Arenal zu den Nordhängen der Cordillera de Tilarán. Oben beginnt eine drei Kilometer lange Zipline-Tour, bei der man über Wälder und Schluchten rast. Weitere Aktivitäten sind Mountainbiken und Canyoning.

Umgebung: Ein Stück westlich führt eine Abzweigung von der Uferstraße zum Butterfly Conservatory, wo man neben Schmetterlingen auch Insekten, Skorpione und Schlangen bewundern kann. Hier gibt es auch einen Heilkräutergarten. Touren führen u. a. durch die Labors und Gewächshäuser.

6 Mistico Arenal Hanging Bridges Park

C2 19 km westl. von La Fortuna +506-2479-8282 bis La Fortuna, dann Jeep-Taxi tägl. 6:15–16:30 (Abendtour 18:30) misticopark.com

Ein drei Kilometer langer Wanderweg durch Primärwald führt auf 14 Hängebrücken über tiefe Schluchten. Der Weg bietet vom Boden bis zu den Baumkronen Einblick in jedes Stockwerk des tropischen Regenwalds. Angeboten wird u. a. die Spider Monkey Canyon Tour, zu der auch das Abseilen und eine Vogelbeobachtungstour in der Dämmerung gehören.

7 Cavernas de Venado

C2 1,5 km westl. von Venado, 39 km nordwestl. von La Fortuna +506-2478-8008 ab Ciudad Quesada tägl. 8–15 cavernasdelvenadocr.com

Biolumineszierende Pilze leuchten Besuchern in den labyrinthartigen Kalksteinhöhlen nördlich der Laguna de Arenal den Weg. Eine unbefestigte Straße führt vom Hotel La Mansion Inn zu den zehn bislang entdeckten Kammern, die insgesamt fast drei Kilometer lang sind. Viele der schönen Stalagmiten, Stalaktiten und anderen Formationen enthalten Meeresfossilien. In der Regenzeit von Mai bis November und nach heftigem Regen bildet sich der unterirdische Wasserfall Cascada de La Muerte. In den Höhlen wimmelt es von Fledermäusen, blinden Fischen und durchsichtigen Fröschen.

In La Fortuna bieten Führer ihre Dienste an. Sie lie-

→ *Hängebrücke durch die Bäume, Mistico Arenal Hanging Bridges Park*

↑ *Der klare Pozo Azul am Río Celeste, Parque Nacional Volcán Tenorio*

fern auf den zweistündigen Höhlenexkursionen viel Wissenswertes zu den verschiedenen Felsformationen. Wilbert Solis, der Besitzer des Grundstücks über den Höhlen, stellt Helme, Taschenlampen und Gummistiefel zur Verfügung. Besucher sollten auf jeden Fall Kleidung zum Wechseln mitnehmen.

8

Refugio Nacional de Vida Silvestre Caño Negro

C1 · 105 km nordwestl. von La Fortuna · +506-2471-1309 · ab Upala · ab Los Chiles · tägl. 8–16

Caño Negro, eines der wichtigsten Feuchtschutzgebiete Costa Ricas, erstreckt sich über 98 Quadratkilometer Marschland, Lagunen und Yolillo-Palmenwald. Viele Besucher möchten Snooks (Barsche) und Tarpune angeln, die im Río Frío, der den Lago Caño Negro speist, und anderen Flüssen leben. Auch der seltene Knochenhecht, normalerweise im Atlantischen Ozean beheimatet, ist in dem gerbsäurehaltigen Gewässer zu finden. In der kurzen Trockenzeit von Dezember bis April versammeln sich Krokodile, Kaimane und große Säugetiere an den Wasserstellen.

Man sieht reichlich Affen und Tapire; Jaguare und andere Raubkatzen sind dagegen scheu. Auch Jabirus, Nicaraguagrackel, Rosalöffler und massenhaft Olivenscharben, die während ihres Vogelzugs in Costa Rica haltmachen, kann man hier beobachten.

Das Dorf Caño Negro am Westufer des Lago Caño Negro ist die einzige Gemeinde im Reservat. Hier befinden sich die Parkverwaltung sowie mehrere Lodges, die geführte Touren anbieten und Angellizenzen organisieren. Boote kann man auch im nicht weit entfernten Los Chiles bekommen, Agenturen in San José bieten vor allem zwischen Juli und März Angelausflüge an.

Die Region wird während der Regenzeit oft überflutet. Die dann unbefestigten Straßen sind eine Herausforderung, die meist nur mit geländegängigen Fahrzeugen bewältigt werden kann.

9

Parque Nacional Volcán Tenorio

C2 · 11 km östl. von Bijagua · +506-2206-5369 · ab Upala, dann Jeep-Taxi · tägl. 8–16

Einige Naturlodges bieten leichten Zugang zum Park (184 km²). Wege führen durch Bergregenwald, zu Thermalquellen und zum türkisblauen Teich Pozo Azul. Einheimische Führer leiten Touren auf der Suche nach Tapiren und anderen Tieren. Der Pfad zum Gipfel ist Wissenschaftlern vorbehalten.

Entdeckertipp

Begegnungen mit Leguanen

Im Centro Turístico Iguana Azul an der Ruta 35, nördlich der Kreuzung nach Muelle, kann man von einer Brücke aus unzähligen Grünen Leguanen beim Faulenzen zusehen. Beim angrenzenden Restaurant warten die Tiere darauf, dass ihnen jemand Obststückchen zuwirft.

10 Sarapiquí Rainforest Lodge

D2 La Virgen de Sarapiquí, 47 km nördl. von Alajuela +506-2761-1004 von San José nach Puerto Viejo de Sarapiquí tägl. 9–17 sarapiquis.com

Das weitläufige ökologische Zentrum am Río Sarapiquí gewährt faszinierende Einblicke in die Kultur der Ureinwohner. Das fantastische Museo de Cultura Indígena widmet sich den indigenen Völkern Costa Ricas und der Erhaltung ihrer Artefakte.

Im Parque Arqueológico Alma Ata in einem Orangenhain sind vier Gräber der Ureinwohner (15. Jh.) und der Nachbau eines präkolumbischen Dorfs zu sehen. Reiseleiter mit indigenen Wurzeln führen durch die nach dem Naturforscher Chester Czepulos (1916–1992) benannten Chester's Field Botanical Gardens mit rund 500 einheimischen Pflanzenarten, die seit präkolumbischer Zeit als Heilpflanzen bekannt sind. Zum Zentrum gehören ein erstklassiges Restaurant und Hotel sowie eine Bibliothek und ein Konferenzzentrum.

Umgebung: Das **Tirimbina Rainforest Reserve** nebenan schützt 300 Hektar Regenwald auf mittlerer Höhe. Man erreicht es von der Sarapiquí Rainforest Lodge aus über eine 260 Meter lange Hängebrücke über den Río Sarapiquí. Es gibt acht Kilometer Wanderwege, u. a. einen 100 Meter langen zwischen Baumkronen, sowie eine Nachtführung zum Thema »Fledermäuse«. Der angrenzende **Dave & Dave's Nature Park** von Dave Landos Sr. und Jr. mit Aussichtsplattformen, Wegen und Führungen ist ein hervorragender Ort für die Vogelbeobachtung. Fünf Minuten weiter südlich bietet die **Hacienda Pozo Azul**, eine bewirtschaftete Rinderfarm, Rafting und Canopy-Touren an. Im etwa 35 Kilometer entfernten **Cinco Ceibas Rainforest Reserve and Adventure Park** kann man wandern, reiten, Kajak fahren und eine Farm mit Ochsenkarren besichtigen. Die Holzstege sind für Rollstuhlfahrer zugänglich.

Tirimbina Rainforest Reserve
+506-4020-2900 tägl. 7–17 tirimbina.org

Bananen

Costa Rica ist weltweit einer der größten Produzenten von Bananen. Noch immer werden für die Anlage von Plantagen jährlich riesige Flächen des schutzbedürftigen Regenwalds geopfert. Hinzu kommt der Einsatz von Chemikalien, die den Gewässern und somit auch den Fischen schaden: Sie nähren das Wuchern von Pflanzen, die Flussmündungen und Korallenriffe ersticken. Viele Umweltorganisationen versuchen unermüdlich, ökologisch verträglichere Anbaumethoden durchzusetzen.

Dave & Dave's Nature Park
La Virgen de Sarapiquí +506-2761-0801 tägl. 7–17 eco-observatory.com

Schon gewusst?
Der Río Sarapiquí mündet in den Río San Juan, den Grenzfluss zwischen Costa Rica und Nicaragua.

Hacienda Pozo Azul
La Virgen de Sarapiquí +506-2761-1616 tägl. 9–18:30 pozoazul.com

Cinco Ceibas Rainforest Reserve and Adventure Park
32 km nordwestl. von La Virgen via San Miguel +506-2476-0606 tägl. 10–17

11 Ciudad Quesada (San Carlos)

D3 44 500 95 km nordwestl. von San José ICT, nördl. der Universidad Católica, +506-2461-9102 Sa Apr: Feria del Ganado

Ciudad Quesada ist für die Milch- und Viehwirtschaft des Umlands sehr wichtig. Die Stadt, in der Region auch San Carlos genannt, liegt inmitten von Weideland an einem Abhang der Cordillera de Tilarán auf 650 Meter Höhe. Das Verwaltungszentrum ist bekannt für die jährlichen Viehmärkte sowie für die zahlreichen *talabarterías* (Sattlerwerkstätten) und *heladerías* (Eisdielen).

Umgebung: Highway 140 führt aus der Stadt nach Osten an den Schlammbädern und heißen Quellen der **Termales del Bosque** vorbei. Man kann wandern, reiten und per Zipline auf Canopy-Tour gehen. In der Nähe rettet **La Marina Wildlife Rescue Center**, ein gemeinnütziger Zoo, Tiere wie Jaguare, Agutis, Affen, Pekaris und Schlangen sowie Vögel wie Aras und Tukane. Es werden auch Tapire aufgezogen und ausgewildert.

←
Mit dem Kajak auf Tour im Cinco Ceibas Rainforest Reserve and Adventure Park

↑ *Thermalpools im Termales del Bosque*

Termales del Bosque
6 km östl. von Ciudad Quesada +506-2460-1356 tägl. 7–22 hoteltermalesdelbosque.com

La Marina Wildlife Rescue Center
10 km östl. von Ciudad Quesada +506-2474-2202 tägl. 8–16 zoocostarica.com

12 Puerto Viejo de Sarapiquí

E2 20 000 84 km nördl. von San José

Wegen seiner Lage am Fuß der Cordillera Central am Río Sarapiquí dient Puerto Viejo seit der Kolonialzeit als wichtiger Binnenhafen.

Die Tiefebene Llanura de San Carlos um Puerto Viejo ist hauptsächlich von Bananenstauden bedeckt.

Auf der etwa 20 Kilometer südwestlich gelegenen **Finca Ecoorgánica Sarapiquí** lernt man viel über den Anbau von Bananen und anderen Agrarprodukten.

Finca Ecoorgánica Sarapiquí
La Virgen de Sarapiquí tägl. 7–17 sarapiquiecoorganico.com

Bars

Café y Macadamia
Herrlicher Kaffee, frische Smoothies, leckere Gerichte und ein toller Ausblick.
C2 1,5 km östl. von Guadalajara +506-8635-8235

Hotel Lake Arenal and Brewery
Kleinbrauerei eines Hotels mit hervorragendem Bier und herrlichem Seeblick.
C2 5 km nördl. von Tilarán lakearenalhotel.com

Rain Forest Café
Wählen Sie Ihren Espresso, Cappuccino oder Milchkaffee aus einer Reihe hervorragender Bohnensorten, die an den Hängen des Vulkans Poás angebaut werden.
C2 La Fortuna +506-2479-7239

La Fortuna Pub
Das beliebte Pub mit einer großen Auswahl an costa-ricanischen Craftbeers serviert köstliche Burger, Chicken Wings und Nachos.
C2 La Fortuna +506-2479-1511

Lava Lounge Bar and Grill
Die Freiluftbar ist bekannt für Livemusik. Mit Spenden in einer Sammelbüchse werden Hunde in Not unterstützt.
C2 La Fortuna +506-2479-7365

470

Vogelarten leben im Reservat La Selva Biological Station.

13

La Selva Biological Station

E2 3 km südl. von Puerto Viejo +506-2766-6565 von San José nach Puerto Viejo de Sarapiquí, dann Jeep-Taxi tägl. 8–17 (nach Vereinbarung) tropicalstudies.org

Dr. Leslie Holdridge errichtete 1954 diese Forschungsstation, die seit 1968 als private Einrichtung von der Organization for Tropical Studies (OTS) geführt wird. Die Forschung in diesem 15 Quadratkilometer großen Reservat umfasst physiologische Ökologie, Bodenkunde und Forstwirtschaft mit über 1000 Baumarten im Holdridge Arboretum.

La Selva ist eine riesige regenwaldbedeckte Ebene beim Parque Nacional Braulio Carrillo *(siehe S. 146)*. Schlangen gibt es hier zwar viele, sie sind aber selten zu sehen. Auffälliger sind die grellbunten Pfeilgiftfrösche und über 500 Schmetterlingsarten, darunter auch der Blaue Morphofalter. Jaguare und andere Großkatzen durchstreifen den Wald auf der Suche nach Affen, Nasenbären und Hirschen, um nur drei von 120 Säugetierarten in La Selva zu nennen. Besonders häufig zu sehen sind Pekaris. Die Hälfte aller Vogelarten Costa Ricas wurde hier gesichtet. Zur jährlichen 24-stündigen Vogelzählung um Weihnachten kommen Ornithologen aus aller Welt. Samstags wird ein Grundkurs zur Vogelkunde angeboten. Das Reservat ist öffentlich zugänglich, jedoch nur für maximal 65 Personen, Wissenschaftler und Studenten werden bevorzugt. Melden Sie sich daher frühzeitig an.

OTS bietet Führungen ab San José inklusive Transfer an. Für alle, die die 50 Kilometer Uferwege quer durch La Selva auf eigene Faust erkunden möchten, hält der Souvenirladen Broschüren bereit. Die jährlichen Niederschläge können 4000 Millimeter übersteigen, weshalb viele Wege schlammig sind. Es gibt Übernachtungsmöglichkeiten in Schlafsälen.

14

Refugio Nacional de Vida Silvestre Corredor Fronterizo

D1 Bahía Salinas bis Punta Castillo +506-2471-2191 (Los Chiles)

Das Schutzgebiet nimmt 590 Quadratkilometer costaricanisches Gebiet an der Grenze zu Nicaragua ein – von Bahía Salinas an der Westküste bis Punta Castillo im Osten. Der östliche Teil verläuft am Río San Juan entlang, der von unberührtem Regenwald gesäumt wird und sich – von zwei Nationen beansprucht – 195 Kilometer östlich des Lago de Nicaragua nach Punta Castillo schlängelt.

Wassertaxis verbinden Puerto Viejo de Sarapiquí am Zusammenfluss von Sarapiquí und San Juan mit dem Ort Trinidad. Auf einer Bootstour kann man Faultiere, Krokodile und unzählige Vögel, u. a. Stirnvögel, sehen.

Umgebung: 39 Kilometer flussaufwärts von Trinidad bietet Boca San Carlos am

←

In der La Selva Biological Station beobachtet man auch das Leben im Wasser

Hängematte für einen müden Wanderer auf der Terrasse einer Lodge in Selva Verde ↑

Río San Juan eine Flugpiste. Es ist auch über eine unbefestigte Straße erreichbar. Von dort aus sind Bootsausflüge nach Nicaragua möglich. Das private Reservat **Laguna del Lagarto** schützt fünf Quadratkilometer Regenwald, Sümpfe und Lagunen mit Karibik-Manatis. Von einer Lodge aus kann man Tiere beobachten. Nahe dem nicaraguanischen El Castillo, 40 Kilometer flussaufwärts von Boca San Carlos, erinnert die bemooste Fortaleza de la Inmaculada Concepción (17. Jh.) an die Piratenkriege und an die englische Invasion durch Lord Nelson.

Laguna del Lagarto
16 km südl. von Boca San Carlos +506-2289-8163 lagunalagartoecolodge.com

15
Selva Verde

D2 8 km westl. von Puerto Viejo de Sarapiquí +506-2761-1800 von San José nach Puerto Viejo de Sarapiquí tägl. 6–19 selvaverde.com

Selva Verde (»grüner Wald«), eines der besten privaten Reservate des Landes, grenzt an den Parque Nacional Braulio Carrillo *(siehe S. 146)*. Im Wald leben über 420 Vogelspezies, darunter acht Papageienarten. Ozelots, Faultiere, Weißschulterkapuziner, Mantelbrüllaffen sowie weitere rund 120 Säugetierarten fühlen sich hier ebenfalls wohl. Zudem gibt es Pfeilgiftfrösche und Schlangen, die man aber selten zu Gesicht bekommt. Mehrere der 500 in Selva Verde lebenden Schmetterlingsarten kann man in einem übernetzten Garten umherschwirren sehen. Auf dem Río Sarapiquí werden Kanutouren mit Führer angeboten. Zudem stehen Karten für die gepflegten Wanderwege zur Verfügung.

Das Reservat verfügt über eine Lodge mit komfortablen Zimmern. Das Personal hilft gern bei der Organisation von Ausflügen zu anderen Attraktionen in der Region, z. B. zu einer zehn bis 15 Autominuten entfernten Ananasplantage, wo Sie auch sehen können, wie Pfeffer angebaut, geerntet und getrocknet wird.

Pfeilgiftfrösche

In den Regenwäldern Mittel- und Südamerikas leben die Pfeilgiftfrösche, so genannt, weil deren Gift für Pfeilspitzen verwendet wurde. Es existieren rund 65 Arten, nur drei davon sind für Menschen tödlich (keine davon wurde in Costa Rica gefunden). Die Frösche sind nur etwa sechs Zentimeter groß, produzieren das Gift in ihren Schleimdrüsen und signalisieren dies durch eine grelle Färbung – meist rot, grün und/oder blau –, die Feinde abschrecken soll. Sie sind tagsüber im feuchten Laubwerk aktiv. Mehrere nicht giftige Arten imitieren die Färbung ihrer tödlichen Artgenossen. In Gefangenschaft verliert das Gift der Frösche, das auf ihrer Ernährung (Ameisen und Termiten) beruht, an Wirkung.

↑ *Von der Rainforest Aerial Tram aus kann man Tiere hoch oben in den Bäumen beobachten*

16

Rainforest Aerial Tram

E3 Hwy 32, 48 km nordöstl. von San José +506-2224-5961 von San José nach Guápiles tägl. 7:30–14 rainforestadventure.com

Einen Blick über und in das Dach des Regenwalds ermöglicht diese automatisierte Bahn, die der US-Naturforscher Dr. Donald Perry schuf, als er in Rara Avis forschte. Eingeweiht wurde die auch als »El Teleférico« bekannte Rainforest Aerial Tram 1994 als Highlight des 350 Hektar großen privaten Schutzgebiets am östlichen Rand des Parque Nacional Braulio Carrillo. Man sitzt in offenen Gondeln, die sich zunächst lautlos am Waldboden bewegen, bevor sie sich auf einem drei Kilometer langen Rundweg über die Baumkronen erheben. Die Tour dauert 90 Minuten. In jeder Gondel erklärt ein Führer die Tiere und Pflanzen. Brüll- und Kapuzineraffen, Leguane, Faultiere und Schlangen sieht man gelegentlich. Die Aussicht ist grandios, und es gibt viele Fotomotive – Hauptanliegen der Tour ist jedoch die Ökologie des Regenwalds.

Einige Wege führen zum Río Corinto. Neben Ausstellungen mit Fröschen und Schmetterlingen werden auch Vogelbeobachtungen angeboten. Unterkünfte stehen in Form von einfachen Holzhütten zur Verfügung.

Expertentipp

Blick von oben

Frühmorgens und spätnachmittags bekommt man aus der Rainforest Aerial Tram die meisten Tiere zu Gesicht. Die Fahrt um 7:30 Uhr ist besonders zu empfehlen – so früh ist noch keiner der vielen Tagesausflügler aus San José da.

17

Heliconia Island

E2 8 km südlich von Puerto Viejo +506-2764-5220 von San José nach Puerto Viejo de Sarapiquí über den PN Braulio Carrillo tägl. 8–17 heliconiaisland.com

Der wunderschön gestaltete Garten am Río Puerto Viejo wurde 1992 von dem US-Naturforscher Tim Ryan angelegt. Auf zwei Hektar Rasenfläche wachsen Hunderte tropischer Pflanzenarten. Der Garten ist auf Helikonien spezialisiert, die mit 80 Arten aus aller Welt vertreten sind. Auch verschiedene Ingwer-, Bambus- und Orchideenarten gedeihen hier. Gleichermaßen beeindruckend ist die Palmensammlung mit dem aus Madagaskar stammenden Baum des Reisenden – er versorgt Reisende im Notfall mit wertvollem Wasser, das er auf dem Blattgrund speichert. Auch die Vogelwelt ist überaus sehenswert: Kolibris, Veilchentrogons und Tovisittiche gehören zu den 200 Arten, die von den exotischen Pflanzen angezogen werden. In den Mandelbäumen nisten seltene Große Soldatenaras.

Sachkundige Führer informieren über die Ökologie der Pflanzen. Besonders interessant sind die Nachttouren. Der Fluss hat auch ruhige Abschnitte, in denen man sogar schwimmen kann. Auf der Insel gibt es ein Restaurant und B&B-Übernachtungsmöglichkeiten.

18

Rara Avis

E3 27 km südl. von Puerto Viejo +506-2764-1111 von San José nach Las Horquetas

Das Regenwaldreservat, eines der ersten privaten Naturschutzgebiete Costa

→ *Ein Violettdegenflügel aus der Familie der Kolibris saugt Nektar auf Heliconia Island*

Hotels

Celeste Mountain Lodge
Die stilvolle Öko-Lodge an den Hängen des Volcán Tenorio bietet komfortable Zimmer mit Bad und weitem Blick auf die Vulkane Tenorio und Miravelles sowie den tropischen Dschungel in der Umgebung.

B2 Bijagua
celestemountainlodge.com
$$

Selva Verde
Die im Regenwald gelegene familienfreundliche Lodge ist Basis für vielfältige Aktivitäten, Touren und Programme rund um die Tierwelt. Ein Rückzugsort für Naturliebhaber und Abenteuerlustige.

D2 Chilamate
selvaverde.com
$$

→ *Ursprüngliche Wildnis von ihrer schönsten Seite im Reservat Rara Avis*

Ricas, ist weltberühmt. Das nur zehn Quadratkilometer große Areal auf der ruhigeren Nordostseite des erloschenen Volcán Cacho Negro auf 700 Meter Höhe grenzt an den Parque Nacional Braulio Carrillo und an La Selva.

Geistiger Vater von Rara Avis war der Biologe Amos Bien, der es 1983 in der Überzeugung schuf, damit Arbeitsplätze sichern zu können. Zu den von Rara Avis geförderten Projekten gehören eine Schmetterlingsfarm sowie die Philodendren- und Orchideenzucht.

Wanderwege führen durch den unberührten, auf mittlerer Höhe gelegenen Regenwald. Die Artenvielfalt ist beeindruckend, und wer Glück hat, sieht alles vom Klammeraffen bis zur *Boa constrictor*. Während Jaguare und Pumas leise durchs Unterholz schleichen, machen rund 400 Vogelarten mit ungeheurer Klangvielfalt auf sich aufmerksam, darunter Schirmvögel, Sonnenrallen und der gefährdete Große Soldatenara. Vorsicht ist geboten, wenn man in den Becken unterhalb der Wasserfälle des Parks badet.

Rara Avis ist kein gemütlicher Tagesausflug: Die Anreise ist anspruchsvoll. Zugang bietet ein Weg, auf dem man meist knietief in Schlamm versinkt. Von Las Horquetas am Highway 4 aus fahren traktorgezogene Wagen – die holprige 14 Kilometer lange Fahrt dauert zwei Stunden, gefolgt von einer einstündigen Wanderung zur Hütte. Hier fallen im Schnitt über 5000 Millimeter Regen pro Jahr – Gummistiefel sind ein Muss. Die Unterbringung (mindestens zwei Nächte) erfolgt in rustikalen Hütten. Strom gibt es nur im Hauptbüro und im Speisesaal (Taschenlampe mitnehmen). Die von Dschungel umgebenen Zimmer sind jedoch sauber und gemütlich – mit Bad und viel warmem Wasser.

> **Während Jaguare und Pumas leise durchs Unterholz schleichen, machen rund 400 Vogelarten mit ungeheurer Klangvielfalt auf sich aufmerksam.**

Boote liegen unter einem strahlend blauen Himmel auf weißem Sand

Karibikküste

Die Karibikküste, eine der feuchtesten Regionen von Costa Rica, erstreckt sich über 200 Kilometer zwischen Nicaragua und Panama. Die ersten Bewohner der Inseln vor der Küste waren die Taíno, ein zu den Arawak gehörendes indigenes Volk von Bauern, Fischern und Töpfern. 1502 landete Christoph Kolumbus auf seiner vierten Reise an Costa Ricas Karibikküste, genauer gesagt auf der Isla Uvita. Nachdem der Hafen von Puerto Limón 1665 für den Handel geschlossen worden war, ließen sich kaum mehr Spanier in der Region nieder. Dies lockte zunehmend Piraten und Schmuggler an, die die versklavte Bevölkerung zwangen, kostbare Harthölzer für den Schwarzhandel zu schlagen.

Ende des 19. Jahrhunderts kamen jamaikanische und chinesische Einwanderer, um die Atlantic Railroad zu bauen und auf den Bananenplantagen zu arbeiten. Die folgenden Generationen lebten von der Viehzucht und vom Fischfang, was die kreolische Kultur noch heute bestimmt. Kanäle aus den 1960er Jahren verbinden Puerto Limón mit Barra. Sie öffneten die bis dato kaum zugängliche Region für den Handel und den Tourismus, was zur Schaffung mehrerer wichtiger Schutzgebiete führte.

0 Kilometer 20
N
NICARAGUA
San Juan de Nicaragua
Punta Castillo
Isla Machuca
Río San Juan
Trinidad
Barra del Colorado
Aeropuerto de Barra del Colorado
7
Refugio Nacional de Vida Silvestre Barra del Colorado
HEREDIA
Río Chirripó
Norden
Seiten 194–211
Encina
247
Río Suerte
Tortuguero
Aeropuerto Nacional de Tortuguero
Canta Gallo
Parque Nacional Tortuguero
5
Puerto Viejo de Sarapiquí
Porvenír
LIMÓN
4
Canal de Tortuguero
La Virgen de Sarapiquí
Millón
Cariari
140
Las Horquetas
247
Zancudo
Parismina
3
Aeropuerto de Guápiles
Río Jiménez
126
Rita
248
Caño Blanco
32
EARTH
Río Jiménez
Guápiles
1
8
Guácimo
Río Reventazón
Vara Blanca
Carmen
Las Cusingas
32
Poásito
San Alberto Nuevo
Río Blanco
Batán
Siquirres
Alajuela
Barva
10
Río Pacuaré
3
Heredia
San Isidro de Coronado
1
32
Zentrales Hochland
Seiten 126–153
Aeropuerto Internacional Juan Santamaría
SAN JOSÉ
Escazú
2
Cartago
10
Turrialba
SAN JOSÉ
Aserrí
San Gabriel
Orosí
Chirripó Abajo
222
CARTAGO
301
2
Salsipuedes
Río Chirripó
Karibik-küste
2
San Isidro de El General
General Viejo

Karibikküste

Sehenswürdigkeiten

1 Guápiles
2 Veragua Rainforest Eco-Adventure
3 Parismina
4 Puerto Limón
5 Parque Nacional Tortuguero
6 Sloth Sanctuary
7 Refugio Nacional de Vida Silvestre Barra del Colorado
8 EARTH
9 Cahuita
10 Parque Nacional Cahuita
11 Reserva Biológica Hitoy-Cerere
12 Refugio Nacional de Vida Silvestre Gandoca-Manzanillo
13 Reservate der Ureinwohner
14 Puerto Viejo de Talamanca

←

Vorbei an einem Wasserfall auf dem Puma Trail im Veragua Rainforest Eco-Adventure

SEHENSWÜRDIGKEITEN

1

Guápiles

E3 · 36 000 · 66 km nordöstl. von San José · ab San José

Die größte und westlichste Stadt am Highway 32 liegt in einem Agrargebiet mit Bananenplantagen und Farmen für Blumen und Zierpflanzen. Das Tor zur Region ist ein beliebtes, nicht allzu touristisches Shoppingziel mit gemütlichen traditionellen *Tico*-Restaurants. Zahlreiche Unterkünfte machen Guápiles zu einem guten Ausgangspunkt für Ausflüge, etwa in den Parque Nacional Tortuguero *(siehe S. 218f)*.

2

Veragua Rainforest Eco-Adventure

F3 · 28 km südwestl. von Puerto Limón · +506-4000-0949 · von Puerto Limón nach Liverpool, dann Jeep-Taxi · Mai – Dez: nur Gruppen nach Vereinbarung; Nov – Apr: Do – So 8 –15 · veraguarainforest.com

Das 1300 Hektar große Reservat dient den Umweltforschern von INBio, dessen Labors für Besucher geöffnet sind. Man kann durch die Schmetterlings- und Froschgärten spazieren und Ausstellungen mit Schlangen und Insekten sehen. Mit einer Seilbahn gelangt man zum Flussufer, wo Pfeilgiftfrösche durchs Unterholz hüpfen. Es gibt auch eine Zipline-Canopy-Tour. Ein Weg führt zu einem Wasserfall mit erfrischender Gischt. Essen kann man im Restaurant mit Blick auf den Regenwald. Im Eintritt ist eine geführte Tour enthalten. Wer mit dem Auto anreisen will, benötigt einen Allradantrieb.

3

Parismina

F3 · 400 · 48 km östl. von Guápiles · von Guápiles über Siquerres nach Caño Blanco, dann 3 km per Boot · ab Puerto Limón

Das Dorf an der Mündung des Río Parismina, 45 Kilometer nördlich von Moín, ist die einzige Gemeinde am Kanal zwischen Puerto Limón und Tortuguero und ein wichtiges Zentrum für Tarpun- und Snook-Angler – für sie gibt es die beiden Lodges Jungle Tarpon und Río Parismina Lodge. Anderenorts kann man in kleinen Pensionen und Restaurants das Leben vor Ort kennenlernen. Der silberfarbene Strand, einer der wichtigsten Eiablageplätze für Lederschildkröten in der westlichen Hemisphäre, hat mit dem jüngsten Einbruch der Schildkrötenpopulation an Nicoyas Playa Grande zusätzliche Bedeutung erlangt. Die **Association Save the Turtles of Parismina** ist ständig auf der Suche nach Freiwilligen, die während der Eiablagezeit (Feb – Okt) helfen, die Schildkröten zu schützen. Unterkünfte bei Gastfamilien können organisiert werden.

Association Save the Turtles of Parismina
Barra del Parismina
+506-8357-2862
parisminaturtles.org

4

Puerto Limón

G3 · 100 000 · 160 km östl. von San José · Sep: Black Culture Festival; 12. Okt: Día de las Culturas

Die Hafenstadt liegt in der Nähe, wo Christoph Kolum-

> Fotomotiv
> **Farbkleckse**
>
> Gehen Sie durch eine beliebige Straße in Limón! Überall treffen Sie auf Holzhäuser mit breiten Balkonen auf Stelzen, und alle sind in tropischen Pastelltönen gestrichen – karibische Klassiker, die dem Fotoalbum Farbe verleihen.

→

Farbenprächtige Häuser säumen die Küste der Hafenstadt Puerto Limón

Schon gewusst?

Das Erdbeben vom 22. April 1991 in Limón tötete 127 Menschen und hob die Küstenlinie um 1,85 Meter.

bus und sein Sohn Fernando 1502 vor Anker gingen. Die Ursprünge reichen bis in die frühe Kolonialzeit zurück. Die Siedlung gedieh vor den Augen der spanischen Behörden durch den illegalen Handel mit Harthölzern wie Mahagoni. Puerto Limón hat viele chinesische Einwohner, deren Vorfahren in den 1880er Jahren als Arbeiter für den Bau der Atlantic Railroad ins Land geholt wurden. Ein chinesischer Friedhof am Eingang der Stadt erinnert daran. Heute wird im Hafen ein Großteil des Seehandels Costa Ricas abgewickelt. Auch Kreuzfahrtschiffe legen hier an. Tagsüber verstopfen Lkws die Straße in die Stadt.

Kolumbus landete wohl an der Isla Uvita einen Kilometer vor der Küste. Seiner Ankunft wird mit einer Bronzebüste gedacht, die 1992 zum 500. Jahrestag der Entdeckung Amerikas enthüllt wurde. Die Büste steht gegenüber dem Parque Vargas am östlichen Ende der Fußgängerzone Avenida 2 (»El Bulevar«). In der Nähe schildert ein schönes Fresko von Guadalupe Álvarez die Geschichte der Stadt.

Puerto Limón hat einige interessante Bauten mit filigran gestalteten Eisenbalkonen, unter denen Einheimische Domino spielen. Die cremefarbene Alcaldía, das alte Rathaus westlich des Parque Vargas, ist ein Beispiel für stuckverzierte Belle-Époque-Architektur. Auf dem lebhaften Mercado Central nördlich des Museums bekommt man fast alles – vom Schweinskopf bis zu fangfrischem Fisch. In der Casa de la Cultura gegenüber gibt es Ausstellungen mit Werken hiesiger Künstler und donnerstags eine Filmnacht. La Catedral del Sagrado Corazón, die postmoderne Kathedrale aus Beton, erhebt sich mit einem kristallförmigen 47 Meter hohen Turm über das Stadtzentrum.

Umgebung: An der Playa Bonita außerhalb der Stadt kommen Surfer auf ihre Kosten. An Wochenenden tummeln sich auf dem goldfarbenen Strand allerdings viele Menschen. Am Südende der Bucht ist das Baden wegen der Strömungen gefährlich.

Karneval

In der zweiten Oktoberwoche wird in Puerto Limón Karneval gefeiert. Das einwöchige karibische Mardi-Gras-Fest erreicht am Día de las Culturas seinen Höhepunkt. In der Stadt vergnügen sich rund 100 000 Besucher, die teilweise mit Bussen aus San José angereist kommen. Reggae, Salsa und Calypso animieren zum Tanzen. Zudem gibt es Schönheitswettbewerbe, *desfiles* (Paraden), Straßenmärkte und ein Feuerwerk. Höhepunkt ist der Gran Desfile, ein farbenprächtiger Kostüm- und Festwagenumzug.

↑ *Wildtierbeobachtung auf einer Bootstour im Parque Nacional Tortuguero*

Hotels

Tortuga Lodge
Wunderschöne Naturlodge mit einem Infinity Pool oberhalb einer ruhigen Lagune.
F2 · Tortuguero · tortugalodge.com
$$$

Alby Lodge
Einfache, gepflegte strohgedeckte Hütten am Rand des Parks.
G4 · Cahuita · albylodge.com
$$$

Shawandha Lodge
Romantische Bungalows, ein Spa und im Freien servierte Gourmetküche.
G4 · Playa Chiquita · shawandha.com
$$$

5 Parque Nacional Tortuguero

F2 · 52 km nördl. von Puerto Limón · +506-2709-8086 oder +506-2710-2929 · ab Pavona, Moín, Caño Blanco · tägl. 6–12, 13–16

Der 770 Quadratkilometer große Nationalpark schützt die größte Eiablagestätte der Grünen Meeresschildkröten in der westlichen Hemisphäre. Tortuguero erstreckt sich über 22 Kilometer Küste und 30 Kilometer Meeresgebiet. Im Park verbindet der Canal de Tortuguero ein Labyrinth aus Flussdeltas, Kanälen und Lagunen, sodass Besucher der Tierwelt ungewöhnlich nahe kommen können.

Elf unterschiedliche Lebensräume von Wäldern mit Raphia-Palmen bis zu Sümpfen vermitteln eines der interessantesten Naturerlebnisse in Costa Rica. An den Rangerstationen am Nord- und Südende des Parks beginnen zwar Wanderwege, doch am besten erkundet man die Wasserwelt per Boot: Die lautlose Annäherung auf den breiten Kanälen erlaubt einen engen Kontakt mit Flora und Fauna. Flussotter, Kaimane sowie Brüll-, Klammer- und Kapuzineraffen sind häufig zu sehen, ebenso Vögel wie Tukane und Glanzvögel. Die Wasserwege sind labyrinthartig – es wird deshalb dringend empfohlen, sich einen Führer mit Ortskenntnis zu suchen. Hauptattraktion sind die Grünen Meeresschildkröten, die hier zwischen Juni und November ihre Eier ablegen. Pro Nacht dürfen nur zwei Besuchergruppen mit einem Führer an den Strand.

Es gibt keine Straßen zum Park. Zugang hat man nur per Boot oder per Kleinflugzeug, das im Norden des Parks im Dorf Tortuguero landet. Lodges vor Ort organisieren geführte Touren.

Umgebung: Die Einwohner von Tortuguero lebten lange Zeit vom Holzhandel und Schildkrötenfang. Heute ist der Fremdenverkehr die

Am besten erkundet man die Wasserwelt per Boot: Die lautlose Annäherung auf den Kanälen erlaubt einen engen Kontakt mit Flora und Fauna.

Haupteinnahmequelle, und Umweltschutz hat entsprechend hohe Priorität. Das **Sea Turtle Conservancy Visitor Center** der John H. Phipps Biological Station bietet reichlich Informationen zu den hiesigen Ökosystemen und zu Schildkröten.

Sea Turtle Conservancy Visitor Center
500 m nördl. vom Dorf Tortuguero +506-2767-1576 tägl. 10–12, 14–17

6 Sloth Sanctuary

G4 11 km nördl. von Cahuita +506-2750-0775 von Puerto Limón nach Cahuita, dann Taxi Di–So 8–14 slothsanctuary.com

Das weltweit einzige Faultierzentrum wurde 1992 ins Leben gerufen, als ein verwaistes Dreifingerfaultier hier aufgenommen und versorgt wurde. Seitdem sind viele Faultiere dazugekommen, und das Zentrum wurde zu einer führenden Forschungseinrichtung.

Verletzte Faultiere – auch Tiere, die von Stromschlägen getroffen wurden – werden in der Klinik behandelt. Viele werden wieder ausgewildert, einige kann man in Gehegen sehen. Besucher lernen auf Führungen auch die Aufzucht- und Rehastation kennen. Eine geführte Kanufahrt zur Beobachtung der Flora und Fauna des tropischen Tiefland-Regenwalds ist ebenfalls enthalten.

Auf Wanderwegen durch das Reservat mit Regenwald und Sümpfen kann man u. a. Kaimane und Flussotter entdecken.

←
Ein Dreifingerfaultier hängt in einem Baum im Sloth Sanctuary

7 Refugio Nacional de Vida Silvestre Barra del Colorado

E2 34 km nördl. von Tortuguero +506-2709-8086 ab Tortuguero, Puerto Viejo de Sarapiquí und Pavona tägl. 8–16

Das Naturschutzgebiet ist durch den Caño de Penitencia mit dem Parque Nacional Tortuguero verbunden und grenzt im Norden an Nicaragua. Die Marschen, der Regenwald und die Palmenwälder beherbergen viele Wildtiere, dennoch kommen nicht sehr viele Besucher hierher. Krokodile und Vögel wie den Jabiru (Storch) und den gefährdeten Großen Soldatenara kann man ebenso sichten wie Tapire, Jaguare und Manatis, die in den Wäldern bzw. Sümpfen leben. In den Flüssen des Reservats sind Tarpune, Snooks und Knochenhechte heimisch. Die Lodges für Angler konzentrieren sich um Barra del Colorado an der Mündung des Río Colorado.

Nicaragua

Am Río San Juan, dem Grenzfluss zu Nicaragua am nördlichen Rand des Schutzgebiets Barra del Colorado, kommt es seit 150 Jahren zu Spannungen zwischen den Nachbarstaaten. Der Contra-Krieg *(siehe S. 178)* war diesbezüglich ein Höhepunkt, was auch das Reisen gefährlich machte. Heutzutage ist der Grenzübertritt sicher. Die Wiedereinreise kann allerdings schwierig sein, da es zwar einen Polizeikontrollpunkt, jedoch kein Einwanderungsbüro auf costaricanischer Seite gibt.

8 EARTH

E3 1,5 km östl. von Guácimo +506-2713-0000 von San José nach Puerto Limón Mo–Fr 8–17, Sa, So 8–12 earth.ac.cr

Die Escuela de Agricultura de la Región Tropical Húmeda ist ein weltweit führendes Tropenforschungszentrum, dessen Hauptaugenmerk auf ökologischer Nachhaltigkeit liegt. EARTH unterhält seine eigene experimentelle Bananenplantage mit Verarbeitungsstation, wo auch Papier aus Bananenschalen hergestellt wird. Den Regenwald kann man auf geführten Wanderungen erkunden.

9

Cahuita

G4 8000 43 km südl. von Puerto Limón Juli: Festival Internacional de Calypso Walter Ferguson; Dez: Carnavalito Cahuita

Cahuita ist mit seiner Rastakultur eines der attraktivsten Dörfer Costa Ricas. Die afrokaribischen Einwohner leben in bunten Holzhäusern, die zum Teil auf Pfählen gebaut sind. Im Gegensatz zu anderen Stranddörfern, etwa dem in der Nähe liegenden Puerto Viejo, konnte Cahuita dem Tourismusboom weitgehend trotzen und strahlt noch den Charme einer entspannten Lebensweise aus. Kommen Sie im Juli her, wenn das Festival Internacional de Calypso Walter Ferguson die musikalischen und kulturellen Traditionen der Stadt feiert.

Die karibische Kultur

Die Kultur der Karibikküste unterscheidet sich von den anderen Kulturen Costa Ricas. Sie ähnelt eher derjenigen der Karibischen Inseln. Ein Drittel der Einwohner stammt von dunkelhäutigen Jamaikanern ab, die Ende des 19. Jahrhunderts nach Costa Rica kamen, um bei der Atlantic Railroad und in den Bananenplantagen zu arbeiten. Viele verwenden noch heute Redewendungen der Westindischen Inseln. Statt der lateinamerikanischen Musik des Hochlands hört man hier Reggae, und viele junge Männer tragen Dreadlocks. Auch die lokale Küche ist unverwechselbar, dafür sorgen nicht zuletzt scharfe Chilis und die typisch karibische Jerk-Würzmischung.

Umgebung: Nördlich der Stadt reicht der schwarze Sand der Playa Negra nach Norden bis zur Mündung des Río Estrella.

Eine interessante Möglichkeit, die umliegenden Strände und den Dschungel näher zu erkunden, ist die Teilnahme an einer der zahlreichen Touren, die auf der **Brigitte Ranch** organisiert werden. Zum Angebot gehören etwa Besuche einer nahe gelegenen Schokoladenfinca, geführte Wanderungen in der näheren Umgebung sowie Kajak- und Schnorchelausflüge im Nationalpark. Darüber hinaus gibt es Yoga-Stunden und kreolische Kochkurse.

Brigitte Ranch
Playa Negra, Cahuita
W brigittecahuita.com

10 Parque Nacional Cahuita

G4 · 43 km südl. von Puerto Limón · +506-2755-0461 · von Puerto Limón nach Cahuita · Puerto Vargas: tägl. 8–16; Playa Blanca: tägl. 6–17 · sinac.go.cr

In dem zehn Quadratkilometer großen Park bei Cahuita leben viele Wildtiere. Allein vom Strand aus kann man Tukane, Papageien und Faultiere in den Bäumen sehen. Im Unterholz tummeln sich Gürteltiere, Agutis und Ameisenbären. Kaimane schwimmen in Süßwasserflüssen, Papageifische, Hummer und Schildkröten an einem Korallenriff vor der Playa Blanca. Ein gut sechs Kilometer langer Weg mit Holzstegen über sumpfigen Gebieten verbindet die Rangerstation Kelly Creek in Cahuita mit der in Puerto Vargas. Im Meer gibt es an manchen Stellen gefährliche Strömungen, z. B. vor der Playa Vargas. Fragen Sie die Ranger, wo das Meer sicher ist. Schnorcheln ist nur mit Führer erlaubt.

11 Reserva Biológica Hitoy-Cerere

F4 · 45 km südl. von Puerto Limón, 20 km südwestl. des Hwy 36 bei Penshurst · +506-2206-5516 · von Puerto Limón zur Finca 12, dann Jeep-Taxi · tägl. 8–12 · sinac.go.cr

Das 100 Quadratkilometer große Paradies für Wanderer und Naturliebhaber erstreckt sich vom Río-Estrella-Tal über die Westflanke der Talamanca-Berge. Auf die unberührten Regenwälder geht oft heftiger Regen nieder, vor allem in den Monaten Juli, August, November und Dezember. In den üppig grünen Lebensräumen fühlen sich große Säugetiere besonders wohl, z. B. alle sechs Raubkatzenarten des Landes.

Umgebung: Die **Reserva Selva Bananito** an der Grenze zum Parque Internacional La Amistad *(siehe S. 238)* schützt 13 Quadratkilometer nachhaltiges Ackerland und den Regenwald am Fuß der Talamanca-Berge.

Das Angebot umfasst geführte Wanderungen, Vogelbeobachtungen und Bäumepflanzen sowie so aufregende Aktivitäten wie Baumklettern, Ziplining und Abseilen von Wasserfällen. Ein Fahrzeug mit Allradantrieb ist erforderlich. In der Lodge kann man auch übernachten.

Reserva Selva Bananito
35 km südwestl. von Puerto Limón · +506-2253-8118 · selvabananito.com

← *Farbenprächtiger Tukan* (Detail) *im dichten Wald an der idyllischen Playa Blanca bei Cahuita*

Restaurants

Miss Junie's
Klassiker der karibischen Küche.
F2 · Tortuguero · +506-2709-8029
$

Cocoricó
Tolle Pizza und Pasta plus Filmabende.
G4 · Cahuita · +506-2755-0409
$$

Taylor's Place
Bei den Einheimischen beliebt.
F2 · Tortuguero · +506-8468-6795
$

Café Rico
Gesundes herzhaftes Frühstück in diesem bunten Café mit Büchereianbau.
G4 · Puerto Viejo · +506-2750-0510
$$

12 Refugio Nacional de Vida Silvestre Gandoca-Manzanillo

G4 13 km südl. von Puerto Viejo +506-2759-9001 oder +506-2755-0302 ab Puerto Viejo de Talamanca tägl. 8–16

Gandoca-Manzanillo ist ein Mix aus Lebensräumen und von Siedlungen durchsetzt, deren Bewohner im Einklang mit der Natur leben. Das 1985 gegründete 83 Quadratkilometer große Reservat erstreckt sich bis ins Meer und schützt dort ein Korallenriff und 44 Quadratkilometer Lebensraum für Meeresschildkröten. Der Naturschutzbund Asociación ANAI unterstützt ein Programm, bei dem Freiwillige bei der Erhaltung dieser Arten helfen können. An Land gibt es Mangroven, Raphia-Palmen, Cativo-Bäume und Regenwald voller Tiere. In den Flüssen und Lagunen leben Manatis und Tucuxi-Delfine. Die Gewässer sind Kinderstuben u. a. auch von Haien und Hummern.

Ein Weg an der Küste und mehrere im Inneren – meist überwuchert und schlammig – bieten grandiose Möglichkeiten zur Tierbeobachtung. Der Küstenweg führt nach Punta Mona und zum Punta Mona Center, einer Bildungseinrichtung und Biofarm.

Schon gewusst?

Raphia-Palmen haben die größten Blätter im Pflanzenreich, bis zu 25 Meter lang und drei Meter breit.

13 Reservate der Ureinwohner

G4 nach Bribrí, dann Jeep-Taxi ATEC: +506-2750-0398; www.ateccr.org COOPRENA: +506-2290-8646; www.turismoruralcr.com

Die indigenen Völker der Bribrí und Cabécar bewohnen eine Reihe von auseinandergerissenen Reservaten auf der Karibikseite der Talamanca-Berge. Die Menschen leben in erster Linie von Agrarwirtschaft. Die beiden miteinander verwandten Gruppen konnten sich einen Großteil ihrer Kultur bewahren, etwa Dialekte, rituelle Tänze und schamanische Praktiken.

Am besten zugänglich ist die Reserva Indígena Keköldi, die sich über 36 Quadratkilometer in den Hügeln südwestlich von Puerto Viejo erstreckt. Hier gibt es eine Farm, auf der Leguane gezüchtet werden. Das Anwesen liegt in der Nähe von Hone Creek und ist von Puerto Viejo aus zu Fuß in 30 Minuten zu erreichen.

Weiter südlich, hinter dem regionalen Verwaltungszentrum Bribrí, befindet sich die Reserva Indígena Talamanca-Bribrí. Sie konzentriert sich um Shiroles, 18 Kilometer südwestlich von Bribrí, und umfasst das Valle de Talamanca, ein breites Tal mit Bananenplantagen.

Von Bambú aus, zehn Kilometer westlich von Bribrí, kann man per Kanu den Río Yorkín hinab zur Reserva Indígena Yorkín fahren. Besucher werden in traditionellen Hütten untergebracht und gewinnen einen guten Einblick in die faszinierende Kultur der Ureinwohner.

Die Reserva Indígena Talamanca-Cabécar erreicht man von Shiroles aus über unbefestigte Straßen durch das Tal des Río Coén. Die abgelegene Siedlung ist das wichtigste Zentrum des Schamanismus und der indianischen Kultur.

Eine große Auswahl an geführten Wanderungen sowie Übernachtungen in den Reservaten organisiert die Talamancan Association of Ecotourism and Conservation (ATEC) in Puerto Viejo de Talamanca oder COOPRENA (National Ecotourism Network). Besucher sollten jedoch beachten: Für Reisen in dieser Region benötigen Sie die Erlaubnis der ATEC. Der einzige Ort, den man ohne Genehmigung besichtigen kann, ist die Leguanfarm in der Reserva Indígena Keköldi.

→ *Ritt über die Wellen vor der untergehenden Sonne an der Playa Negra*

← *Steg im Refugio Nacional de Vida Silvestre Gandoca-Manzanillo*

14 Puerto Viejo de Talamanca

G4 5000 16 km südl. von Cahuita
ATEC: +506-2750-0398; www.ateccr.org

Puerto Viejo de Talamanca hat einen der besten Surfstrände der Region und ist bei Individualreisenden beliebt. Seit den 1990er Jahren, als hier nur Holzhütten auf Stelzen standen, hat sich der Ort rasant entwickelt. Seit 1996 gibt es Strom, in der Folgezeit wurde die Infrastruktur weiter ausgebaut, dennoch ist in Puerto Viejo von moderner Hektik wenig zu spüren.

Erfahrene Surfer testen zwischen Dezember und März am Riff La Salsa Brava die bis zu 6,50 Meter hohen Wellen. Die palmengesäumte Playa Negra mit schwarzem Sand erstreckt sich Richtung Norden.

Weiter nördlich kann man im **Finca La Isla Botanical Garden** auf gepflegten Wegen den Regenwald erkunden. Bromelien sind die »Spezialität« des fünf Hektar großen Gebiets, in dem auch exotische Früchte und Zierpflanzen wachsen.

In Puerto Viejo findet man einige der preiswertesten Unterkünfte in Costa Rica und zahlreiche Restaurants. Open-Air-Bars und Clubs erwachen am späten Abend zu überschäumendem Leben.

Finca La Isla Botanical Garden
1,5 km nordwestl. von Puerto Viejo +506-2750-0046 oder +506-8886-8530 Fr–Mo 10–16

Umgebung: Die Surfstrände Playa Cocles, Playa Uva und Playa Chiquita erstrecken sich südlich von Puerto Viejo bis zum Dorf Manzanillo. Eine asphaltierte Straße mit Hotels und *cabinas* führt an der Küste entlang, dahinter erheben sich bewaldete Hügel. An der Playa Chiquita befindet sich das **Jaguar Rescue Center**. Dort werden außer den faszinierenden Raubkatzen auch andere verletzte Tiere gepflegt.

Jaguar Rescue Center
5 km südl. von Puerto Viejo +506-2750-0710 Führungen: Mo–Sa 9:30, 11:30 (im Voraus buchen) jaguarrescue.com

Schamanismus

Die indigenen Völker Cabécar und Bribrí glauben an eine von Geistern erfüllte Welt, in welcher der schamanische Heiler die höchste Autorität der Gemeinde darstellt. Zu seinen Heilmitteln gehören u. a. *ulú* (Heilstäbe) und Kräuter. Diese werden mit Ritualgesängen und -tänzen angewendet, um Krankheiten zu vertreiben oder den Frieden in der Gemeinde wiederherzustellen.

Steinskulptur eines Schamanen

Schon gewusst?

Das heutige Feuchtgebiet Tortuguero war einst eine Reihe vulkanischer Inseln.

Ein kleiner Konvoi von Booten gleitet vorbei an tierreichen Ufern ↑

Bootstour auf dem Canal de Tortuguero

Länge 105 km **Rasten** In Parismina gibt es Angel-Lodges und einfache Restaurants. Die Tourboote halten auf Wunsch.

Zur Orientierung
Siehe Regionalkarte S. 214f

Reisen entlang der Karibikküste wurden durch den Bau des Kanalsystems von Tortuguero (1966–74) ermöglicht. Die 105 Kilometer lange Wasserstraße besteht aus vier Kanälen. Sie verbindet Moín mit Barra del Colorado und ist von Regenwald gesäumt. An den Stellen, wo der Wald besonders üppig wächst, ist sie sehr eng, aber ideal für Tierbeobachtungen. Man kann auf der ganzen Strecke Kaimane und Flussschildkröten sowie Vögel, z. B. Eisvögel und Arassaris, entdecken.

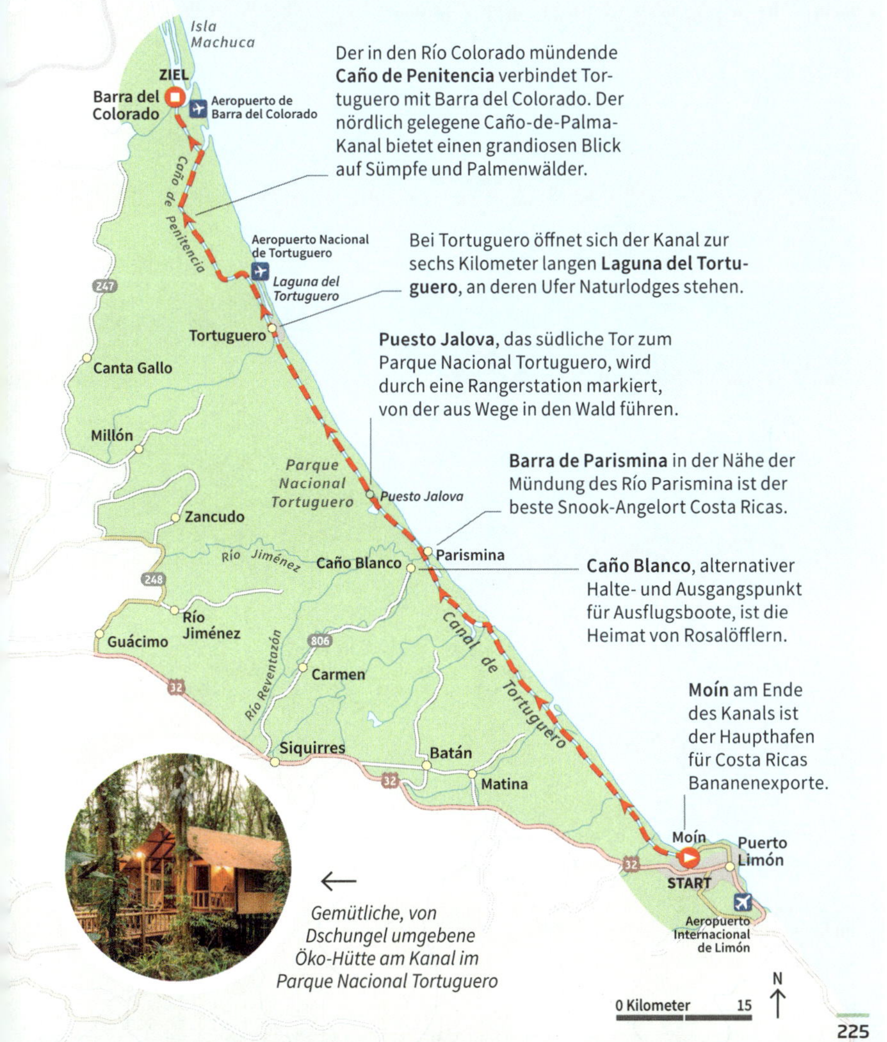

Der in den Río Colorado mündende **Caño de Penitencia** verbindet Tortuguero mit Barra del Colorado. Der nördlich gelegene Caño-de-Palma-Kanal bietet einen grandiosen Blick auf Sümpfe und Palmenwälder.

Bei Tortuguero öffnet sich der Kanal zur sechs Kilometer langen **Laguna del Tortuguero**, an deren Ufer Naturlodges stehen.

Puesto Jalova, das südliche Tor zum Parque Nacional Tortuguero, wird durch eine Rangerstation markiert, von der aus Wege in den Wald führen.

Barra de Parismina in der Nähe der Mündung des Río Parismina ist der beste Snook-Angelort Costa Ricas.

Caño Blanco, alternativer Halte- und Ausgangspunkt für Ausflugsboote, ist die Heimat von Rosalöfflern.

Moín am Ende des Kanals ist der Haupthafen für Costa Ricas Bananenexporte.

← *Gemütliche, von Dschungel umgebene Öko-Hütte am Kanal im Parque Nacional Tortuguero*

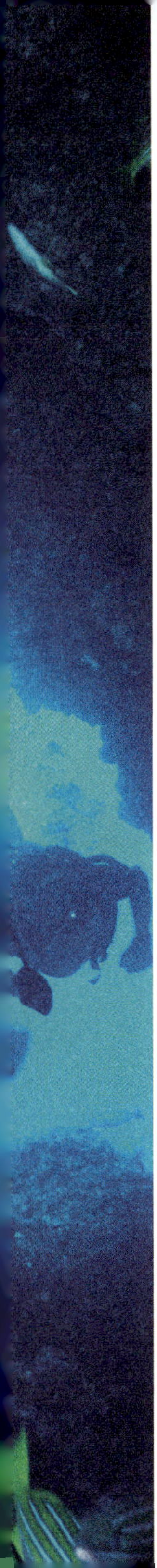

Begegnung eines Tauchers mit einem Grunzerschwarm vor der Isla del Coco (siehe S. 236f)

Süden

Im Süden Costa Ricas lebten zunächst die Nomadenvölker der Chibcha und Diquís, deren Relikte heute im dichten Festlanddschungel versteckt liegen. Die beiden Gruppen rangen um das Territorium mit den Boruca und Guaymí, deren Grabstätten auf der heiligen Isla del Caño entdeckt wurden.

Spanische Eroberer drangen Mitte des 19. Jahrhunderts in die Region ein – auf der vergeblichen Suche nach Gold – und trafen hier auf den heftigen Widerstand der Boruca. Die Spanier rotteten die indigene Bevölkerung fast vollständig aus, doch an ihrem eroberten Land zeigten sie nur wenig Interesse. Die Folge: Die Küste blieb isoliert und wurde von den fernen Kolonialherren mehrere Jahrhunderte lang vernachlässigt. 1938 begann die United Fruit Company, in den Tälern der Flüsse Coto-Colorado und Sierpe Bananenplantagen anzulegen. Die indigene Bevölkerung wurde in entlegene Bergregionen zurückgedrängt. Dort leben heute die größten indigenen Gemeinschaften des Landes.

Süden

Highlights

1. Parque Nacional Chirripó
2. Península de Osa
3. Parque Nacional Isla del Coco

Sehenswürdigkeiten

4. San Isidro de El General
5. Cerro de la Muerte
6. Parque Internacional La Amistad
7. Las Cruces Biological Station
8. Golfito
9. Valle del Río Chirripó
10. Dominical
11. Parque Nacional Marino Ballena
12. Refugio Nacional de Vida Silvestre Barú
13. Reserva Indígena Boruca
14. Reserva Biológica Isla del Caño
15. Pavones
16. Palmar
17. Parque Nacional Piedras Blancas
18. Reserva Forestal del Humedal Nacional Térraba-Sierpe
19. Zancudo

LIMÓN
Río Chirripó
Karibikküste
Seiten 212–225
Bribrí
Shiroles
36
Sixaola
Cerro Chirripó
3820 m
1 Parque Nacional Chirripó
6 Parque Internacional La Amistad
Esperanzas
Cerro Utyum
3078 m
Cerro Kamuk
3550 m
Reserva Indígena Cabagra
Río Ceibo
Cerro Naí
3121 m
PANAMA
Buenos Aires
Valle de El General
Cabagra
Brujo
Río Cabagra
Reserva Indígena Térraba
Térraba
Cerro Bine
3200 m
Cerro Echandi
3160 m
Reserva Indígena Boruca 13
Potrero Grande
Palmar
16
Cajón
Río Térraba
Santa Elena
Río Colón
Alturas
Aeropuerto de Palmar Sur
Reserva Indígena Curré
Río Limón
Río Coto Brus
237
Piedra Pintada
Lucha
Sierpe
2
Venecia
43
Sabalito
San Vito
PUNTARENAS
Piedras Blancas
Volcán
Las Cruces Biological Station 7
Plaza de Caisán
17
237
Rincón
Parque Nacional Piedras Blancas
Cordillera
Aeropuerto de Golfito
Ciudad Neily
414
8 Golfito
Golfo Dulce
14
Coto 47
2
245
Sándalo
Pueblo Nuevo
Gómez
43
1
Puerto Jiménez
Aeropuerto de Puerto Jiménez
19 Zancudo
Río Colorado
La Cuesta
La Concepción
Carate
44
15 Pavones
Reserva Indígena Guaymí
Punta Banco
Baco
Cabo Matapalo
Puerto Armuelles
44
La Peña
Península de Burica

1

Parque Nacional Chirripó

F4 19 km nordöstl. von San Isidro de El General +506-2742-5084 zur Rangerstation San Gerardo de Rivas, 3 km westl. vom Park Route zum Gipfel: tägl. 3–10 (vorherige Registrierung erforderlich) sinac.go.cr

Costa Ricas höchster Berg, der 3820 Meter hohe Cerro Chirripó, liegt im 502 Quadratkilometer großen Nationalpark Chirripó. Er ist Teil des Amistad-Reservats und umfasst in seinem zerklüfteten Terrain drei von Menschen weitgehend unberührte Lebensräume voller Tiere.

In dem für seine hervorragenden Wanderwege bekannten Park leben 60 Prozent aller Wildtierarten Costa Ricas. Im Frühling ist er besonders schön. Die meisten Besucher kommen hierher, um die Felsformationen der Los Crestones mit eigenen Augen zu sehen. Eine Herausforderung sind der Sendero Termómetro und La Cuesta del Agua, zwei der steilsten Abschnitte des 19 Kilometer langen Wegs zum Gipfel. Der Weg führt durch ein Tal mit Bergwald, Bambus und Farnen hinauf zum Dach des Nebelwalds. Wer den frühmorgendlichen Aufstieg zum Gipfel antreten möchte, muss sich vorher bei der Rangerstation in San Gerardo de Rivas registrieren. Centro Ambientalista El Páramo (+506-2447-7476), die einzige feste Unterkunft in den Bergen, vermietet Schlafsäcke, Decken und Gaskocher.

Schöne Aussicht
360-Grad-Blick

An klaren Tagen eröffnet sich auf dem Gipfel ein unvergesslicher Rundumblick auf den Park. Die Aussicht vom Pazifischen Ozean bis zum Karibischen Meer ist im Licht des frühen Morgens traumhaft.

Blick vom Gipfel des Cerro Chirripó auf die Lagunas de las Morrenas ↑

1 Unterwegs auf einem der Wanderwege im Parque Nacional Chirripó

2 Die grandiosen Felsformationen von Los Crestones wurden von präkolumbischen Völkern als heilig verehrt.

3 Ein kleiner Baumozelot, eine der sechs einheimischen Raubkatzenarten im Park, hält Ausschau nach Beute.

1

3

2

Schon gewusst?

Im Páramo-Hochland können die Tagestemperaturen aus dem Frostbereich bis auf 30 °C ansteigen.

Wandern im Park

Die meisten Besucher wandern auf einem gut markierten Weg zum Chirripó. Die 32 Kilometer lange Route führt ab San Gerardo de Rivas 2500 Meter hoch. Die Tour dauert zwei Tage (Übernachtung in der Nähe des Gipfels); in San Gerardo gibt es Führer und Träger. Von Herradura aus gelangt man über den Cerro Uran zum Gipfel.

Schon gewusst?

Auf der Halbinsel leben auf nur 0,001 Prozent der Erdoberfläche 2,5 Prozent aller Tier- und Pflanzenarten.

2

Península de Osa

E6 – F7 · 12 000 · 175 km südwestl. von San Isidro de El General
Puerto Jiménez, Carate, PN Corcovado oder Bahía Drake · nach Puerto Jiménez oder La Palma · nach Bahía Drake

Die abgelegene Halbinsel am Golfo Dulce ist auf drei Seiten vom warmen Wasser des Pazifiks umgeben. Im Herzen der Península de Osa liegen die üppigen Regenwälder des Corcovado. Obwohl der Fremdenverkehr in der Region boomt, bleibt das Reisen abenteuerlich. Highway 245 folgt der Ostküste, eine unbefestigte Piste verbindet Rincón mit der Bahía Drake, an die Westküste gelangt man jedoch nur per Boot oder Kleinflugzeug.

Die Península de Osa war ein Zentrum der präkolumbischen Diquís-Kultur. Deren Goldschmiedekünste lockten die spanischen Eroberer an, deren Suche nach Goldminen war jedoch vergeblich. Das zerklüftete Gebiet ist ganzjährig von schweren Regenfällen betroffen. Es ist weitgehend unbewohnt, durch den dichten Regenwald führen kaum Wege. Etwa die Hälfte der Halbinsel gehört zum Parque Nacional Corcovado, dem größten Areal von mehreren Schutzgebieten zur Erhaltung der letzten ursprünglichen tropischen Regenwälder an der Pazifikküste von Mesoamerika. Abenteuerlustige werden mit fantastischer Wildnis und eindrucksvollen Tierbeobachtungen belohnt. Naturlodges entlang der Küste bieten eine Vielzahl von Aktivitäten an. Die vier Rangerstationen veranstalten Touren mit einheimischen Führern.

Expertentipp
»The Bug Lady«

Eine nächtliche Tour durch den Regenwald mit der Biologin Tracie Stice (»The Bug Lady«) und dem Naturforscher Gianfranco Gómez enthüllt eine bei Tag unsichtbare Welt der Insekten (www.thenighttour.com).

Highlight

↑ *Taucher und Sportfischer schätzen das ruhige Wasser der schönen Bahía Drake*

Goldrausch

Oreros (Goldwäscher) gab es an den Flüssen der Halbinsel Osa schon seit präkolumbischer Zeit. Als sich die United Fruit Company 1985 aus der Region zurückzog, blieben viele Arbeitslose zurück, die einen kurzlebigen Goldrausch auslösten – mit fatalen Folgen für die Umwelt: Bäume wurden gefällt und Flussufer gesprengt, der Boden erodierte. Nach gewalttätigen Zusammenstößen mit den Behörden wurden die *oreros* 1986 vertrieben. Einige suchen noch heute am Rand des Parque Nacional Corcovado nach Gold, andere leiten Touren.

①

Bahía Drake

E6

Klippen und bewaldete Hügel bilden die eindrucksvolle Kulisse der Bucht. Die unbefestigte Straße ab Rincón ist oft unpassierbar, weshalb Besucher meist per Boot aus Sierpe anreisen. Aktivitäten umfassen Walbeobachtung, Schnorcheln, Kajakfahren und die Zipline-Fahrten der **Corcovado Canopy Tour**.

Von Agujitas aus führt ein Küstenweg 13 Kilometer nach Süden zum **Refugio Nacional de Vida Silvestre Punta Río Claro** und zum Parque Nacional Corcovado. Bei Kanutouren in der Laguna Chocuaco kann man oft Krokodile und Tapire sehen.

Corcovado Canopy Tour
Los Planos, 14 km südöstl. von Agujitas +506-8603-2387 W surcostours.com/producto/corcovado-canopy-tour

Refugio Nacional de Vida Silvestre Punta Río Claro
Playa Caletas, 6 km südl. von Agujitas tägl. 8–18; Punta Marenco Lodge: +506-8705-8164 W lodgepuntamarenco.com

②
Puerto Jiménez

F6 6800 175 km südwestl. von San Isidro de El General

Der bei Rucksackurlaubern beliebte Hauptort der Península de Osa erlebte in den 1980er Jahren eine kurze Blütezeit und erlangte aufgrund von Goldfunden einen Ruf als »Wildweststadt« – fast jeder trug einen Revolver, Prostituierte wurden mit Goldnuggets bezahlt. Heute lebt der Ort vom Tourismus. Kajakfahrer können die Mangroven im Osten den Golfo Dulce entlang bis zur Mündung des Río Platanares erkunden. Das Ökosystem mit Krokodilen, Kaimanen, Schildkröten und Ottern ist Teil des 225 Hektar großen **Refugio Nacional de Vida Silvestre Preciosa Platanares.**

Das Naturschutzgebiet liegt an der schönen Playa Platanares, deren Korallenriff sich ausgezeichnet zum Schnorcheln eignet. Am Strand legen zwischen Mai und Dezember fünf Meeresschildkrötenarten ihre Eier ab. Eine kleine Aufzuchtstation hilft den Tieren.

Südlich von Puerto Jiménez liegen die Surfstrände Cabo Matapalo und Playa Sombrero.

Refugio Nacional de Vida Silvestre Preciosa Platanares

3 km östl. von Puerto Jiménez

③
Parque Nacional Corcovado

E6 40 km südwestl. von Puerto Jiménez +506-2735-5036 Zeiten variieren (bitte Website prüfen) sinac.go.cr

> **Der 425 Quadratkilometer große Park gilt als Juwel aller Naturschutzgebiete in den Tropen. Er wurde 1975 geschaffen, um den größten Pazifikregenwald in ganz Amerika zu schützen.**

Der 425 Quadratkilometer große Park gilt als Juwel aller Naturschutzgebiete in den Tropen. Er wurde 1975 geschaffen, um den größten Pazifikregenwald in ganz Amerika und 52 Quadratkilometer Lebensraum im Meer zu schützen. Corcovado (»Buckliger«) umfasst acht Lebensräume, darunter Sümpfe, überschwemmten Sumpfwald und Bergwald. In der Gegend fallen jährlich gut 4000 Millimeter Niederschlag, von April bis Dezember geradezu sintflutartig.

Die Fauna gehört zur vielfältigsten in ganz Costa Rica. Hier leben über 400 Vogelarten, u. a. die gefährdete Harpyie und die größte Population Hellroter Aras in Mittelamerika. Jaguare und Tapire sieht man in diesem Park häufiger als irgendwo sonst. Meist lassen sie sich kurz vor Sonnenuntergang an den Stränden blicken. Außerdem ist Corcova-

Schon gewusst?

In den Flüssen des Corcovado leben Kaimane, Krokodile und Bullenhaie.

Ein schmaler Flusslauf kreuzt einen Weg im Parque Nacional Corcovado ↑

↑ *Radfahrer im ehemaligen Goldsucherdorf Puerto Jiménez bei einer wohlverdienten Pause am Wasser*

do für seine großen Pekarirotten berühmt – den Tieren sollte man allerdings mit Vorsicht begegnen. Der gefährdete *titi* (Rotrücken-Totenkopfaffe) ist ebenfalls im Park beheimatet.

Es gibt über 115 Spezies von Amphibien und Reptilien. Die auffälligen Pfeilgiftfrösche sind leicht auszumachen. Schwieriger ist das beim scheuen limettengrünen Rotaugenlaubfrosch oder bei Fleischmanns Glasfrosch. Mit viel Glück erlebt man sogar, wie Meeresschildkröten ihre Eier ablegen. Leider gibt es nur wenig Parkpersonal. Wilderer haben daher leichtes Spiel.

In der Nähe finden sich Hotels und Tourenanbieter. Abenteuerlustige können den Park auf eigene Faust erkunden. Es gibt vier offizielle Eingänge und Rangerstationen. San Pedrillo im Westen ist durch einen Weg mit Bahía Drake verbunden. Los Patos im Osten erreicht man über La Palma, 19 Kilometer nordwestlich von Puerto Jiménez. La Leona im Süden liegt 1,5 Kilometer westlich des Flugplatzes von Carate, einem Ort 40 Kilometer westlich von Puerto Jiménez (die Besucher müssen ab Carate zu Fuß oder zu Pferd weiter). Die Hauptrangerstation Sirena liegt 16 Kilometer nordwestlich von La Leona und 26 Kilometer südöstlich von San Pedrillo. Schlecht markierte Wege verbinden die Stationen. Wer unsicher ist, engagiert am besten einen einheimischen Führer.

Die zweitägige Wanderung auf dem Küstenweg San Pedrillo – La Leona führt am 30 Meter hohen Wasserfall Cascada La Llorona vorbei, aber auch durch Flüsse, in denen Krokodile leben. Der nördliche Abschnitt ist nur von Dezember bis April geöffnet. Die Route San Pedrillo – Los Patos führt zur Laguna Corcovado, an deren Ufer man oft Tapire und Jaguare beobachten kann.

Für die Flugplätze in der Nähe des Parks gibt es keine regelmäßigen Flugpläne.

Highlight

Verschiedene Chartergesellschaften bieten Flugtaxis an.

Interessant in der Nähe des Parks sind Humedal Lacustrino Laguna Pejeperrito, drei Kilometer östlich von Carate, und das Refugio Nacional de Vida Silvestre Pejeperro, vier Kilometer weiter östlich. Beide Parks werden wenig besucht, dabei kann man hier gut Vögel und Krokodile beobachten.

Hotels

Luna Lodge
Zen und Umweltbewusstsein sind in dieser Lodge mit atemberaubendem Blick auf das Meer im Einklang.
A F7 Carate
W lunalodge.com
$$$

Finca Maresia
Unaufdringlicher Luxus prägt das Boutiquehotel auf einem Hügel mit Meerblick.
A E6 Bahía Drake
W fincamaresia.com
$$$

Iguana Lodge
Die reizenden Besitzer der gemütlichen Strandlodge servieren leckere Biogerichte.
A F6 Playa Platanares
W iguanalodge.com
$$$

Lapa Rios
Die luxuriöse Öko-Lodge im Regenwald bietet romantische Villen und gutes Essen.
A F7 Cabo Matalpo
W laparios.com
$$$

3

Parque Nacional Isla del Coco

500 km südl. vom Festland mit Tauchanbietern (Fahrtdauer 36 Std.)
Fundación Amigos de la Isla del Coco: +506-2234-4385; www.cocosisland.org; Rangerstation (für Genehmigung): info@cocosisland.org

Die 23 Quadratkilometer große Isla del Coco, Inspiration für den Film *Jurassic Park*, wurde 1978 zum Nationalpark ernannt und ist seit 1997 UNESCO-Welterbestätte. Sie ist vulkanischen Ursprungs und Teil der Galapagos-Kette. Die größte unbewohnte Insel der Welt wird als natürliches Labor für Studien zur Evolution genutzt.

Der Ruf, ein Dorado für Piraten zu sein, brachte der Insel im 17. und 18. Jahrhundert den Beinamen »Schatzinsel« ein. Heute birgt sie Schätze einer anderen Art – mehr als 1000 Tierarten und den dichten tropischen Regenwald. Der Nationalpark schützt eine einzigartige Fauna und Flora, u. a. Anolis sowie 70 endemische Pflanzenarten. Eines der Highlights ist die riesige Kolonie von Fregattvögeln und Feenseeschwalben. Trotz der zerklüfteten Küstenlinie und der sintflutartigen Regenfälle, die unzählige Wasserfälle ins Meer stürzen lassen, ist das kristallklare Wasser, das die Insel umgibt, ein Taucherparadies und als solches weltberühmt. Besucher der Insel benötigen eine Genehmigung. Diese kann von Tauchanbietern beschafft werden.

↑ *Ein Makrelenschwarm im Meer um die Isla del Coco flüchtet vor einem Taucher*

↑ *Die unbewohnte Isla del Coco im tiefblauen Meer*

↑ *Bunte Marktstände mit regionalem Obst und Gemüse in San Isidro de El General*

TOP 5 Räuber der Meere

Hammerhai
Der männliche Hammerhai beißt das Weibchen so lange, bis es sich mit ihm paart.

Walhai
Der größte bekannte Fisch filtert durch die Kiemen Plankton, kleine Fische und andere Meerestiere aus dem Wasser.

Tigerhai
Mit zunehmendem Alter des Hais verblasst die getigerte Musterung auf seinem Körper.

Weißspitzen-Riffhai
Die kaum aggressiven Haie sind Tauchern gegenüber neugierig und kommen oft nah heran.

Seidenhai
Der nach seiner weichen Haut benannte Fisch geht mit spitzen Zähnen auf die Jagd nach Thunfischen.

SEHENSWÜRDIGKEITEN

4 San Isidro de El General

E5 45 000 82 km südl. von Cartago
Selva Mar, Calle 2
15. Mai: Día de San Isidro Labrador

Der Ort am Fuß des Cerro de la Muerte dient Besuchern vor allem als Tankstopp und Ausgangspunkt zur Erkundung des Nationalparks Chirripó sowie des Parque Internacional La Amistad. Einzige Sehenswürdigkeit ist die moderne Betonkathedrale an der Ostseite des Hauptplatzes. Sie hat Buntglasfenster und einen Altar mit einem Gemälde des Schutzheiligen San Isidro Labrador.

Umgebung: In Quizarrá, 14 Kilometer südöstlich von San Isidro, gibt es ein Paradies für Vogelliebhaber: Das vom Tropeninstitut verwaltete Los Cusingos Bird Sanctuary (142 ha) wurde von dem US-Ornithologen Dr. Alexander Skutch (1904–2004) gegründet, dem Koautor des Standardwerks *Birds of Costa Rica*. In dem Schutzgebiet hat man bislang über 300 Vogelarten gesichtet. Skutchs von schönen Gärten umgebene Wohnstätte wurde bewahrt und gepflegt, als lebte er noch dort.

5 Cerro de la Muerte

E4 50 km südl. von Cartago San José – San Isidro

Der Cerro de la Muerte erhielt seinen Namen »Berg des Todes« im Gedenken an die Bauern, die auf dem Weg nach San José, wohin sie ihre Waren bringen wollten, erfroren sind. Heute führt die Panamericana über das Gebirge. Sie verläuft unterhalb des Gipfels (3500 m). An klaren Tagen hat man eine atemberaubende Sicht.

Schöne Aussicht
Blick nach unten

Wenn Sie über den Cerro de la Muerte fahren, halten Sie bei Kilometer 119: Der Blick vom Mirador Vista del Valle auf das Valle de El General ist umwerfend. Es gibt dort auch ein Restaurant mit einer Terrasse.

Niedlich und bunt: ein Quetzal im Parque Internacional La Amistad

6 Parque Internacional La Amistad

F5 · 107 km südöstl. von San Isidro · Estación Altamira HQ: +506-2730-9846 oder +506-2200-5355 · nach Guácimo, dann Jeep-Taxi · tägl. 8–16

Der riesige »Park der internationalen Freundschaft« erstreckt sich bis nach Panama und bildet zusammen mit anderen Schutzgebieten das Biosphärenreservat Reserva de la Biosfera La Amistad. Es umfasst 1750 Quadratkilometer der zerklüfteten Talamanca-Berge in Höhen von 150 bis 3550 Meter auf dem Cerro Kamuk. Die Tierwelt ist vielfältig, dazu gehören fünf Raubkatzenarten sowie der Nacktkehl-Schirmvogel. Mit Genehmigung und Führer können erfahrene Wanderer die Talamanca-Berge auf einem Pfad überqueren, der von Buenos Aires, 61 Kilometer südöstlich von San Isidro, zur Reserva Indígena Talamanca-Cabécar *(siehe S. 222)* führt.

Die Hauptrangerstation, ein Hostel und eine Ökologieausstellung findet man am Eingang Estación Altamira nördlich von Guácimo (nur mit Allradantrieb erreichbar).

Umgebung: Besucher der **Finca Coffea Diversa**, unterhalb der Estación Altamira, können zwischen mehr als 200 Kaffeesträuchern spazieren gehen. Die Gemeinden Carmen, Biolley und Altamira sind mit Keramikwandbildern geschmückt.

Finca Coffea Diversa
1,5 km westl. der Estación Altamira · tägl. 8–17 · green.coffeadiversa.com

Schon gewusst?

La Amistad umfasst acht Lebensräume, von niedrigem Bergregenwald bis zu sumpfigem Hochland.

7 Las Cruces Biological Station

G6 · 7 km südl. von San Vito · +506-2773-4004 · San Vito – Ciudad Neily · tägl. 8–17 · tropicalstudies.org

Las Cruces ist eines der führenden Tropenforschungszentren der Welt. Es untersteht der Organization for Tropical Studies (OTS). Das Zentrum ist von einem großen Wald mittlerer Höhe umgeben, in dem viele Vogel- und Säugetierarten auf insgesamt zehn Kilometer langen Wegen zu beobachten sind. Nebel nährt die vielen Farne, Palmen, Bromelien und Orchideen der Wilson Botanical Gardens, die der brasilianische Landschaftsarchitekt Roberto Burle-Marx entworfen hat. Sogar bei Regen ist die Farbenpracht unglaublich. In Gewächshäusern werden diverse tropische Pflanzen gezüchtet.

8 Golfito

F6 · 11 000 · 77 km südöstl. von Palmar · golfitocostarica.com

Golfito, Hafen, Tauch- und Verwaltungszentrum der südlichen Region, erstreckt sich sechs Kilometer entlang der Küste. Die Hafenstadt wurde 1938 von der United Fruit Company gegründet. Ihre Vormachtstellung als Hauptexporthafen für Bananen endete 1985, als sich die Gesellschaft aus der Gegend zurückzog. Ihr Erbe ist noch heute in der architektonisch interessanten Zona Americana am Nordende der Stadt zu sehen: Hier stehen Holz-

Restaurants

Il Giardino
Das familiengeführte italienische Restaurant bietet Pizzen und Pastagerichte sowie einen grandiosen Blick auf den Golfo Dulce.
F6 · Puerto Jiménez · +506-2735-5129
$$$

Phat Noodle
Großartige Thai-Gerichte und Cocktails aus einem umgebauten Schulbus, serviert an überdachten Tischen.
E5 · Dominical · phatnoodlecostarica.com
$$$

Citrus
Stilvolles Restaurant mit anspruchsvoller Fusionsküche.
E5 · Ojochal · +506-2786-5175
$$$

häuser auf Stelzen. Die Plaza im Pueblo Civil, dem Stadtzentrum, hat einen Anleger für Wassertaxis.

Das nahe **Museo Marino** zeigt Korallen und Muscheln. An Wochenenden und Feiertagen besuchen viele *ticos* Golfito, um in der Depósito Libre (Freihandelszone) einzukaufen.

Die bewaldeten Hügel östlich und nördlich der Stadt sind als Teile des Refugio Nacional de Vida Silvestre Golfito geschützt.

Museo Marino
Hotel Centro Turístico Samoa, nördl. von Pueblo Civil +506-2775-0233 tägl. 7–22

9

Valle del Río Chirripó

E4 10 km östl. von San Isidro ab San Isidro

Der reißende Río Chirripó trennt das Tal von den Talamanca-Bergen. In seinem Wasser tummeln sich Forellen, die Stromschnellen lassen das Herz jedes Kajakfahrers höherschlagen. Halten Sie unbedingt an der Obst- und Kaffee-*finca* Rancho La Botija an, dort gibt es eine alte *trapiche* (Zuckermühle), ein Restaurant und gemütliche Zimmer. Auf der Piedra de los Indios (Stein der Indianer) in der Nähe finden sich präkolumbische Petroglyphen und moderne Graffiti.

Je weiter sich die Straße nach San Gerardo de Rivas hinaufwindet, desto alpiner wird die Landschaft. Der Ort liegt oberhalb einer Schlucht am Eingang zum Parque Nacional Chirripó. Das nahe **Museo el Pelicano** stellt Stein- und Holzarbeiten des Kaffeefarmers Rafael Elizondo Basulta aus. Ebenfalls in der Nähe liegen die beliebten **Aguas Termales** mit natürlichen Thermalbecken in kühler Bergluft.

Ein steiler Pfad führt vorbei am Gipfel des Cerro Chirripó und endet am privat geführten **Cloudbridge Nature Reserve**. Es gibt auch einige gute Wanderwege.

Museo el Pelicano
Canaan, 16 km östl. von San Isidro +506-2742-5050 tägl. 7–11

Aguas Termales
1,5 km nordwestl. von San Gerardo +506-2742-5210 tägl. 7–17

Cloudbridge Nature Reserve
San Gerardo de Rivas, 20 km östl. von San Isidro tägl. 6:30–18:30 cloudbridge.org

Präkolumbische Petroglyphen

Costa Ricas präkolumbische Kulturen haben sich in Stein verewigt. Felsbilder gibt es im Monumento Nacional Guayabo *(siehe S. 130f)*, wo Jaguare, Schlangen, Frösche und Raubvögel Schöpfung, Wohlstand und Macht symbolisieren. Unter den Petroglyphen von Piedra de los Indios und der Rancho La Bojita im Valle del Río Chirripó fällt eine »Karte« der Talamanca-Region auf.

↑ *Wasser ergießt sich aus den Bergen hinab ins Valle del Río Chirripó*

→ *Der Strand von Dominical, beliebt bei Familien, Rucksackurlaubern und Surfern*

⑩
Dominical

E5 3300 37 km südwestl. von San Isidro de El General

Dominicals langer Strand reicht nach Süden bis zum Dorf Dominicalito. Das **Costa Rica Surf Camp** in der Stadt bietet eine Einführung für Surfer. Anfänger sollten sich vor der Strömung hüten.

Umgebung: Die dicht bewaldeten Berge südlich von Dominical, die Fila Costanera, heißen auch Escaleras (Treppen). Anbieter in Dominical vermitteln Wanderungen und Autotrips (Allradantrieb) in die Berge.

Highway 243 führt durch das Tal des Río Barú nach San Isidro. Mehrere Veranstalter bieten Ausflüge zu **Don Lulo's Nauyaca Waterfalls** an, einem imposanten zweistufigen Wasserfall. Der nahe **Parque Reptilandia** zeigt Schlangen und andere Reptilienarten, darunter auch einen Komodowaran.

Costa Rica Surf Camp
+506-8812-3625 oder +506-2787-0393 tägl. 8–20 crsurfschool.com

Don Lulo's Nauyaca Waterfalls
Platanillo, 10 km östl. von Dominical +506-2787-0541 cataratasnauyaca.com

Parque Reptilandia
Platanillo, 10 km östl. von Dominical +506-2787-0343 tägl. 9–16:30 crreptiles.com

Tropische Pflanzen

Ganz Costa Rica gleicht einem Gewächshaus mit ungeheurer Artenvielfalt. Es gibt über 15 000 bekannte Pflanzenarten, darunter allein 800 Farne.

↑ *Über die blaue »Pfeilspitze« gelangen Vögel an den Nektar der Strelitzie*

Bestäubung durch Vögel
Pflanzen, die von Vögeln bestäubt werden, haben oft längliche Blüten in der Form eines Schnabels. Die langen orangeroten Blütenblätter des Flammenbaums sind perfekt für den Schnabel eines Kolibris geeignet. Der süße Nektar lockt die Vögel an.

Nachtblüher
Pflanzen wie der endemische Costa-Rica-Salbei, die ihre Blüten nachts oder unmittelbar vor der Morgendämmerung öffnen, werden auch dann bestäubt, wenn ihr Duft zu verblassen beginnt.

Attraktive »Stinkpflanzen«
Mehrere Blüten verströmen einen üblen Geruch, um Bestäuber anzulocken, z. B. ist die Dutchman's Pipe mit ihrem Gestank nach verrottendem Fleisch für Fliegen interessant.

TOP 4 Wale vor Costa Rica

Buckelwal
»Supergruppen« können aus bis zu 200 Tieren bestehen.

Kleiner Schwertwal
Die hochsozialen Delfine bilden Schulen mit bis zu 500 Tieren.

Brydewal
Die Furchenwale jagen bevorzugt Sardinenschwärme.

Grindwal
Wissenschaftler können es sich nicht erklären, warum diese Wale so oft stranden.

11 Parque Nacional Marino Ballena

E5 18 km südl. von Dominical +506-2786-5392 ab Dominical tägl. 8–16 sinac.go.cr

Der zum Schutz des größten Korallenriffs Costa Ricas gegründete Nationalpark erstreckt sich über 13 Kilometer entlang der Bahía de Coronado und 14 Kilometer ins Meer hinaus. Er ist nach den Walen benannt, die sich zwischen Dezember und April in den warmen Gewässern paaren. Mehrere Reiseveranstalter bieten Walbeobachtungstouren an. Die Anbieter müssen strenge Vorschriften einhalten, und die Anzahl der Boote, die sich zu einem bestimmten Zeitpunkt in der Bucht aufhalten dürfen, ist begrenzt. Die Regierung Costa Ricas schreibt über 60 Punkte vor, die jeder lizenzierte Reiseveranstalter erfüllen muss, bevor er in See stechen darf.

Zum Park gehören Las Tres Hermanas und die Isla Ballena, Nistplätze für Fregattvögel, Brauntölpel und Pelikane. Kajak- und Tauchtouren sind möglich.

Umgebung: Das **Refugio Nacional de Vida Silvestre Rancho Merced** im Norden ist Naturschutzgebiet und Cowboyparadies in einem. Im Süden bietet die ökologisch betriebene La Cusinga Lodge eine faszinierende Tierwelt auf ihren Pfaden, die von den Bergen bis zu unberührten Stränden reichen. Als Basis zur Erkundung der Gegend bieten sich die Dörfer Tortuga Abajo und Ojochal an. In Ojochal gibt es ein paar gute Restaurants.

Refugio Nacional de Vida Silvestre Rancho Merced
Uvita, 18 km südl. von Dominical +506-8861-5147 ranchola merced.com

Orchideen

In Costa Rica gedeihen mehr als 1400 Orchideenarten. Sämtliche Arten sind mit drei Blüten- und drei Kelchblättern ausgestattet. Einige haben »Tricks« entwickelt, um Bestäuber anzulocken, z. B. sind manche Blütenzeichnungen nur für Insekten sichtbar, die ultraviolettes Licht wahrnehmen können.

Helikonie

12 Refugio Nacional de Vida Silvestre Barú

E5 3 km nördl. von Dominical +506-2787-0003 von Dominical nach Quepos tägl. 6–18 (nur mit Anmeldung) haciendabaru.com

Die Hacienda Barú (330 ha), eine ehemalige Rinderfarm und Kakaoplantage, umfasst mehrere Lebensräume, u. a. einen drei Kilometer langen Strand, an dem Schildkröten ihre Eier ablegen. Diese werden eingesammelt und zur Arterhaltung ausgebrütet. In Barú leben über 310 Vogelarten und Säugetiere, u. a. Wickelbären. Es gibt einen Schmetterlings- und Orchideengarten, Baumkletterkurse, Kajaktouren durch die Mangrovenwälder und Übernachtungen in Baumzelten.

13 Reserva Indígena Boruca

F5 35 km südl. von Buenos Aires ab Buenos Aires Dez / Jan: Fiesta de los Diablitos boruca.org

Dies ist eines von mehreren Ureinwohner-Reservaten, die von den Boruca und Bribrí in den Bergen um das Valle de El General bewohnt werden. Es ist besonders bekannt für die Fiesta de los Diablitos sowie für seine geschnitzten *jícaras* (Kürbisse) und *máscaras* (Masken) aus Balsaholz. Die Frauen weben Schals auf traditionellen Webstühlen. Das **Museo Comunitario Boruca** widmet sich der Kultur dieser Region.

In die Heimat der Bribrí, die an das Boruca-Reservat angrenzende Reserva Indígena Cabagra, gelangt man von Brujo aus, elf Kilometer südöstlich von Buenos Aires.

Museo Comunitario Boruca
Boruca, 40 km südwestl. von Buenos Aires +506-2730-5178 tägl. 9–16

14 Reserva Biológica Isla del Caño

E6 23 km westl. der Bahía Drake +506-2735-5036 Touren ab Bahía Drake, Manuel Antonio und Dominical tägl. 8–15 sinac.go.cr

Die 325 Hektar große unbewohnte Isla del Caño entstand durch tektonische Kräfte. 1976 wurden sie und das umliegende Meer zum Naturschutzgebiet erklärt. Den präkolumbischen Diquís galt die Insel als heilig.

Die korallenfarbenen Strände eignen sich ideal zum Sonnenbaden, weniger zum Schwimmen. Die Riffe wimmeln von Hummern und

Fiesta de los Diablitos

Am 31. Dezember stellen die Boruca den Krieg ihrer Vorfahren gegen die spanischen Eroberer nach. Auf das Signal einer Meeresmuschel hin verfolgen Männer mit Teufelsmasken ein als Stier verkleidetes Stammesmitglied. Die *diablitos* trinken Maisbier und spielen kleine Szenen. Nach drei Tagen wird der Stier symbolisch getötet – und der Stamm somit »befreit«.

→

Alte der Diquís-Kultur zugerechnete Steinkugel in Palmar

Fischen, weiter draußen tummeln sich Delfine, Wale und Mantarochen. In ausgewiesenen Zonen darf man auch tauchen. Im Meer ist die Tiervielfalt um einiges höher als an Land. Hier sieht man mit etwas Glück Opossums, Füchse, Weißbauchtölpel und Fischadler.

Auf dem Weg von der Rangerhütte am Strand zu einem Aussichtspunkt stößt man auf moosbewachsene präkolumbische Gräber und *esferas de piedra* (Steinkugeln).

Übernachten darf man auf der Insel nicht. Lodges an der Bahía Drake *(siehe S. 235)* bieten Tagesausflüge an.

15

Pavones

F7 23 km südl. von Zancudo ab Golfito Wassertaxi ab Golfito

Bei Surfern ist Pavones für seine 1,5 Kilometer langen Wellen bekannt, die sich alle drei Minuten am Strand brechen. Zwischen April und Oktober ist die Brandung am besten – und alles vor der Kulisse aus Kokospalmen und Klippen. Am Küstenstrand legen Meeresschildkröten ihre Eier ab.

Umgebung: Zehn Kilometer südlich bei Punta Banco nimmt die Bevölkerung am Tiskita Foundation Sea Turtle Restoration Project teil, in dem Babyschildkröten großgezogen und ausgewildert werden. Die nahe Tiskita Jungle Lodge bietet fantastische Aussicht von einem Hügel und ermöglicht die Sichtung vieler Vögel und Säugetiere. Es gibt auch Führungen in ein privates Reservat mit Wasserfällen.

←

Attraktion für Taucher: Korallen in der Reserva Biológica Isla del Caño

16

Palmar

F5 9900 97 km südöstl. von San Isidro de El General

Im Tal des Río Térraba, an der Kreuzung von Costanera Sur und Panamericana, liegt Palmar, das Dienstleistungszentrum der ganzen Region. Der Río Térraba fließt nach Westen durch das breite Valle de Diquís. Präkolumbische *esferas de piedra* (Steinkugeln) stehen zusammen mit einer alten Dampflok auf dem Hauptplatz von Palmar Sur. Etwas außerhalb liegt der **Parque de las Esferas Precolombino**. Die UNESCO-Welterbestätte zeigt die präkolumbischen Steinkugeln. Palmar Norte ist das moderne Viertel der Stadt.

Parque de las Esferas Precolombino

Finca 6, 8 km südl. von Palmar +506-2100-6000 Di–So 8–16

Shopping

Samaritan Xocolata

Ein Muss für Schokoladefans: Hier werden preisgekrönte Bonbons aus lokal angebauten Biokakaobohnen hergestellt. Darüber hinaus werden Verkostungen und Workshops zur Schokoladenherstellung angeboten.

E4 Valle del Río Chirripó samaritanxocolata.com

Yimba Cajc Artist Cooperativa

Die Kooperative Yimba Cajc Artist verkauft bunte Webarbeiten, Schmuck und aufwendig gestaltete, ausdrucksstarke Balsamasken.

F5 Reserva Indígena Boruca +506-2730-1673

↑ *Im Parque Nacional Piedras Blancas reicht der Wald fast bis ans Ufer*

17

Parque Nacional Piedras Blancas

F6 46 km südöstl. von Palmar +506-2775-2620 ab Golfito tägl. 8–16

Der 140 Quadratkilometer große Park war bis 1991 Teil des Parque Nacional Corcovado. Er schützt die bewaldeten Berge nordöstlich des Golfo Dulce. Im Ort La Gamba leitet eine Kooperative die Esquinas Rainforest Lodge. Dort werden *tepezcuintles* (Pakas) gezüchtet und Wanderungen angeboten.

Neben der Playa Cativo befindet sich an der Playa San Josecito der botanische Garten **Casa Orquídeas** mit unzähligen Orchideen- und Zierpflanzenarten. Man erreicht sie und die Strände mit dem Boot oder per Wassertaxi von Puerto Jiménez und Golfito aus.

Casa Orquídeas

Playa San Josecito, 10 km nördl. von Puerto Jiménez +506-8829-1247 Sa–Do 8–17 (nach Vereinbarung)

18

Reserva Forestal del Humedal Nacional Térraba-Sierpe

E6 18 km westl. von Palmar +506-2788-1212

Térraba-Sierpe schützt den größten Mangrovenwald und -sumpf des Landes. Das Feuchtgebiet zwischen den Flussdeltas von Sierpe und Térraba ist 220 Quadratkilometer groß. Das Ökosystem mit 40 Kilometer Küstenlinie wird von unzähligen Kanälen durchzogen.

Besucher, die sich mit dem Kajak durch die Kanäle fortbewegen, können Reptilien, u. a. Basilisken und Kaimane, dabei beobachten, wie sie sich am Ufer sonnen. Affen schwingen sich von Ast zu Ast, im Unterholz kann man Krabbenwaschbären und Nasenbären entdecken. Vogelfreunde kommen dank Reiher und Kotinga ebenfalls auf ihre Kosten. Bootsausflüge und Kajaktouren werden in Sierpe, 14 Kilometer südlich von Palmar *(siehe S. 243)*, angeboten.

19

Zancudo

F6 450 10 km südl. von Golfito (66 km auf der Straße) ab Golfito

Das an der Ostküste des Golfo Dulce gelegene Dorf ist vor allem für seinen schönen hellgrauen Sandstrand mit toller Brandung bekannt. Er ist sechs Kilometer lang und reicht wie eine Landzunge ins Meer hinaus. In den Mangrovensümpfen landeinwärts kann man Krokodile, Kaimane sowie unzählige Wasservögel beobachten. Es werden zahlreiche Angeltouren angeboten, bei denen man Tarpune und Snooks fangen kann.

Hotels

Hacienda Barú
Einfache, gemütliche Naturlodge am Meer.
E5 Dominical haciendabaru.com
$$$

Río Chirripó Lodge
Farbenfroh, entspannt und absolut ruhig.
E4 San Gerardo de Rivas riochirripo.com
$$$

Flutterby House
Hängematten im Baumhaus und gemütliche Hütten.
E5 Uvita flutterbyhouse.com
$$$

Tiskita Jungle Lodge
Rustikale Öko-Lodge auf einer bewaldeten Obstfarm.
F7 Pavones tiskita.com
$$$

Costa Ricas Mangrovenküsten

An Costa Ricas Küsten wachsen mindestens fünf der weltweit 65 Mangrovenarten, u. a. Schwarze, Rote und Weiße Mangrove sowie Tee- und Knopfmangrove. Die Pflanzen haben eine hohe Salztoleranz (Halophyten), sie können Salz einlagern bzw. ausscheiden und bilden sumpfige Wälder in Überschwemmungsgebieten.

Ausgeklügeltes Ökosystem

Mangroven sind für das Ökosystem Meer lebenswichtig, nicht nur, weil sie unzähligen Tierarten Schutz bieten. Sie wachsen an der gesamten Karibikküste von Costa Rica. Die Samenkapseln fallen auf den Schlamm und werden von der Flut weggeschwemmt, um neue Kolonien zu bilden.

Die verzweigten Wurzeln schwächen die Wellen ab und verhindern die Erosion des Küstenbodens. Darüber hinaus filtern sie den Schlick aus den Flüssen. Mangroven wachsen im Schlickboden mit nur wenig Sauerstoff. Ihre Nährstoffe erhalten sie aus abgestorbenen Pflanzen an der Wasseroberfläche. Deshalb bilden viele Mangroven Stelzwurzeln, die über dem Wasser Sauerstoff aufnehmen. Die Mikroorganismen in dem nährstoffreichen Schlamm, der sich um die Wurzeln legt, sind eine Nahrungsquelle für Meerestiere. In den Wurzeln selbst sind Eier und Jungtiere vor Räubern geschützt.

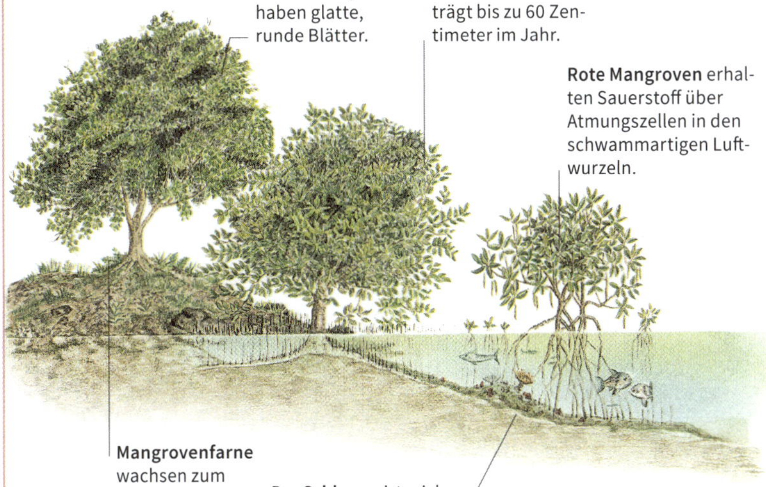

Artenreicher Lebensraum

In den nährstoffreichen Schlammböden der Mangrovenwälder gedeihen Mikroorganismen. Die winzigen Lebewesen ermöglichen die Entwicklung größerer Tiere wie Krabben und andere Krustentiere. Durch diese werden wiederum Säugetiere, Reptilien und Vögel angelockt.

Im dichten schützenden Wurzelsystem gedeihen Austern, Schwämme und andere wirbellose Tiere sowie zahlreiche Fischarten, darunter Haie und Stachelrochen, die in dem trüben Brackwasser heranwachsen können. Die Wurzeln schützen außerdem Kaimane und Krokodile vor Feinden und bieten ihnen gleichzeitig eine reiche Nahrungsquelle. Größere Tierarten wie Waschbären, Kojoten, Schlangen und Wasservögel machen sich am Ufer auf die Suche nach kleinen Eidechsen und Krabben.

Die oberen Äste in den Mangrovenwäldern dienen vielen Vogelarten als Schlafplatz, etwa den Fregattvögeln und Pelikanen, aber auch einigen nur hier heimischen Arten wie dem Goldwaldsänger.

→ *Neugieriger kleiner Blaureiher in den Mangrovenwäldern*

REISE-INFOS

Fischer vor Guanacaste

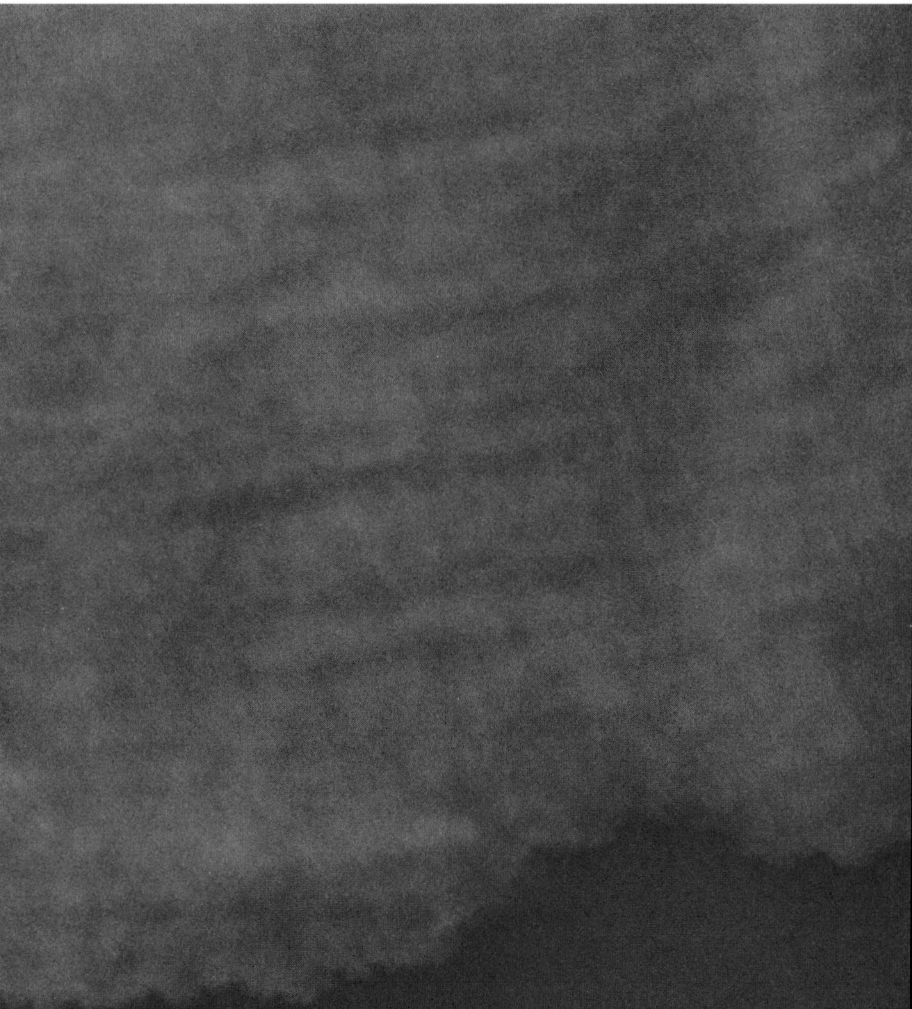

COSTA RICA REISEPLANUNG

Mit den folgenden Informationen zu Planung, Einreise und Aufenthalt sind Sie optimal auf Ihre Reise nach Costa Rica vorbereitet.

Auf einen Blick

Währung
Colón (CRC); US-Dollar ($) werden oft akzeptiert.

Ausgaben pro Tag
Sparsam	Preisbewusst	Luxus
50 $	100 $	>250 $

Mineralwasser	Kaffee	Bier	Menü (2 Pers.)
1,50 $	1 $	1,90 $	35 $

Klima
Das ganze Jahr über gibt es zwölf Stunden Tageslicht.

Die Temperaturen sind in den einzelnen Regionen relativ konstant, an den Küsten hat es im Schnitt 27 °C, in den Bergen 21 °C.

Die Regenzeit dauert von Mai bis November. Die jährliche Niederschlagsmenge beträgt etwa 2500 Millimeter.

Strom
Die Stromspannung in Costa Rica beträgt 120 Volt bei 60 Hertz. Für europäische Geräte benötigen Sie einen Adapter.

Einreise
Besucher aus Deutschland, Österreich und der Schweiz benötigen für die Einreise kein Visum. Bei der Einreise über die USA muss eine **ESTA**-Genehmigung eingeholt werden, die 21 US-Dollar kostet. Dies gilt auch, wenn Sie in den USA nur zwischenlanden.

Erforderlich sind ein noch sechs Monate nach Einreisedatum gültiger Reisepass (Kinder benötigen einen eigenen Pass), ein Rück- oder Weiterreiseticket sowie ausreichende finanzielle Mittel. Die Aufenthaltsgenehmigung wird für maximal 90 Tage erteilt.

ESTA (Einreise via USA)
W esta.cbp.dhs.gov

Sicherheitshinweise
Aufgrund unvorhersehbarer Entwicklungen kann es zu Änderungen und Einschränkungen kommen. Aktuelle Hinweise zur Einreise sowie Sicherheitshinweise finden Sie beim deutschen **Auswärtigen Amt**, beim österreichischen **Bundesministerium für europäische und internationale Angelegenheiten** oder beim **Eidgenössischen Departement für auswärtige Angelegenheiten** der Schweiz.

W auswaertiges-amt.de
W bmeia.gv.at
W eda.admin.ch

Zoll
Kauf und Ausfuhr von Objekten, die unter die Regularien des Washingtoner Artenschutzabkommens **CITES** fallen, sind verboten. Infos erteilt der Zoll *(aduana)* in Costa Rica, zuständig ist das **Ministerio de Hacienda**.

Für Waren, die Personen zollfrei einführen dürfen, gelten folgende Höchstmengen:
Tabakwaren: 400 Zigaretten oder 50 Zigarren oder 500 Gramm Tabak
Alkohol: 3 Liter
Bargeld: Eine Bargeldmenge, die den Wert von 10 000 US-Dollar übersteigt, muss bei der Ein- und Ausreise deklariert werden.

CITES
W cites.org
Ministerio de Hacienda
W hacienda.go.cr

Krankenversicherung

Gesetzliche Krankenkassen in Europa übernehmen die Kosten einer Behandlung in costa-ricanischen Privatkliniken nicht. Eine Auslandsreisekrankenversicherung mit Rücktransport ist ratsam. Privatversicherte sollten vor der Reise klären, welche Kosten ihre Versicherung abdeckt. Für Erstattungen von privaten Reiseversicherungen müssen Sie Verbrechen oder verlorenes Gut anzeigen und eine Kopie des Polizeiberichts aufbewahren.

Impfungen

Bei direkter Einreise aus Europa oder den USA nach Costa Rica sind keine Pflichtimpfungen vorgeschrieben, empfohlen sind allerdings Impfungen gegen Hepatitis A, bei Langzeitaufenthalt oder besonderer Exposition auch gegen Hepatitis B, Tollwut und Typhus. Bringen Sie Mückenschutzmittel mit, besonders wenn Sie während der Regenzeit reisen.

Bezahlen

Costa Ricas Landeswährung ist der Colón, die meisten Besucher bezahlen jedoch überwiegend mit US-Dollar und verwenden den Colón nur beim Kauf von Snacks, im Bus oder für Trinkgelder. Große Hotels, Restaurants und Läden akzeptieren die üblichen Kreditkarten (allgemeine Notrufnummer bei Kartenverlust +49 116 116). Bei Dollarnoten sind kleine Scheine ideal, da Läden größere Banknoten aus Angst vor Falschgeld nicht annehmen.

Hotelbuchung

In der Trockenzeit (Dez–Apr) sind die Hotelpreise hoch und Zimmer schnell ausgebucht. Rucksackurlauber haben in einem der zahlreichen Hostels eher Chancen auf Schnäppchen. Hostels im ganzen Land können über Anbieter wie **Hostelworld** gebucht werden. Für Naturliebhaber stehen in oder in der Nähe von Nationalparks und Naturschutzgebieten Lodges zur Verfügung. In einigen Nationalparks ist Camping möglich.

Das Sterne-Klassifizierungssystem wird in Costa Rica selten benutzt, stattdessen gelten oft die Kategorien der Certification for Sustainable Tourism (CST), das Hotels nach kulturellen und ökologischen Aspekten einstuft.

Hostelworld
W hostelworld.com

Reisende mit besonderen Bedürfnissen

In Costa Rica gibt es ein paar barrierefreie Hotels. In San José sind einige öffentliche Busse barrierefrei.

Die meisten Nationalparks sind für gehbehinderte Menschen schwer zugänglich, Ausnahmen sind die Parks Volcán Poás, Santa Rosa und Volcán Arenal, die über gut ausgebaute Wege verfügen. Die Rainforest Aerial Tram hat rollstuhlgerechte Gondeln. Weitere Informationen bietet **Accept Reisen**.

Accept Reisen
W accept-reisen.de/reisen/rollstuhlreise-costa-rica

Sprache

Die offizielle Landessprache ist Spanisch *(siehe S. 267–269)*, viele *ticos*, vor allem diejenigen in der Tourismusbranche, sprechen auch Englisch. In ländlichen Gebieten trifft man seltener auf Einwohner mit guten Fremdsprachenkenntnissen.

Öffnungszeiten

Mittags: Viele Büros und Museen machen eine Stunde oder länger Mittagspause.
Montags: Viele Museen bleiben geschlossen.
Sonntags: Die meisten Museen haben kürzere Öffnungszeiten.
Feiertags: Läden, Büros und viele Museen schließen früh oder für den ganzen Tag.

Feiertage

1. Jan	Año Nuevo (Neujahr)
11. Apr	Día de Juan Santamaría
1. Mai	Día de los Trabajadores (Tag der Arbeit)
25. Juli	Día de la Anexión de Guanacaste
2. Aug	Día de Nuestra Señora de la Virgen de los Ángeles
15. Aug	Día de la Madre (Muttertag)
15. Sep	Día de la Independencia (Unabhängigkeitstag)
12. Okt	Día de las Culturas (Tag des Kolumbus)
25. Dez	Navidad (Weihnachten)

IN COSTA RICA UNTERWEGS

Ob Sie nun einen Kurzurlaub am Strand oder einen Aufenthalt in einer Öko-Lodge planen, hier finden Sie alles, was Sie wissen müssen, um Ihre Ferien rundum genießen zu können.

Auf einen Blick

Flugpreise

San José nach Liberia
125 $
nur Hinflug

San José nach Limón
80 $
nur Hinflug

San José nach Puerto Jiménez
140 $
nur Hinflug

Expertentipp
Falls Sie sich für einen Fernbus entscheiden, sollten Sie einen Tag im Voraus buchen, damit Sie auch sicher einen Platz bekommen.

Tempolimits

Highways
120 km/h

Landstraßen
60 km/h

Innerhalb von Ortschaften
40 km/h

Anreise mit dem Flugzeug

Flüge aus Europa oder den USA, z. B. mit der costa-ricanischen Fluggesellschaft **Avianca Costa Rica**, landen auf dem Aeropuerto Internacional Juan Santamaría bei San José, dem wichtigsten Flughafen Costa Ricas, oder auf dem Aeropuerto Internacional Daniel Oduber Quirós bei Liberia. Letzterer wird für Reiseziele auf der Halbinsel Nicoya bevorzugt. **Sansa Airlines** bietet Inlandsflüge an.

Vom Aeropuerto Internacional Juan Santamaría fahren Busse und Taxis nach San José. In der *Tabelle rechts* finden Sie Informationen zum Transport zwischen Flughäfen und Stadtzentren sowie Fahrtzeiten.

Avianca Costa Rica
W avianca.com
Sansa Airlines
W flysansa.com

Züge

In Costa Rica verkehren nur noch wenige Züge. Von San José aus fahren Pendlerzüge nach Heredia und Cartago. Es gibt eine unregelmäßige Bahnverbindung zwischen San José und Puntarenas.

Fernbusse

Mehrere Unternehmen betreiben moderne Busverbindungen von San José in alle Teile des Landes. Das **Instituto Costarricense de Turismo** bietet Fahrpläne zum Download an. Die Fahrpreise liegen selten höher als 25 US-Dollar. *Directo*-Busse sind schnell und fahren ohne Zwischenstopp, *Colectivo*-Busse sind langsamer und halten öfter. Busse sind oft überfüllt, und es gibt kaum Platz für Gepäck. Behalten Sie an Haltestellen Ihre Sachen im Auge (Diebstahlgefahr). Busse von **Costa Rica Shuttle** und **Interbus** steuern viele Urlaubsziele an, Plätze müssen reserviert werden.

Costa Rica Shuttle
W costaricashuttle.com
Instituto Costarricense de Turismo
W visitcostarica.com/en/costa-rica/bus-itinerary
Interbus
W interbusonline.com

Vom Flughafen in die Stadt

Flughafen	Entfernung zur Stadt	Taxipreis	Fahrtdauer
San José (Juan Santamaría)	15 km	25–35 $	30 Min.
Liberia (Daniel Oduber Quirós)	12 km	20–30 $	25 Min.
Bahía Drake (Puerto Jiménez)	18 km	25–35 $	33 Min.

Routenplaner

Diese Karte zeigt Autofahrern die schnellsten Verbindungen zwischen den wichtigsten Städten und Reisezielen Costa Ricas mit der jeweils kürzesten Fahrtdauer an.

San José–Cahuita	3:45 Std.
San José–Cartago	45 Min.
San José–Jacó	2 Std.
San José–La Fortuna	3 Std.
San José–Liberia	4 Std.
San José–Limón	3 Std.
San José–Monteverde	3:15 Std.
San José–Puerto Viejo de Sarapiquí	2:30 Std.
San José–Puerto Viejo de Talamanca	4:15 Std.
San José–Puntarenas	2 Std.
San José–Sarchí	1:15 Std.
San José–San Isidro	4:30 Std.
Dominical–Puerto Jiménez	3 Std.

Jacó–Quepos	1:15 Std.
La Fortuna–Monteverde	4:30 Std.
Liberia–Tamarindo	1:30 Std.
Liberia–Nicoya	1:45 Std.
Nicoya–Sámara	1 Std.
Quepos–Dominical	45 Min.
San Isidro–Dominical	1:15 Std.
Tamarindo–Sámara	3 Std.

Busse
In San José und größeren Städten wie Alajuela, Heredia, Puerto Limón, Golfito und Puntarenas fahren öffentliche Busse. Deren Endstation wird über der Frontscheibe angezeigt. In vielen städtischen Bussen sind auch der Fahrpreis sowie der Name des Busunternehmens angeschrieben. Fahrpreise werden in Colón bezahlt.

Die meisten privaten Unternehmen setzen moderne Busse mit Klimaanlage und verstellbaren Sitzen ein. Passagiere können an den markierten *paradas* (Haltestellen) entlang der Strecke zu- und aussteigen. Kürzere Fahrten zwischen kleineren Städten und Dörfern finden meist mit einfacheren Bussen zweiter Klasse statt. Beim Instituto Costarricense de Turismo *(siehe S. 250)* sind Fahrpläne erhältlich. Busse auf dem Land kann man an *paradas* heranwinken.

In den meisten Städten befindet sich der Busbahnhof in der Nähe des Hauptplatzes. In einigen Orten gibt es auch mehrere Bahnhöfe, in San José z. B. zwei große sowie viele Haltestellen im Zentrum. Busse zur Karibikküste fahren vom Gran Terminal Caribe ab, alle anderen von Haltestellen, die sich in einem Gebiet namens »Coca Cola« westlich des Stadtzentrums konzentrieren.

Taxis
Taxis findet man in den meisten Orten bei den Hauptplätzen und den wichtigsten Sehenswürdigkeiten. In San José kann man sie auch telefonisch bestellen. Lizenzierte Taxis sind rot (Flughafentaxis orangefarben). Auf einem weißen Dreieck an der Vordertür steht die Lizenznummer. Bei Fahrten unter zwölf Kilometern müssen Fahrer eigentlich ihre *marías* (Taxameter) einschalten, doch viele missachten dies, um höhere Preise zu kassieren. Für längere Fahrten kann der Preis verhandelt werden. Außerhalb der Hauptstadt ist es die Regel, den Preis vor der Abfahrt auszuhandeln.

Jeep-Taxis verkehren in bergigen oder unzugänglichen Gegenden. Für die Einheimischen dort sind sie das wichtigste Verkehrsmittel, für Besucher des Landes sind sie ebenfalls recht nützlich. In ganz abgeschiedene Regionen fahren auch *colectivos*, in der Regel offene Pick-up-Trucks mit Sitzen und Plane. Wie *Colectivo*-Busse haben sie feste Routen und können überall auf der Strecke angehalten werden. *Colectivo*-Taxis kosten in der Regel einen Einheitspreis, unabhängig von der zurückgelegten Entfernung. Da nur wenige Fahrer genügend Wechselgeld mitführen, sollten Sie am besten mit kleinen Scheinen und Münzen möglichst passend zahlen. Taxifahrer erwarten nicht unbedingt Trinkgeld, bei Extraleistungen wie dem Einladen von Gepäck sind zehn Prozent willkommen.

Uber ist in San José tätig, zusätzlich sind selbstständige lizenzierte *porteadores* (Privattaxis) unterwegs. Für die Kommunikation mit solchen Fahrern sollten Sie sich für Ihr Handy eine costa-ricanische SIM-Karte besorgen.

Wagen von **Taxis Aeropuerto** haben nur für Fahrten vom und zum Flughafen eine Lizenz, bringen Sie aber im Land überallhin. Die Taxis können in ganz San José telefonisch geordert werden.

Taxis Aeropuerto
W taxiaeropuerto.com

Boote und Fähren
Die Auto- und Personenfähren von **Naviera Tambor** verkehren zwischen Puntarenas und Paquera auf der Halbinsel Nicoya. Sie arbeiten nach dem Prinzip »Wer zuerst kommt, mahlt zuerst«. Am besten ist es, Sie erwerben Ihr Ticket im Voraus über **QuickPayCR**.

Lanchas (Wassertaxis) sind im gesamten Golfo Dulce unterwegs und bringen Sie von Golfito und Puerto Jiménez aus zu jedem gewünschten Ziel, auch nach Pavones und Zancudo.

Naviera Tambor
W navieratambor.com
QuickPayCR
W quickpaycr.com

Autofahren
Mit dem Auto lässt sich sehr flexibel durch Costa Rica reisen, insbesondere wenn man entlegene Regionen besucht.

Außerhalb der Hauptstadt sind zahlreiche Straßen in schlechtem Zustand oder unbefestigt – dort wird Allradantrieb empfohlen. Costa-ricanische Fahrer haben einen schlechten Ruf: Sie rasen, halten nicht an Stoppschildern oder an roten Ampeln, und sie biegen ab, ohne zu blinken. Machen Sie sich mit den Verkehrsregeln vertraut und halten Sie alle notwendigen Papiere bereit. Auf den Highways patrouillieren *tránsitos* (Verkehrspolizisten) mit Radarpistolen. Sie sind nicht berechtigt, Bußgelder zu kassieren. Diese werden bei einer Bank oder beim Autoverleiher bezahlt.

Eine mautpflichtige *autopista* (Autobahn) verbindet San José mit Puntarenas und Jacó, auch einige Abschnitte der Panamericana (Carretera 1) haben Mautstellen. Bergstraßen, wie die von San José über den Parque Nacional Braulio Carrillo zur Karibikküste, sind von Nebel und Erdrutschen betroffen. Die Straßenführung im Zentralen Hochland ist verwirrend. GPS ist für die Orientierung praktisch unerlässlich, da die Beschilderung abseits der Hauptstraßen eher spärlich ist.

Auf den unbefestigten Straßen an der Pazifikküste der Halbinsel Nicoya zwischen Tamarindo und Playa Santa Teresa sowie auf der Península de Osa zur Bahía Drake und zum Parque Nacional Corcovado muss man nicht selten Flüsse durchqueren. Seien Sie besonders in der Regenzeit äußerst vorsichtig. Fragen Sie Einheimische nach den aktuellen Bedingungen und nach der besten Route. Schäden, die bei einer Flussdurchquerung entstehen, sind nicht durch die Versicherung des Autoverleihers gedeckt.

Mietwagen

Bei den meisten Autovermietungen müssen Fahrer 25 Jahre alt sein, einige vermieten auch an Kunden über 21. Sie benötigen für einen Mietwagen eine Kreditkarte. Der nationale Führerschein genügt offiziell, dennoch wird die Mitnahme eines internationalen Führerscheins dringend empfohlen. Wer länger als drei Monate bleibt, benötigt einen costaricanischen Führerschein.

Große internationale Autovermietungen haben Niederlassungen in Costa Rica. Bei kleinen lokalen Anbietern gibt es gelegentlich günstigere Tarife. Reservieren Sie rechtzeitig, denn in der Hauptsaison benötigen auch viele Costa-Ricaner einen Mietwagen.

In der Regenzeit liegen die Preise niedriger. Am günstigsten sind Paketangebote mit unbegrenzter Kilometeranzahl. Rabatte gibt es bei Mietdauern ab einer Woche. Automatik ist teurer als Gangschaltung.

Der Abschluss einer Versicherung gegen Sach- und Personenschäden ist Pflicht, eine Vollkaskoversicherung ist zu empfehlen.

Die meisten Verleihfirmen, u. a. **Adobe** und **Europcar**, sind an den beiden internationalen Flughäfen vertreten.

Adobe
W adobecar.com
Europcar
W europcar.co.cr

Verkehrsregeln

In Costa Rica fährt man rechts, und alle Insassen müssen angeschnallt sein. Verboten ist es, am Steuer ohne Freisprecheinrichtung mit dem Handy zu telefonieren.

Setzen Sie nach einem Unfall oder einer Panne den Warnblinker und platzieren Sie 50 Meter hinter dem Auto ein Warndreieck. Unfallfahrzeuge dürfen nicht bewegt werden. Verständigen Sie Ihre Verleihfirma und bei Personenschäden umgehend Ihre Botschaft.

Die Promillegrenze liegt bei 0,5. Ein Blutalkoholwert von 0,75 Promille gilt als Straftat. Fahrer, die mit mehr als 0,75 Promille einen Unfall verursachen, erhalten mit hoher Wahrscheinlichkeit eine Freiheitsstrafe.

Trampen ist in Costa Rica nicht üblich und wird aus Sicherheitsgründen auch nicht empfohlen. Sollten Sie dennoch eine Mitfahrgelegenheit bei einem Einheimischen annehmen, sollten Sie diesem anbieten, sich an den Benzinkosten zu beteiligen.

Tanken

Bleifreies Benzin heißt *gasolina* und wird als super oder normal verkauft. Letzteres ist billiger. Diesel ist noch preiswerter. *Gasolineras* (Tankstellen) sind in Städten gut verfügbar, doch auf dem Land seltener, vor allem in Nicoya. Es ist daher empfehlenswert, bereits bei noch halb vollem Tank nachzutanken. In ganz abgelegenen Ecken gibt es Benzin in *pulperías* (Lebensmittelläden) – meist allerdings zum doppelten Preis.

Tankstellen haben in der Regel von 6 bis 24 Uhr geöffnet. Es gibt keine Selbstbedienung. Die meisten Tankstellen akzeptieren Kreditkarten.

Fahr- und Motorräder

Obwohl die Costa-Ricaner Radrennen und Mountainbiking lieben, ist das Radfahren in den Städten nicht sehr verbreitet. Nur sehr wenige Costa-Ricaner riskieren es, in San José mit dem Rad zu fahren. Mountainbiking ist jedoch eine gute Möglichkeit, die Landschaft zu erkunden. Mehrere renommierte Unternehmen bieten geführte Radtouren an, darunter **Backroads** und **Bike Arenal**. Mountainbikes können in Urlauberhochburgen für 10 – 20 US-Dollar pro Tag gemietet werden. Manche Anbieter verlangen eine Kaution, stellen in der Regel jedoch keine Helme zur Verfügung. Bringen Sie zur Sicherheit Ihren eigenen Fahrradhelm und auch ein stabiles Fahrradschloss mit. Fahrradmechaniker sind in den meisten Städten zu finden.

Mehr und mehr Besucher reisen auf dem Motorrad durch Costa Rica. **Costa Rican Trails** ist spezialisiert auf organisierte Touren. **Wild Rider** vermietet Motorräder.

Backroads
W backroads.com
Bike Arenal
W bikearenal.com
Costa Rican Trails
W costaricantrails.com
Wild Rider
W wild-rider.com

Zu Fuß unterwegs

Costa Rica ist ein Paradies für Wanderer, durch Nationalparks, Naturschutzgebiete und Nebelwälder führen viele gut ausgebaute Wege. Auch bei Stadtbesichtigungen kommt man zu Fuß gut voran, weil die Distanzen zwischen Sehenswürdigkeiten meist kurz sind.

PRAKTISCHE HINWEISE

In Costa Rica kommt man in jeder Hinsicht gut zurecht. Ein paar Verhaltenstipps und Hinweise auf die Gepflogenheiten vor Ort können jedoch nicht schaden.

Auf einen Blick

Notrufnummern

Polizei	Krankenwagen
911	**911**

Feuerwehr	Rotes Kreuz (Cruz Roja)
911	**128**

Zeit

Central Standard Time (CST) = MEZ –7 Std. (MESZ –8 Std.); keine Sommerzeit

Leitungswasser

Leitungswasser ist nicht überall in Costa Rica trinkbar. Kaufen Sie zur Sicherheit Wasser in Flaschen.

Trinkgeld

Kellner	10 %
Gepäckträger	1 $ pro Gepäck
Zimmermädchen	1 $ pro Tag
Concierge	1–5 $
Taxifahrer	nicht üblich

Information

Costa Ricas Tourismusbehörde, das **Instituto Costarricense de Turismo**, betreibt eine hilfreiche Website und drei Informationszentren: zwei in San José, eins am Aeropuerto Internacional Daniel Oduber Quirós bei Liberia.

Instituto Costarricense de Turismo
W visitcostarica.com

Persönliche Sicherheit

Die meisten Gefahren lauern in der Natur – Strömungen, Erdbeben und Vulkane. Nationalparks mit aktiven Vulkanen können aus Sicherheitsgründen geschlossen sein.

Lassen Sie Wertsachen im Hotelsafe, zusammen mit Kopien Ihres Reisepasses und wichtiger Dokumente. Tragen Sie in der Öffentlichkeit keinen Schmuck und lassen Sie Gepäck und Taschen nicht aus den Augen. Besondere Vorsicht ist in Touristenzentren, auf den Touristenrouten (z. B. Brücke über den Río Tárcoles), in San José (vor allem bei den Busbahnhöfen), in der Gegend von Limón (Cahuita, Puerto Viejo), zwischen Jacó und Quepos, den Stränden im Nordwesten und auch auf den Zufahrtsstraßen zum Flughafen geboten. Nehmen Sie nie ein unlizenziertes Taxi – es sind bereits Fahrgäste von Fahrern oder deren Komplizen ausgeraubt worden.

Zeigen Sie einen Diebstahl innerhalb von 24 Stunden bei der Polizei an. Den Polizeibericht müssen Sie Ihrer Versicherung für eine Kostenerstattung vorlegen. Bei Verlust von Reisepass oder Personalausweis sowie im Fall einer schweren Straftat oder eines Unfalls sollten Sie Ihre Botschaft verständigen.

Deutsche Botschaft
Edificio »Torre La Sabana« (8. Etage), Sabana Norte, San José
+506-2290-9091 W san-jose.diplo.de

Österreichisches Honorargeneralkonsulat
Paseo Colón, Edificio Colón (7. Etage), San José
+506-2221-4306 W bmeia.gv.at

Schweizer Botschaft
Paseo Colón, Edificio Colón (10. Etage), San José
+506-2221-4829 W eda.admin.ch/sanjose

Gesundheit

In der Regel birgt Costa Rica keine größeren Gefahren für die Gesundheit. In der Regenzeit und an der südlichen Karibikküste besteht ein geringes Malariarisiko – hier wird Malariaprophylaxe empfohlen. Manchmal gibt es dort auch Fälle von Dengue-Fieber.

Halten Sie zu allen Tieren, auch zu den scheinbar niedlichen, einen Sicherheitsabstand. Viele Tiere reagieren aggressiv, wenn sie überrascht werden oder sich bedroht fühlen. Füttern Sie Tiere nie! Es macht sie von Menschen abhängig, und Sie riskieren, gebissen zu werden. Falls Sie gebissen werden, sollten Sie sich langsam bewegen und sofort medizinische Hilfe suchen. In den Flüssen des Tieflands leben Krokodile, hier ist Baden verboten. Achten Sie auf Schlangen – sehen Sie immer wieder auf den Boden. Greifen Sie nicht in Spalten oder unter Steine.

Medikamente, auf die Sie ständig angewiesen sind, sollten Sie von zu Hause mitbringen. *Farmacias* oder *boticas* (Apotheken) findet man in den Städten, sogar in kleinen Dörfern. Um einer Dehydrierung vorzubeugen, sollten Sie viel trinken. Lösliche Elektrolyte sind in Apotheken und Lebensmittelläden erhältlich.

Die medizinische Notfallversorgung für Besucher erfolgt in öffentlichen Kliniken und Krankenhäusern. Kosten für Behandlung und Medikamente müssen in der Regel vor Ort sofort in bar (ggf. auch mit Kreditkarte) beglichen werden. Der Abschluss einer Auslandsreisekrankenversicherung mit Rücktransport ist dringend angeraten.

Rauchen, Alkohol und Drogen

Rauchen ist in öffentlichen Gebäuden, einschließlich Restaurants, Bars usw., verboten. Wer illegale Drogen besitzt oder diese konsumiert, riskiert eine Gefängnisstrafe.

Ausweispflicht

Sie müssen sich jederzeit ausweisen können. Eine Kopie des Reisepasses reicht meist aus. Die Polizei kann jedoch verlangen, dass Sie sich mit dem Original innerhalb von 24 Stunden in einer Polizeidienststelle melden.

Etikette

In Kirchen sollten Sie Oberkörper, Schultern und Knie bedecken und Schuhe tragen.

Oben ohne oder nackt baden ist ein Vergehen und kann zu einer Geldstrafe führen.

LGBTQ+

Costa Rica ist, insbesondere in Städten, in Sachen Homosexualität im Vergleich zu einigen seiner zentralamerikanischen Nachbarn fortschrittlich. 2020 legalisierte es als erstes Land der Region die gleichgeschlechtliche Ehe. In kleineren Städten und auf dem Land sind die Menschen konservativer, und offene Zuneigungsbekundungen können negative Reaktionen der Einheimischen hervorrufen.

Mobiltelefone und WLAN

Wer ein aktuelles in Europa gängiges Handy oder Smartphone nutzt, sollte damit auch in Costa Rica keine Probleme haben. Es lohnt sich, vor Ort von einem der costa-ricanischen Mobilfunkanbieter **Claro** oder **Kölbi** eine SIM-Karte mit Inklusivminuten und Datenpaket zu kaufen.

WLAN ist in städtischen Gebieten recht verbreitet und kann in praktisch allen Hotels sowie in zahlreichen Cafés, Restaurants und Shoppingcentern genutzt werden. In abgelegenen Regionen ist WLAN dagegen seltener verfügbar.

Claro
W claro.cr
Kölbi
W kolbi.cr

Websites und Apps

Essential Costa Rica
Essential Costa Rica ist die offizelle Reise-Website des Instituto Costarricense de Turismo (www.visitcostarica.com).

Sistema Nacional de Áreas de Conservación (SINAC)
SINAC überwacht die Naturschutzmaßnahmen landesweit (www.sinac.go.cr).

Yo Viajo
Geben Sie ein beliebiges Ziel in die Suchleiste ein – Busfahrplan und Fahrpreis werden angezeigt (www.yoviajocr.com).

Maps.me
Die kostenlose App für Android- und iOS-Geräte ermöglicht eine Navigation mit Offlinekarten.

Post

Estampillas (Briefmarken) sind in Postfilialen erhältlich. An vielen Souvenirständen gibt es Prepaid-Postkarten für den Versand in alle Welt. Der Versand eines bei der costa-ricanischen Post **Correos de Costa Rica** aufgegebenen Briefs oder einer Postkarte nach Europa kann zwei Wochen oder länger dauern. Pakete sollten Sie mit **DHL** verschicken.

Correos de Costa Rica
W correos.go.cr
DHL
W dhl.co.cr

Steuern

Die Mehrwertsteuer (IVA) in Costa Rica beträgt 13 Prozent. Bei der Ausreise aus Costa Rica wird eine Flughafensteuer in Höhe von 29 US-Dollar fällig. Bevor Sie die Steuer am Schalter bezahlen, sollten Sie sich bei Ihrer Airline erkundigen, ob diese bereits im Preis Ihres Flugtickets enthalten ist.

Nationalparks und Naturschutzgebiete

Das kleine Costa Rica hat eine Riesenauswahl an Nationalparks und Reservaten. Eine abwechslungsreiche Tour zu buchen, ist relativ einfach. Die größten Schwierigkeiten ergeben sich bei der Wahl des Ziels bzw. der Ziele. Außerdem sollte man sich gut überlegen, ob man auf eigene Faust unterwegs sein will oder lieber mit einer Gruppe reist. Wer sich für die Do-it-yourself-Variante entscheidet, kann alles online buchen, z. B. über die Website *(siehe S. 255)* von Sistema Nacional de Áreas de Conservación (SINAC), der Organisation, zu der alle Nationalparks und viele Reservate gehören. Einige Schutzgebiete sind in privater Hand, auch deren Websites sind für die Planung unverzichtbar.

Die meisten Nationalparks kann man mit dem Auto besichtigen, viele erfordern ein Fahrzeug mit Allradantrieb. Einige Parks sind nur zu Fuß oder per Bootsfahrt zugänglich, etwa die Reserva Forestal del Humedal Nacional Térraba-Sierpe *(siehe S. 244)*.

Wer persönlich dazu beitragen möchte, dass Costa Ricas Naturschätze langfristig erhalten bleiben, kann sich bei den **Amigos de los Parques Nacionales** als Freiwilliger melden. Die Arbeit mit den Parkrangern verschafft ein intensives Naturerlebnis und eine einzigartige Lebenserfahrung.

Weniger abenteuerlustige Besucher können Pauschalangebote nutzen. Es gibt viele seriöse Reiseveranstalter, sowohl im Land selbst als auch außerhalb. Achten Sie darauf, dass Touranbieter oder Führer, die Sie selbst buchen, vom **Instituto Costarricense de Turismo** anerkannt sind.

Amigos de los Parques Nacionales
W proparques.org
Instituto Costarricense de Turismo
W visitcostarica.com

Tierbeobachtung

Costa Rica ist zu jeder Jahreszeit eine Reise wert. Die besten Zeiten zur Tierbeobachtung unterscheiden sich jedoch von Region zu Region. Guanacaste sollte man in der Trockenzeit (Dez – Apr) besuchen, wenn sich die Tiere an den Wasserstellen sammeln. Dies ist auch die beste Zeit, um Vögel zu beobachten. Dann treffen hier die Zugvögel ein, Wasservögel bevölkern die Feuchtgebiete. Da die Trockenzeit jedoch auch Hochsaison ist, können beliebte Nationalparks überlaufen sein.

In der Regenzeit (Mai – Nov) muss man täglich mit Niederschlägen rechnen. Dafür wird die Landschaft dann üppig grün. Viele Wege sind schlammig, der Zugang zu einigen Regionen kann eingeschränkt sein. Feuchtgebiete wie der Caño Negro sind dann nur mit dem Boot erreichbar. In der Regenzeit besteht in manchen Gegenden ein – allerdings nur geringes – Malariarisiko *(siehe S. 255)*.

Der frühe Morgen und der späte Nachmittag sind ideal, um Wildtiere zu beobachten. In der Dämmerung ziehen sich etwa Affen zum Schlafen zurück, dann werden u. a. Wickelbären, Fledermäuse, Frösche und Katzen munter. Bei nächtlichen Bootstouren in Lagunen und Feuchtgebieten sieht man Krokodile und nachtaktive Vögel wie Eulen und Kahnschnäbel. Nehmen Sie ein Tierbestimmungsbuch und ein Fernglas mit. Ebenso wichtig sind Insekten- und Sonnenschutz, Sonnenbrille sowie eine Taschenlampe.

Individualtouren

Die meisten Nationalparks und Reservate können auf eigene Faust erkundet werden. Geeignete Reisebroschüren sind u. a. beim Besuch des Mistico Arenal Hanging Bridges Park und der La Selva Biological Station erhältlich. Andere Nationalparks, wie der Parque Nacional Cahuita, haben eine Informationshütte am Eingang, die auf gut markierte, sehr gepflegte Wege hinweist.

Organisierte Ausflüge

Nationalparks schließen kurz vor Sonnenuntergang. Im Parque Nacional Chirripó gibt es eine Übernachtungsmöglichkeit; private Reservate mit Lodges bieten geführte Nachttouren an. Auf Rafting spezialisierte Veranstalter organisieren mehrtägige Touren. Nachtwanderungen können auch über viele Reisebüros und bei Führern gebucht werden. Im Allgemeinen gilt: Mit einem Führer hat man mehr Erfolg, Tiere zu entdecken.

REGISTER

Fett gedruckte Seitenangaben verweisen auf Haupteinträge.

O

P

T

U

V

SPRACHFÜHRER

Das costa-ricanische Spanisch entspricht im Großen und Ganzen dem kastilischen Spanisch, wobei es jedoch einige Unterschiede hinsichtlich Vokabular und Aussprache gibt. Der wichtigste ist die Aussprache des weichen »c« und des »z« als »s« und nicht als »th«.

Die *ticos* sind eher formell und benutzen die Anrede *usted* statt *tú*, also »Sie« statt »du«, selbst wenn sie die Person gut kennen. Allgemeine Respektsbezeugungen werden erwartet. Sagen Sie beim Besteigen eines Taxis immer *buenos días* oder *buenas tardes.* Sprechen Sie Taxifahrer und Kellner mit *señor* an. Umgangssprachlich ist auch der Ausdruck *¡upe!* erlaubt, um auf sich aufmerksam zu machen. Mit *buena suerte* (»Viel Glück«) verabschiedet man sich.

Die häufigste Antwort ist *pura vida* (»So ist das Leben«), die man auf Fragen nach dem Wohlbefinden erhält und die auch allgemeine Zufriedenheit ausdrückt. *Tuanis*, bei der Jugend beliebt, bedeutet ebenfalls so viel wie »alles okay«. Mit *chepe* ist im Allgemeinen San José gemeint. Wenn Sie sich eines Straßenhändlers erwehren wollen, reicht meist ein höfliches Kopfschütteln und ein *muchas gracias.* Ein *muy amable* (»sehr freundlich«) entspannt die Situation noch zusätzlich.

Notfälle

Hilfe!	**¡Socorro!**	[so'kɔrɔ]
Stopp!	**¡Pare!**	['pare]
Polizei!	**¡Policía!**	[poli'sia]
Rufen Sie einen Arzt!	**¡Llame a un médico!**	['ʒame a 'un 'međiko]
Rufen Sie einen Krankenwagen!	**¡Llame a una ambulancia!**	['ʒame a 'una ambu'lanθĭa]
Wo ist das nächste Krankenhaus?	**¿Dónde está el hospital más próximo?**	[dɔnde es'tá ɛl ɔspi'tal mas 'prɔgsimo]
Können Sie mir helfen?	**¿Me puede ayudar?**	[me 'pŭeđe aʒu'đar]
Man hat mir mein …gestohlen.	**Me robaron mi …**	[me rro'ƀaron mi …]

Grundwortschatz

Ja	**Sí**	[si]
Nein	**No**	[no]
Bitte	**Por favor**	[pɔr fa'ƀɔr]
Danke	**Gracias**	['graθĭas]
Verzeihung	**Perdóne**	[pɛr'đɔne]
Entschuldigung	**Disculpe**	[dis'kulpe]
Tut mir leid	**Lo siento**	[lo 'sĭento]
Hallo	**¡Hola!**	['ola]
Guten Tag	**Buenos días**	['bŭenos 'dias]
Guten Tag (nachmittags)	**Buenas tardes**	['bŭenas 'tarđes]
Guten Abend	**Buenas noches**	['bŭenas 'notʃes]
Nacht	**noche**	['notʃe]
morgens (Tageszeit)	**mañana**	[ma'ɲana]
gestern	**ayer**	['a'jɛr]
hier	**aquí**	[a'ki]
Wie?	**¿Cómo?**	['komo]
Wann?	**¿Cuándo?**	['kŭando]
Warum?	**¿Por qué?**	[pɔr ke]
Wie geht's?	**¿Qué tal?**	[ke tal]
Sehr gut, danke.	**Muy bien, gracias.**	[mŭi bĭen, 'graθĭas]
angenehm	**encantado/a**	[eŋkan'tađo/a]
Sehr erfreut!	**¡Mucho gusto!**	['mutʃo 'gusto]

Nützliche Redewendungen

Ist in Ordnung.	**Está bien.**	[es'ta bĭen]
Sprechen Sie ein wenig Deutsch/ Englisch?	**¿Habla un poco de alemán/inglés?**	['aƀla 'un 'poko de ale'man/ iŋ'gles]
Ich verstehe nicht.	**No entiendo.**	[no en'tienđo]
Könnten Sie etwas langsamer sprechen, bitte?	**¿Puede hablar más despacio, por favor?**	['pŭeđe a'ƀlar mas des'paθĭo, pɔr fa'ƀɔr]
In Ordnung/ o.k./gut	**De acuerdo/bueno**	[de a'kŭɛrđo/ 'bŭeno]
Alles klar!	**¡Claro que sí!**	['klaro ke si]
Wie kommt man nach …?	**¿Cómo se llega a …?**	['komo se 'ʎega a …]
Wo finde ich …?/ Wo ist …?	**¿Donde está …?**	['dɔnde es'ta …]

Nützliche Wörter

groß	**grande**	['grande]
klein	**pequeño**	[pe'kɛɲo]
heiß	**caliente**	[ka'lĭente]
kalt	**frío**	['frio]
gut	**bueno**	['bŭeno]
gut (Adv.)	**bien**	[bĭen]
schlecht	**malo**	['malo]
genug	**suficiente**	[sufi'θĭente]
geöffnet	**abierto**	[a'ƀiɛrto]
geschlossen	**cerrado**	[se'rrađo]
Eingang	**la entrada**	[en'trađa]
Ausgang	**la salida**	[sa'liđa]
voll	**lleno**	['ʎeno]
leer	**vacío**	[ba'θio]
rechts	**derecha**	[de'retʃa]
links	**izquierda**	[iθ'kĭɛrđa]
(immer) geradeaus	**(todo) recto**	['tođo 'rrekto]
unter, unten	**debajo**	[de'baxo]
oben, hinauf	**arriba**	[a'rriƀa]
bald	**pronto**	['prɔnto]
früh	**temprano**	[tem'prano]
spät	**tarde**	['tarđe]
jetzt	**ahora**	[a'ɔra]
mehr	**más**	[mas]
weniger	**menos**	['menos]
wenig	**poco**	['poko]
viel	**mucho**	['mutʃo]
sehr	**muy**	[mŭi]
erster Stock	**segundo piso**	[se'gundo 'piso]
Erdgeschoss	**primer piso**	[pri'mer 'piso]
Fahrstuhl	**ascensor**	[asθen'sɔr]
Bad	**baño**	['baɲo]
Frauen	**mujeres**	[mu'xeres]
Männer	**hombres**	['ɔmbres]
Toilettenpapier	**papel higiénico**	[pa'pɛl i'xĭeniko]
Kamera	**cámara**	['kamara]
Reisepass	**pasaporte**	[pasa'pɔrte]

Gesundheit

Ich fühle mich schlecht.	**Me siento mal.**	[me 'sĭento mal]
Ich habe Bauch-/ Kopfschmerzen.	**Me duele el estómago/ la cabeza.**	[me 'dŭele ɛl es'tomago/ la ka'ƀeθa]
Er/sie ist krank.	**Está enfermo/ enferma.**	[esta em'fɛrmo/ em'fɛrma]
Ich muss mich ausruhen.	**Necesito descansar.**	[neθe'sito deskan'sar]
Apotheke	**la farmacia**	[far'maθĭa]

Post/Bank

Bank	**el banco**	['baŋko]
Wechselstube	**la casa de cambio**	['kasa de 'kambĭo]
Postamt	**la oficina de correos**	[ofi'θina de kɔ'rrɛos]
Ich möchte einen Brief versenden.	**Quiero enviar una carta.**	['kĭero embĭ'ar 'una 'karta]
Brief	**la carta**	['karta]
Postkarte	**la postal**	[pɔs'tal]
Briefmarke	**el sello**	['seʎo]
Geld abheben	**sacar dinero**	[sa'kar di'nero]

Shopping

Ich hätte gern …	**Me gustaría/ quiero …**	[me gusta'ria/ 'kĭero …]
Haben Sie …?	**¿Tiene …?**	['tĭene …]
Wie viel kostet das?	**¿Cuanto cuesta?**	['kŭanto 'kŭesta]
Wann öffnen/ schließen Sie?	**¿A qué hora abre/ cierra?**	[a 'ke 'ora 'aƀre/ 'θiɛrra]
Kann ich mit Kreditkarte zahlen?	**¿Puedo pagar con tarjeta de crédito?**	['pŭeđo pa'gar kɔn tar'xeta de 'kređito]

Sightseeing

Festung, Burg	**el castillo**	[kas'tiʎo]
Fremdenführer	**el guía**	['gia]
Landstraße	**la carretera**	[karrɛ'tera]
Straße/Gasse	**la calle/ el callejón**	['kaʎe/ kaʎe'xɔn]
Garten	**el jardín**	[xar'đin]
Kathedrale	**la catedral**	[kate'đral]
Kirche	**la iglesia**	[i'glesıa]
Museum	**el museo**	[mu'seo]
Palast, Palais	**el palacio**	[pa'laθĭo]
Park	**el parque**	['parke]
Strand	**la playa**	['plaja]
Platz	**la plaza**	['plaθa]
Rathaus	**el ayuntamiento**	[ajunta'mĭento]
Fremdenverkehrsbüro	**la oficina de turismo**	[ofi'θina de tu'rismo]
Viertel	**el barrio**	['barrĭo]

Unterwegs

Wann fährt der nächste Zug/Bus nach …?	**¿A qué hora sale el próximo tren/bus a …?**	[a 'ke 'ora 'sale ɛl 'prɔgsimo tren/bus a …]
Könnten Sie mir ein Taxi rufen?	**¿Me puede llamar un taxi?**	[me 'pŭeđe ʎa'mar 'un 'tagsi]
Flughafen	**el aeropuerto**	[aero'pŭɛrto]
Bahnhof	**la estación de ferrocarriles**	[esta'θĭɔn de fɛrrɔka'rriles]
Busstation	**la terminal de buses**	[tɛrmi'nal de 'buses]
Einschiffungshafen	**el puerto de embarque**	['pŭɛrto de em'barke]
Autovermietung	**alquiler de autos**	[alki'ler de aŭtos]
Fahrrad	**la bicicleta**	[biθi'kleta]
Fahrpreis	**la tarifa**	[ta'rifa]
Versicherung	**el seguro**	[se'guro]
Tankstelle	**la estación de gasolina**	[esta'θĭɔn de gaso'lina]
Ich habe eine Reifenpanne.	**Se me pinchó un neumático.**	[se me 'pintʃo 'un neŭ'matiko]

Im Hotel

Ich habe reserviert.	**Tengo una reserva.**	['teŋgo 'una rrɛ'sɛrƀa]
Haben Sie noch Zimmer frei?	**¿Tiene habitaciones disponibles?**	['tĭene aƀita'θĭɔnes dispo'niƀles]
Einzel-/Doppelzimmer	**la habitación sencilla/ doble**	[aƀita'θĭɔn sen'siʒa/ 'doƀle]
Dusche/Bad	**la ducha/ la bañera**	['dutʃa/ baɲ'era]
Ich möchte um … geweckt werden.	**Necesito que me despierten a las …**	[neθe'sito ke me des'pĭerten a las …]
warmes/kaltes Wasser	**el agua caliente/ fría**	['agŭa ka'lĭente/ 'fria]
Seife	**el jabón**	[xa'ƀɔn]
Handtuch	**la toalla**	[to'aʎa]
Schlüssel	**la llave**	['ʎaƀe]

Im Lokal

Ich bin Vegetarier.	**Soy vegetariano.**	[sɔi ƀɛxeta'rĭ'ano]
Kann ich bitte die Speisekarte sehen?	**¿Me deja ver el menú, por favor?**	[me 'dɛxa ƀɛr ɛl me'nu, pɔr fa'ƀɔr]
Festpreis	**precio fijo**	['preθĭo 'fixo]
Die Rechnung, bitte.	**La cuenta, por favor.**	[la 'kŭenta, pɔr fa'ƀɔr]
Ich hätte gern etwas Wasser.	**Quiero un poco de agua.**	['kĭero 'un 'poko de 'agŭa]
Wein	**el vino**	['bino]
Frühstück	**el desayuno**	[desa'juno]
Mittagessen	**el almuerzo**	[al'mŭɛrθo]
Abendessen	**la cena**	['θena]

Auf der Speisekarte

al horno	[al 'orno]	gebacken
asado	[a'sado]	geröstet/ gebraten
frito	['frito]	frittiert
seco	['seko]	trocken
el aceite	[a'θeĭte]	Öl
las aceitunas	[aθeĭ'tunas]	Oliven
el agua mineral	['agŭa mine'ral]	Wasser
sin gas/ con gas	[sin gas/ kɔn gas]	still/mit Kohlensäure
el ajo	['axo]	Knoblauch
el arroz	[a'rrɔθ]	Reis
el atún	[a'tun]	Thunfisch
el azúcar	[a'θukar]	Zucker
el bacalao	[baka'lao]	Kabeljau
los camarones	[kama'rɔnes]	Garnelen
la carne	['karne]	Fleisch
la cebolla	[θe'boʎa]	Zwiebel
el cerdo	['θɛrđo]	Schwein

la cerveza	[θɛrˈƀeθa]	Bier
el chocolate	[tʃoko'late]	Schokolade
el chorizo	[tʃo'riθo]	Wurst
el cordero	[kɔr'đero]	Lamm
el fiambre	[fĭ'ambre]	kaltes Fleisch
la fruta	['fruta]	Obst
los frutos secos	['frutos 'sekos]	Nüsse
las gambas	['gambas]	Garnelen
el helado	[e'lađo]	Speiseeis
el huevo	['ŭeƀo]	Ei
el jamón serrano	[xa'mɔn se'rrano]	Serrano-Schinken
el jerez	[xe'reθ]	Sherry
el jugo	['xugo]	Fruchtsaft
la langosta	[lan'gɔsta]	Languste
la leche	['letʃe]	Milch
el limón	[li'mɔn]	Zitrone
la limonada	[limo'nađa]	Limonade
la mantequilla	[mante'kiʎa]	Butter
la manzana	[man'θana]	Apfel
el marisco	[ma'risko]	Meeresfrucht
la naranja	[na'raŋxa]	Orange
el pan	[pan]	Brot
el panecillo	[pane'θiʎo]	Brötchen
el pastel	[pas'tɛl]	Kuchen
la patata	[pa'tata]	Kartoffel
el pescado	[pes'kađo]	Fisch
el pollo	['poʎo]	Hühnchen
el postre	['pɔstre]	Dessert
el potaje	[po'taxe]	Gemüsesuppe
la sal	[sal]	Salz
las salchichas	[sal'tʃitʃas]	Würste
la salsa	['salsa]	Sauce
el solomillo	[solo'miʎo]	Filet
la sopa	['sopa]	Suppe
el té	[te]	Tee
la ternera	[tɛr'nera]	Kalb
el vinagre	[bi'nagre]	Essig

Zeit

eine Minute	**un minuto**	['un mi'nuto]
eine Stunde	**una hora**	['una 'ora]
halbe Stunde	**una media hora**	['međĭa 'ora]
Viertelstunde	**un cuarto de hora**	['un 'kŭarto de 'ora]
Woche	**la semana**	[se'mana]
Monat	**el mes**	[mes]
Jahr	**el año**	['aɲo]
Montag	**lunes**	['lunes]
Dienstag	**martes**	['martes]
Mittwoch	**miércoles**	['miɛrkoles]
Donnerstag	**jueves**	['ʒueƀes]
Freitag	**viernes**	['biernes]
Samstag	**sábado**	['saƀađo]
Sonntag	**domingo**	[do'miŋgo]

Januar	**enero**	[e'nero]
Februar	**febrero**	[fe'ƀrero]
März	**marzo**	['marθo]
April	**abril**	[a'ƀril]
Mai	**mayo**	['majo]
Juni	**junio**	['xunĭo]
Juli	**julio**	['xulĭo]
August	**agosto**	[a'gɔsto]
September	**septiembre**	[se'tĭembre]
Oktober	**octubre**	[ɔk'tuƀre]
November	**noviembre**	[no'ƀĭembre]
Dezember	**diciembre**	[di'θĭembre]

Zahlen

0	**zero**	['sero]
1	**un/uno**	['un/uno]
2	**dos**	['dos]
3	**tres**	['tres]
4	**cuatro**	['kŭatro]
5	**cinco**	['θiŋko]
6	**seis**	['sɛĭs]
7	**siete**	['sĭete]
8	**ocho**	['otʃo]
9	**nueve**	['nŭeƀe]
10	**diez**	['dĭeθ]
11	**once**	['onθe]
12	**doce**	['doθe]
13	**trece**	['treθe]
14	**catorce**	[kat'orθe]
15	**quince**	['kinθe]
16	**dieciséis**	[dĭeθi'sɛĭs]
17	**diecisiete**	[dĭeθi'sĭete]
18	**dieciocho**	[dĭeθi'otʃo]
19	**diecinueve**	[dĭeθi'nŭeƀe]
20	**veinte**	['ƀeĭnte]
30	**treinta**	['trɛĭnta]
40	**cuarenta**	[kŭa'renta]
50	**cincuenta**	['θin'kŭɛnta]
60	**sesenta**	[se'senta]
70	**setenta**	[se'tenta]
80	**ochenta**	[o'tʃenta]
90	**noventa**	[no'ƀenta]
100	**cien/ciento**	['θĭɛn/'θĭɛnto]
500	**quinientos**	[ki'nĭɛntos]
1000	**mil**	['mil]
erste/r	**primera/o**	[pri'mera/o]
zweite/r	**segunda/o**	[se'gunda/o]
dritte/r	**tercera/o**	[tɛr'θera/o]
vierte/r	**cuarta/o**	['kŭarta/o]
fünfte/r	**quinta/o**	['kinta/o]
sechste/r	**sexta/o**	['sesta/o]
siebte/r	**sétima/o**	['sɛtima/o]
achte/r	**octava/o**	[ok'taƀa/o]
neunte/r	**novena/o**	[no'vena/o]
zehnte/r	**décima/o**	['deθima/o]

DANKSAGUNG

DK möchte sich bei den folgenden Personen für ihre Mitarbeit an den vorausgehenden Auflagen bedanken: Christopher Baker, Adrian Hepworth, Derek Harvey, Shafik Meghji.

BILDNACHWEIS

l = links; r = rechts; o = oben; u = unten; m = Mitte; d = Detail.

Dorling Kindersley hat sich bemüht, alle Copyright-Inhaber zu ermitteln. Sollte das in einigen Fällen nicht gelungen sein, bitten wir, dies zu entschuldigen. In der nächsten Auflage werden wir Versäumtes gern nachholen.

Dorling Kindersley dankt folgenden Personen, Institutionen, Unternehmen und Bildarchiven für die Erlaubnis, ihre Fotos zu reproduzieren:

123RF.com:
Blueseacz 85or; Simon Dannhauer 11o, 222ul; Jiri Hrebicek 85mr; Ondrej Prosicky 94ur; Gioia Speer 94ol; Kevin Wells 22 – 23o; Charles Wollertz 71or, 187ul; Ekachai Wongsakul 58 – 59mo.

4Corners:
Pietro Canali 17ol, 154 – 155.

Adrian Hepworth:
100 – 101, 230 – 231u, 231or.

Alamy Stock Photo:
age fotostock 24mru, 235ol / Alvaro Leiva 164ul, 182ol; Amar and Isabelle Guillen – Guillen Photo LLC 22 – 23mo, 74or, 97mru; shams faraz amir 185mr; Antiqua Print Gallery 51ol; ARCTIC IMAGES / Ragnar Th. Sigurdsson 218o; Arterra Picture Library / Clement Philippe 181ur; Artokoloro Quint Lox Limited 116ur / liszt collection 139ur; Avalon / Bruce Coleman Inc. 98u / Photoshot License 63mro, 74mru, 161ul; Stephen Bay 119o; Elizabeth Bennett 50mru; Georg Berg 10mlu, 132um; Bildagentur-online / Schickert 107or, 113ol; Billberryphotography / YAY Media AS 143u; Biosphoto 94mro / Jean-Francois Noblet 209ur; Sabena Jane Blackbird 137mro, 239or; Eduardo Blanco 140 – 141o, 142ol; Blickwinkel 70mru, 75mro, 94mru; Steve Bly 12ml, 33ur; Jurate Buiviene 46om; Carlos Villoch – MagicSea.com 12o; CarverMostardi 163o, 167ul; Cavan Images 225ul; Chronicle 51mlo; ClassicStock / A. Littlejohn 138or; Thornton Cohen 13mr, 30ol, 42ul, 48mlo, 208ul; Helmut Corneli 83mro; Jan A. Csernoch 131ol; aacov Dagan 19o, 212 – 213; David R. Frazier Photolibrary, Inc. 142um; Design Pics Inc. / Deddeda / Destinations 162u; Oscar Dominguez 123ol; Michael Dwyer 125mro, 223ur; Eagle Visions Photography / Craig Lovell 141ur; Patrick J. Endres 165o; Lindsay Fendt 49or, 49mr, 242or; S. Forster 209o; Chris Fredriksson 207om; Roberto Fumagalli 158mlu; Gabbro 39ul, 200ur; Gaertner 144ul; George Karbus Photography 80 – 81; hemis.fr 20mr, 32ol, 42 – 43o, 174ol, 237or / Gardel Bertrand 8 – 9u, 20o, 107mro, 186ur, 240o / Gregory Gerault 244ol / Franck Guiziou 117ml; adrian hepworth 28ol, 77ur, 177u, 189ur, 231mro; Historic Collection 52mru; Zach Holmes 60mlo; Claude Huot 44 – 45o; imageBROKER 74ur, 79mru, 107ur / Manfred Bail 31mlu / Oliver Gerhard 162mlu, 185mro / Sonja Jordan 204ur / Peter Schickert 115u / Siepmann 180o; ImageSync Ltd. 211or; Jon Arnold Images Ltd. 24o; Philip Jones 88mr; juniors@wildlife / Poelzer; W. 167mro; John Keates 24mr, 224; Dave Keightley 95mro; Cara Koch 48mlu; Russell Kord 17o, 126 – 127; Ivan Kuzmin 74mro; Natalia Kuzmina 91or; Larry Larsen 219or; Keith Levit 46ur; Look 200o; Look / Konrad Wothe 148ol; Luis Louro 99mro; Mario Humberto Morales Rubí 185mru; Mauritius Images Gmbh 23or; mauritius images GmbH / Reinhard Dirscherl 167mro; Neil McAllister 20mru, 26ul, 124ul, 135or, 137ol, 243or; Media Drum World 82or; Megapress 34 – 35o; Christopher Milligan 96or; John Mitchell 52um; Josep Moreno 60 – 61mo; Mostardi Photography 43ul; MShieldsPhotos 39mr; Juan Carlos Muñoz 37ol, 37ml; My Lit'l Eye 192o; Nature Picture Library 82mro; Nature Picture Library / Chris & Monique Fallows 167mru / Doug Perrine 167mr; Newscom / BJ Warnick 53ur; M. Timothy O'Keefe 84u; ONEWORLD PICTURE / Stefan Oberhauser 118ul; Oyvind Martinsen-Panama Wildlife 238ol; Stefano Paterna 35ur, 111um, 146mru, 146u, 183ur; M. L. Pearson 191or; Anthony Pierce 82ur; Francesco Puntiroli 47ur, 221mu; Rana Royalty free 45ml; Sergi Reboredo 203ul; Whit Richardson 239u; robertharding 11mr, 18mu, 22mlo, 194 – 195, 199mru; robertharding Rob Francis 186o, 188o, 190 – 191u / R. H. Productions 190ol; Juan Carlos Muñoz Robredo 28ur; Stefan Rosengren 97mro; Marcin Roszkowski 185or; Bert de Ruiter 184o; Kevin Schafer 149om; Peter Schickert 134u, 219ul; Martin Shields 44u; Kumar Sriskandan 42om, 53or; Stephen Frink Collection 29or; Steve Bloom Images 177o; Martin Strmiska 83or; SuperStock / MOCA Jacksonville 192um; ticopix 111mo; Universal Images Group North America LLC / Education Images 210ol; UtCon Collection 52ol; Rosa Isabel Vazquez 203mlo; Margus Vilbas 121mro; VWPics / Kobby Dagan 160 – 161o; WaterFrame 242u / gno 189om / mus 167ur; Maximilian Weinzierl 241r; Westend61 GmbH 201u; Corey Wise 193ul;

Xinhua / Kent Gilbert 13ur, 48ml, 48mr; / Galyna Andrushko 151mlo / Lev Kropotov 185mro / S.Schnepf 122ul.

AWL Images:
John Coletti 114ol, 130mlu.

Bridgeman Images:
University of Miami / Collection of the Lowe Art Museum, U / Schenkung von Sylvia Coppersmith im Gedenken an Dora Coppersmith 50um; Private Collection / © Look and Learn 51mu.

Centro Costarricense de Ciencia y Cultura:
111ol, 111mro, 111mru.

Christopher Baker:
109mro, 131or.

Coffea Diversa S.A.:
139o.

Costa Rica Piano Festival:
49ml.

Depositphotos Inc:
Wollertz 201u.

Dreamstime.com:
Alfredohr2000 185u; Ammit 175ul; Galyna Andrushko 8ml; Andrey Armyagov 79mro; Damian Olivera Bergallo 240ul; Bobhilscher 96ur; Brizardh 178ml; Harry Collins 92 – 93; Kobby Dagan 24ul; Louis Michel Desert 182or, 232 – 233o; Erin Donalson 12 –13u; Linnette Engler 67mro, 173mro; Dirk Ercken 86or, 86mr; Mario Gyss 29mlu; David Havel 89or, 95ur; Pablo Hidalgo 10ur; Matthijs Kuijpers 88or; Leonardospencer 223o; Kieran Li 99mru; Light & Magic Photography 77mr; Carlton Mceachern 73mro; Amy Mei 40ol; Milosk50 26o; Chris Mouyiaris 20ul; Natakuzmina 88ur; O0orichard 173or; Fierce Orchid 16, 102 –103; Peek Creative Collective 172 –173u; Martin Pelanek 71ur, 72mro, 91mru; Piccaya 60ol; John Pierpont 89mr; Steven Prorak 173ol; Ondřej Prosický 62u, 67mru, 71mru, 75mru, 91ur, 96mru, 97or; David Gonzalez Rebollo 138ul; Matyas Rehak 72ur; Kaido Rummel 49ol; Saletomic 231ur; Martin Schneiter 33mu; Daniel Shumny 85ur; Simon Dannhauer 76u, 77or; Solarisys13 217u; Olaf Speier 140ul; Alexey Stiop 18ol, 168 –169, 198 –199u; Ignasi Such 66u; UlyssePixel 41ur; Mark Watson 79ur; Willyambradberry 79or; Wollertz 41ml, 70mro, 99or, 173mru, 176u; Yobro10 32u; Jinfeng Zhang 36or.

FLPA:
Chris Brunskill 60 – 61o; Kevin Elsby 73mru; Minden Pictures 19ul, 226 – 227 / Glenn Bartley 91mro, 95or / Greg Basco, BIA 68 – 69, 90u / Sean Crane 78u / Suzi Eszterhas 61or / Michael & Patricia Fogden 64 – 65 / Flip Nicklin 83mru / Martin Woike, NiS 72mru / ZSSD 54 – 55; Jürgen & Christine Sohns 96mro.

Getty Images:
500px Prime / Kenneth Rivera 151ur; AFP / Ezequiel Becerra 48mro, / Yuri Cortez 49mlu; AWL Images / John Coletti 147ol; Christopher P. Baker 152ml; Bettmann 52mlo, 52 – 53o; Bettmann / L. Mark 178ur; Kryssia Campos 38u, 132mu, 186mr; John Coletti 107ol, 130 –131u, 153; Corbis Documentary / Alison Wright 206u; DigitalVision / Matteo Colombo 205o; Rodrigo Friscione 236ur; Ullstein Bild / Gerhard 31ol; Sathish Jothikumar 132 –133; Dan Kitwood 36 – 37u, 49mru; Ron Levine 188mru; The LIFE Picture Collection / George Skadding 53mlu; LightRocket / Wolfgang Kaehler 34u; LOOK-foto / Konrad Wothe 29ur; Moment Open / Juan Carlos Vindas 210ur / Matteo Colombo 159; Juan Carlos Muñoz 34om; Photolibrary / John Coletti 220 – 221u; Bernard Radvaner 82mru; Omar Romero 6 – 7u; john shepherd 139mr; Francisco Sosa 26mr; David Tipling 4u; © Juan Carlos Vindas 231mlo.

iStockphoto.com:
35007 150 –151o; 87ur, 236 – 237o, 246 – 247u; alexeys 2 – 3; anmcdonnell 46 – 47u; Atonaltzin 11ur; BeNicoMa 99ur; CampPhoto 58mlo, 234 – 235u; Simon Dannhauer 145or; E_Rojas 112ul, 116 –117o; Esdelval 198 –199; Alvaro Faraco 245ur; Dirk Freder 38 – 39o; Freder 8mlo; Gustavofrazao 40 – 41o; Jarib 136 –137u; JordiStock 158 –159m; jy2nic 70ur; Mark Kostich 89ur; Rainer Lesniewski 22ol; Starling Mendoza 131mlo; migadi 158ul; MmeEmil 177mr; OGphoto 30u, 31ur, 241mlu; Pchoui 86ur; powerofforever 51um; rathyrye 166u; Arnoldo Robert 48mru; SL_Photography 58 – 59o, 185ml; Thorsten Spoerlein 87or; Thepalmer 8mlu, 33ol, 59or, 148u, 149ur, 167o; VSpiller 83ur; Kevin Wells 87mr, 202 – 203o.

Lapa Rios:
45mru.

Mary Evans Picture Library:
Antiquarian Images 50o.

Museo de Arte Costarricense:
Gabriel González 120u.

Museo del Oro Precolombino:
Mit freundlicher Genehmigung von Gensler Museo del Oro Precolombino / Andres García 108 –109o; Museos del Banco Central de Costa Rica 109mlu, 109ur.

Museo la Salle de Ciencias Naturales:
121or.

naturepl.com:
Sean Crane 75or; Suzi Eszterhas 67or; Michael & Patricia Fogden 58ol; Nick Garbutt 95mru; Edwin Giesbers 72or; Patricio Robles Gil 73or; Nick Hawkins 63mru, 70or, 73ur; Sebastian Kennerknecht 75ur; Chien Lee 67ur; Cyril Ruoso 71mro; Roland Seitre 63ur; Visuals Unlimited 63or, 97ur.

Picfair.com:
John Lyman Photos, USA 179; Peek Creative Collective 10mo.

Robert Harding Picture Library:
Thomas Grundner 40 – 41u.

Shutterstock:
Luis Alvarado Alvarado 26mru; Jorge A. Russell 13o; Marco Diaz Segura 178ul.

SuperStock:
imageBROKER 165mlo; Minden Pictures / Michael & Patricia Fogden 174mlu.

Veragua Rainforest Eco-Adventure:
216ol.

Umschlag

Vorderseite und Buchrücken: **Getty Images:** Ondrej Prosicky.
Rückseite: **Alamy Stock Photo:** hemis.fr / Bertrand Gardel m; Marcin Roszkowski or.
Dreamstime.com: Fierce Orchid ml.

Alle anderen Bilder © Dorling Kindersley
Weitere Informationen: **www.dkimages.com**

MIX
Papier | Fördert gute Waldnutzung
FSC® C018179
FSC www.fsc.org

Dieser Reiseführer wird regelmäßig aktualisiert. Angaben wie Telefonnummern, Öffnungszeiten, Adressen, Preise und Fahrpläne können sich jedoch ändern. Der Verlag kann für fehlerhafte oder veraltete Angaben nicht haftbar gemacht werden. Für Hinweise, Verbesserungsvorschläge und Korrekturen ist der Verlag dankbar. Bitte richten Sie Ihr Schreiben an:

Dorling Kindersley Verlag GmbH
Redaktion Reiseführer
Arnulfstraße 124 • 80636 München
reise@dk.com

DK Penguin Random House
www.dk-verlag.de

DK London (aktualisierte Neuauflage)
Mitwirkende Sarah Woods
Lektorat Georgina Dee, Alison McGill, Dipika Dasgupta, Alex Pathe, Ilina Choudhary, Tavleen Kaur, Halima Mohammed, Beverly Smart, Shikha Kulkarni, Hollie Teague
Gestaltung und Bildredaktion Maxine Pedliham, Laura O'Brien, Vinita Venugopalp, Divyanshi Shreyaskar, Vagisha Pushp, Tanveer Zaidi, Sarah Snelling, Priyanka Thakur
Umschlag Jordan Lambley
Herstellung Jason Little, Samantha Cross
Kartografie Suresh Kumar, Subhashree Bharati
Illustrationen P. Arun, Ashok Sukumaran, T. Gautam Trivedi, Mark Warner

Zuerst erschienen 2005 in Großbritannien bei Dorling Kindersley Ltd., London

Aktualisierte Neuauflage 2024 / 2025

Verlagsleitung Monika Schlitzer
Programmleitung Heike Faßbender
Redaktionsleitung Stefanie Franz
Projektbetreuung Theresa Fleichaus
Herstellungskoordination Antonia Wiesmeier

Übersetzung Barbara Rusch, München; Bernhard Lück, Augsburg
Redaktion Gerhard Bruschke, München
Schlussredaktion Birgit Annecke-Patsch, München
Umschlaggestaltung Ute Berretz, München
Satz und Produktion DK Verlag, München
Druck TBB, a.s., Slowakei

ISBN 978-3-7342-0789-1
11 12 13 14 27 26 25 24

A
B
C
D
1
2
3
4
5
6
7
Lago Cocibolca
NICA
La Cruz
Santa Cecilia
Bahía Salinas
Brasilia
RNVS Corredor Fronterizo
Los Chiles
Parque Nacional Guanacaste
Río San Juan
RNVS Corredor Fronterizo
Parque Nacional Santa Rosa
PN Rincón de la Vieja
Upala
Lago Caño Negro
RNVS Caño Negro
Islas Murciélagos
Aguas Claras
Boca San Carlos
Playa Nancite
Cañas Dulces
Curubandé
Volcán Miravalles
Bijagua
PN Volcán Tenorio
Coopevega
San Rafael
Culebra
Bahía Culebra
Liberia
Cavernas de Venado
Playas del Coco
Panamá
Pijije
Bagaces
Nuevo Arenal
Boca Arenal
RB Lomas Barbudal
Tabacón
Playa Flamingo
Filadelfia
Tilarán
Laguna de Arenal
La Fortuna
Muelle
Sarapi
Rainforest Lo
PN Palo Verde
Cañas
PN Volcán Arenal
Playa Conchal
Belén
Arenal Theme Park
La Virgen de Sarapiq
Tamarindo
Puerto Humo
Quesara
Santa Elena
Ciudad Quesada (San Carlos)
Guaitíl
Monteverde
PN Volcán Poás
Playa Avellanas
Santa Cruz
Bosque de Paz
Zarcero
PN Barra Honda
El Silencio de Los Angeles Cloud Forest Reserve
Playa Negra
Nicoya
Doka Estate
Isla Chira
Punta Morales
Miramar
San Ramón
Sarchí
Hojancha
Grecia
Espiritú Santo
Alajuela
RNVS Ostional
Nosara
Carmona
Puntarenas
Atenas
Lepanto
Naranjo
La Guácima
Orotina
Esca
Sámara
Islita
Bejuco
Universidad de Paz
San Francisco de Coyote
Paquera
San Ga
RNVS Curú
Isla Tortuga
Tárcoles
PN Carara
Cangrejal
Tambor
Manzanillo
Herradura
San Pablo de Le
Montezuma
Malpaís
Cabuya
Jacó
Río Dam
Reserva Natural Absoluta Cabo Blanco
Playa Hermosa
Parrita
Playas Esterillos
Boca Damas
Quepos
PN Ma Ant
Pazifischer Ozean
Abkürzungen
PN Parque Nacional
RB Reserva Biológica
RI Reserva Indígena
RNFS Refugio Nacional de Fauna Silvestre
RNVS Refugio Nacional de Vida Silvestre
0 Kilometer 40
N